U0382717

硅微机械陀螺误差建模理论与方法

申 强 谢建兵 郝永存 常洪龙 苑伟政 著

科 学 出 版 社

北 京

内 容 简 介

本书共 9 章，以硅微机械陀螺为研究对象，通过数学物理方程推导微机电系统宏模型，采用对称拓扑设计微机械陀螺结构，制订简单、高效的工艺加工微机械陀螺，根据精密控制、电学知识设计微机械陀螺测控电路，从而阐明硅微机械陀螺误差产生机理，并为减小误差提供研究思路。本书内容新颖，简明扼要。

本书可供微机电系统工程、仪器科学与技术、集成电路科学与工程、机械工程等专业的高年级本科生和研究生阅读，也可供上述领域的科技人员参考。

图书在版编目（CIP）数据

硅微机械陀螺误差建模理论与方法 / 申强等著. —北京：科学出版社，2023.3
　ISBN 978-7-03-073949-0

Ⅰ. ①硅⋯　Ⅱ. ①申⋯　Ⅲ. ①微机械陀螺仪–误差–系统建模
Ⅳ. ①U666.12

中国版本图书馆 CIP 数据核字（2022）第 222871 号

责任编辑：宋无汗　郑小羽 / 责任校对：崔向琳
责任印制：张　伟 / 封面设计：陈　敬

科 学 出 版 社 出版
北京东黄城根北街 16 号
邮政编码：100717
http://www.sciencep.com
北京中石油彩色印刷有限责任公司 印刷
科学出版社发行　各地新华书店经销
*
2023 年 3 月第 一 版　开本：720×1000　1/16
2023 年 3 月第一次印刷　印张：14 1/2
字数：292 000
定价：150.00 元
（如有印装质量问题，我社负责调换）

前　　言

　　微机电系统(MEMS)是采用微细加工技术制作的将微机械结构与接口、控制电路等集成于一体的机电系统，根据其特定功能不同，可分为微传感器、微执行器、微能源等类型。MEMS 技术是涉及微机械、微电子、微光学、物理、化学、生物、流体、自动控制和材料科学等基础学科的多学科交叉技术，具有体积小、质量轻、耗能低、可批量生产、抗干扰等诸多生产与性能优势，在航空航天、国防工业、医疗行业、消费电子、工业电子、环境监测、微型能源等众多领域有巨大应用潜力。与激光陀螺和光纤陀螺相比，硅微机械陀螺精度较低，主要以速率级和低端战术级水平为主，设计建模、力学结构、加工工艺和测控电路等多种误差因素影响其检测精度。

　　当前，MEMS 设计方法、加工制造及精密测控电路技术迅速发展，为微机械陀螺的发展提供了更为广阔的思路。我国正处于自主研发微机械陀螺的关键时期，本书通过完善的数学物理方程进行 MEMS 设计，使用对称拓扑设计微机械陀螺结构，规划简单、高效、精确的制造工艺对微机械陀螺进行加工，采用精密控制、电子电路技术设计微机械陀螺测控电路，阐明硅微机械陀螺误差产生机理的同时，采取相应的措施减小误差，为微机械陀螺高精度发展提供研究思路。

　　全书共 9 章，分为五篇，第一篇为导论，概括阐述 MEMS 设计方法和微机械陀螺的发展历程。第二篇为 MEMS 设计误差宏建模理论与方法，通过完善的数学物理方程进行 MEMS 设计以减小设计误差。第三篇为结构误差建模理论与方法，使用先进的设计方法进行微机械陀螺的结构设计以减小结构误差。第四篇为工艺误差建模理论与方法，通过规划简单、高效、精确的加工工艺进行微机械陀螺的加工以减小工艺误差。第五篇为测控电路误差建模理论与方法，根据电路、控制等知识设计微机械陀螺测控电路以减小电路误差。

　　感谢徐景辉博士在素材内容方面慷慨无私的支持，感谢田璐、薛艳军、刘宇石等研究生在本书撰写过程中的积极努力与付出。

　　在撰写本书过程中参考了大量的论文、规范和标准等资料，在此，对本书引用成果所属的单位和个人表示衷心的感谢！

　　由于作者的知识和能力水平有限，书中不足之处在所难免，恳请广大读者批评指正，以便今后修订。

作　者

2023 年 1 月

目　　录

第三篇　结构误差建模理论与方法

第四篇 工艺误差建模理论与方法

第五篇　　测控电路误差建模理论与方法

第一篇

导　论

本篇内容从 MEMS 技术的发展入手，深入分析 MEMS 设计方法的现状，并从结构、工艺与测控电路三个方面总结微机械陀螺的发展历程。

第 1 章 绪 论

随着人类对自然的认识越来越深刻，环保、节能、可持续发展等逐渐成为现代科学技术的发展目标及驱动力，人们开始不断追求尺度微小型化的机械装置。20 世纪 60 年代以来，微电子技术逐步发展成熟，各种先进制造工艺实现了标准化，微机电系统(micro-electro-mechanical system，MEMS)在此背景下应运而生。MEMS 技术是涉及微机械、微电子、微光学、物理、化学、生物、流体、自动控制和材料科学等学科的多学科交叉技术，凭借其体积小、质量轻、耗能低、可批量生产、抗扰动等诸多优势，在下至消费电子，上至国防工业等广泛领域均有巨大应用潜力。此外，MEMS 技术还符合当下环保、节能的科学发展方向，吸引了世界各国政府及企业家的投资。可以预见，MEMS 技术的进一步发展必将对世界科技、经济带来深远的影响。

据法国 Yole 公司统计[1]，2019 年全球 MEMS 传感器收入为 115 亿美元，预计 2025 年将达到 177 亿美元，在此期间年微惯性器件和微惯性测量组合的复合年增长率为 7.4%，如图 1-1 所示。

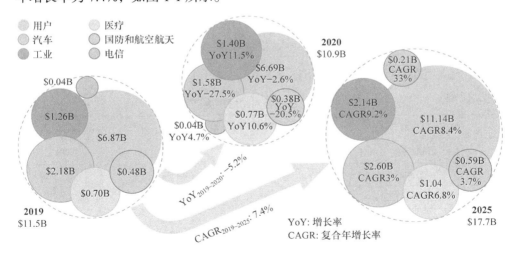

图 1-1 MEMS 器件的产品市场预测

MEMS 技术推动了微型惯性测量装置(micro inertial measurement unit，MIMU)技术的发展，促进了新一代微惯性传感器的出现。其中，硅微机械陀螺成为继机械陀螺、激光陀螺和光纤陀螺之后发展的新一代陀螺[2]。

与传统的陀螺相比，硅微机械陀螺具有体积小、功耗低、成本低、可靠性高、适合于大批量生产等特点，因此具有良好的商业应用前景和军事价值，受到各国的高度重视，纷纷投巨资研究其在众多领域的应用。在军用领域，如战术导弹、智能炮弹、微型飞机的自主导航系统等；在汽车领域，如汽车的安全气囊、防倾覆系统、胎压检测系统、防撞系统、防滑系统等；在工业领域，如机器人、振动监控、飞行物体的姿态控制等；在消费电子领域，如空间鼠标、摄像机的稳定控制、相机防抖、玩具和运动器材等[3-5]，都可以看到硅微机械陀螺的身影。根据不同的性能指标，陀螺可以分为三个级别：速率级、战术级和惯性级。图1-2为不同级别陀螺的应用领域。

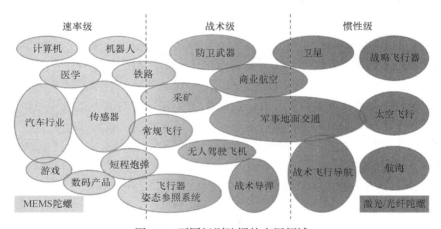

图 1-2 不同级别陀螺的应用领域

不同应用领域对陀螺的精度指标要求不同，表1-1为不同级别陀螺精度要求[6-8]。

表 1-1 不同级别陀螺精度要求

参数	速率级	战术级	惯性级
角度随机游走/[(°)/√h]	>0.5	0.5~0.001	<0.001
零偏稳定性/[(°)/h]	10~1000	0.1~10	<0.1
标度因子精度/%	0.1~1	0.01~0.1	<0.01
量程/[(°)/h]	50~1000	>500	>400

结合图1-1与表1-1可以看出，与激光陀螺及光纤陀螺相比，目前硅微机械陀螺精度较低，仅满足速率级及低端战术级的需求，这主要是由于其在设计建模、力学结构、加工工艺及测控电路等各个方面均存在影响其探测精度的误差。当前，MEMS设计方法及加工技术不断发展，为微机械陀螺的发展提供了更为广阔的方

法和思路。我国正处于自主研发微机械陀螺的关键时期，若能从基础研究出发，分阶段解决各环节中存在的各类误差源，必然会为我国微机械陀螺的发展带来新的契机。

1.1 MEMS 设计方法

1.1.1 自底向上设计方法

早期的 MEMS 设计通过借鉴电子设计自动化(electronics design automation,EDA)的思想，形成了工艺级→器件级的自底向上设计方法。20 世纪 80 年代末到90 年代中期，Senturia 及其领导的研究小组系统地论述了这一设计方法[9,10]，开发了 MEMS 领域两大著名设计软件 CoventorWare、Intellisuite。后来我国也在相关方面展开了追踪研究[11]，其基本思想如图 1-3 自底向上设计方法流程图所示。自底向上设计方法从绘制 MEMS 器件的版图开始，然后结合加工工艺进行三维实体建模及器件有限元物理场分析，进而通过提取各个物理域的宏模型以执行器件的多域耦合仿真，最终输出用于加工的器件版图和工艺流程。

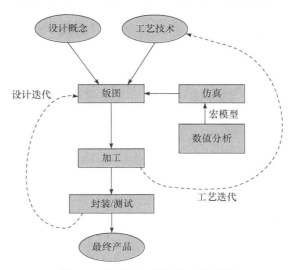

图 1-3 自底向上设计方法流程图

自底向上设计方法满足了器件设计对于 MEMS CAD 的初步需求，开启了MEMS 设计方法与 MEMS CAD 架构研究的先河。其特点如下：①解决了工艺版图设计和器件性能仿真问题，提出通过三维可视化或结构仿真完成工艺版图到器件三维实体的单向数据过渡。②没有系统级，无法执行 MEMS 器件与电路的多域、多尺度系统级混合信号仿真。尽管当时部分文献已经提出了系统级设计的概念,并对其设计内容与目标有较明确的论述,但是由于缺乏与电路元件兼容的器件行为级模型和统一的求解器,系统级设计无法执行。③设计过程需要两步迭代[12]:追求加工质量的工艺迭代和追求最优版图的设计迭代。由于迭代冗余多,因此设计成本高、周期长。

1.1.2　结构化设计方法

1995 年美国国家自然科学基金委员会在加州理工学院专门组织召开了 MEMS 结构化设计方法(structured design method for MEMS)研讨会,大会形成的总结报告[13]基本成为当时 MEMS 设计方法及设计工具研究的纲领性文件。其中卡内基梅隆大学的 Fedder 教授提出的结构化 MEMS 设计方法既强调自顶向下的设计,又有自底向上的验证,比较符合当时 MEMS 的特点,已在许多商业软件中应用,国际上著名的 MEMS 设计工具 CoventorWare[14]、MEMS Pro 和 Intellisuite 均借鉴了此设计方法。其设计流程如图 1-4 Fedder 提出的结构化 MEMS 设计流程图所示,设计的核心思想是通过分层架构、标准化设计流程来提高设计效率。

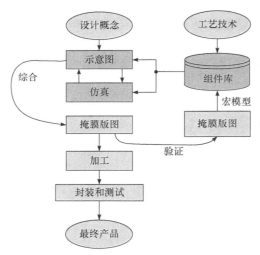

图 1-4　Fedder 提出的结构化 MEMS 设计流程图

与自底向上设计方法相比,结构化设计方法取得了如下发展:①增加了一个抽象设计层级——系统级。20 世纪 90 年代以来,MEMS 器件行为级模型库及相关求解器技术的快速发展是系统级设计的直接动力。②器件级的作用相对退化。由于 MEMS 器件分析可以移至系统级执行,因此器件级的重要性相对削弱,其一方面是为了生成系统级仿真所需的宏模型;另一方面则是作为系统级的补充,针对关键部件或特殊能量域模型执行一些直观的分析,如阻尼分析、结构可靠性分析等。③强大的模型库支持。其包括工艺库、材料库、版图库、器件库、设计实例库等。④建立了集成化的设计环境。设计方法包含三个设计层级和三个数据转换接口，可以按照标准化设计流程完成器件的全过程设计。

然而，随着 MEMS 制作工艺的长足发展及产品市场的扩大，MEMS 产品及其设计呈现复杂化、多样化的特点。结构化设计方法在支持创新设计方面表现出如下不足。

1) 缺乏设计流程的灵活性

结构化设计方法的标准化设计流程没有充分考虑到 MEMS 的机械设计或三维设计特征，无法满足机械工程师、物理工程师等的设计需求。同时，MEMS 复杂多变的原理、功能、结构、工艺决定了无法用一种标准化的流程来统一所有 MEMS 的设计。

2) 系统级建模依赖单一组件库进行

尽管组件库为系统级参数化设计带来巨大方便，但组件模型方程一般根据经典物理学理论通过人工推导得到，因此适合能量域简单、几何形状规则的微结构。同时，基于组件库的 MEMS 系统级设计只能进行局部参数修改或模型组合变换，本质上是"修订式"设计，不支持组件库中没有的新结构或新方案的创新性设计。然而，组件库中组件模型的数量是有限的，但 MEMS 设计者的创意却是无限的。换句话说，系统级组件库的丰富程度决定着 MEMS 的设计范围。

3) 仿真模型依赖内嵌控制方程

建模是 MEMS 创新设计的关键技术与突出难题。与 EDA 的电路元件建模不同，由于 MEMS 的多学科交叉特点，其建模理论并不成熟，且许多模型与工艺、材料、实际工作条件密切相关[15,16]。因此，使用固定的模型内嵌控制方程，无疑将限制 MEMS 理论创新，同时影响 MEMS 建模与仿真精度。

4) 缺乏有效的多域、多尺度建模与仿真方法

MEMS 是一个典型的多域耦合系统，不同能量域之间存在强烈的能量交换与耦合行为。同时，MEMS 与接口电路之间的多时间尺度与各种多空间尺度现象广泛存在，导致 MEMS 系统的物理行为十分复杂，而不同物理行为的建模方法与模型表征都不同，从而导致整个系统的建模、仿真效率低下。

5) 缺乏有效的系统级自动优化方法

MEMS 设计，尤其是其创新设计是一个反复迭代与修正的过程，设计者必须对初始设计方案进行拓扑更改和参数修正以期达到设计目标，因此高效的自动优化方法是必需的。结构化设计方法仅在自底向上验证阶段和系统级示意图与工艺版图之间综合体现了"局部"优化思想。

1.1.3　任意流程设计方法

自底向上的设计和结构化设计都采用了源于微电子 EDA 的设计方法，强调

分层设计和流程标准化，以追求设计效率。然而，随着 MEMS 技术的发展，MEMS 器件变得越来越复杂，单一、固定流程的设计方法已经无法满足功能、原理、工艺各异的 MEMS 器件对设计方法的需求，必须在设计流程方面有所改进。

图 1-5 是西北工业大学常洪龙等提出的支持任意流程的 MEMS 设计方法架构[17]，与其他设计方法一样，该架构包含系统级、器件级和工艺级三个设计层级，这三个层级同时包含了 MEMS 建模与仿真的主要模块。与其他设计方法的不同之处在于，该架构提供了六个数据转换接口用于任意两个层级之间的数据自动传递，这也是这种三级架构所能提供的最多接口数。通过这六个接口用户可以不必受某种固定流程的限制，设计者可从任意一个层级开始设计，选择必要的设计环节，并完成整个设计循环，从而达到以任意流程进行设计的目的，最终提高设计效率。

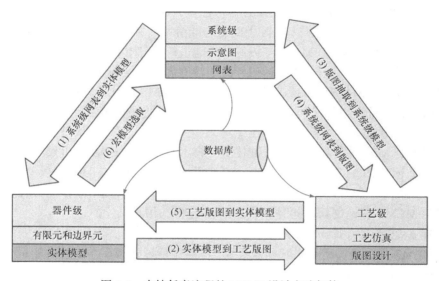

图 1-5　支持任意流程的 MEMS 设计方法架构

在图 1-5 所示的架构中，有一种设计流程值得特别关注，该流程为器件级→接口(6)→系统级→接口(4)→工艺级。相比于图 1-4 所示的结构化设计思想，该设计流程更符合机械工程师的设计习惯和三维 MEMS 设计的需要，从器件级开始的设计可以使得系统级在宏模型的支持下不再受模型库的限制，从而满足了设计者的自主创新设计需求，是一种完全从器件功能不断进行综合和优化直至生成器件版图的设计流程。

与结构化设计方法相比，任意流程设计方法更符合 MEMS 的本质特点，提高了设计流程的灵活性，支持设计者根据自身的知识背景和实际 MEMS 器件的具体需求，选择最优设计流程完成设计，是对当前结构化设计方法的发展和提高。

然而，结构化设计方法存在的其他不足并未在任意流程设计方法中得到解决，因此必须继续研究新的设计方法，以满足不断发展的 MEMS 技术的要求。

1.2 微机械陀螺的发展

微机械陀螺研究始于 20 世纪 80 年代末，美国、日本及欧洲部分发达国家均斥巨资投入开发研究，其研究水平也走在前列。20 世纪 80 年代以来，美国 Draper 实验室[18-22]、JPL 公司[23-25]、Honeywell[5]和德国 HST IMIT[26-31]、日本 SSS[32,33]等多家公司及科研院所相继开展硅微陀螺、硅微加速度计、硅微惯性测量组合等微型惯性仪表的研究[34-49]。随之发展起来的还有多种 MEMS 加工工艺，包括 LIGA 工艺、表面工艺、体硅工艺、SOI 工艺等，这些工艺被广泛地用于微陀螺、微加速度计、微变形镜、微光开关、微泵、微马达等器件。

1.2.1 结构发展现状及趋势

近几十年来，国外陆续开发了多种硅微机械陀螺。1991 年，美国 Draper 实验室研制出采用平板电容驱动的双框架式硅微型角振动陀螺仪[18]，如图 1-6 所示，角速度测量范围为 50～500(°)/s，室温下偏置稳定性为 14400(°)/h。

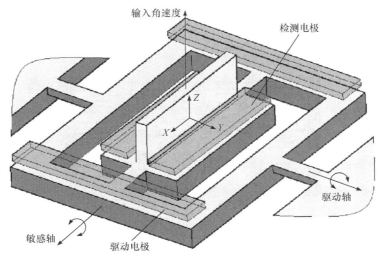

图 1-6 Draper 实验室研制的双框架式硅微型角振动陀螺仪

1993 年，Draper 实验室研制出一种音叉式线振动陀螺仪[19]，如图 1-7 所示，其性能指标较框架式硅微型角振动陀螺仪有较大提高，偏置稳定性达到 4000(°)/h，带宽 60Hz。偏置稳定性 1994 年达到 150(°)/h，1997 年达到 25(°)/h，1998 年在 10(°)/h 以下。

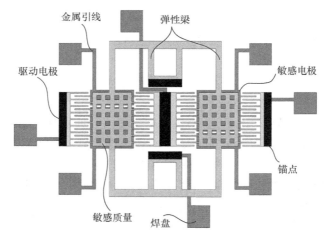

图 1-7　Draper 实验室研制的音叉式线振动陀螺仪

　　1998 年，德国 IMIT 研究所研制出双线振动陀螺仪[26]，如图 1-8 所示。这种结构陀螺仪的驱动和检测均采用线振动方式，其优点是驱动振幅和敏感振幅可以设计得较大，因而灵敏度较高。但由于有大量细长梳齿，所以对微机械的加工要求较高，另外驱动模态和检测模态之间存在较明显的耦合现象。

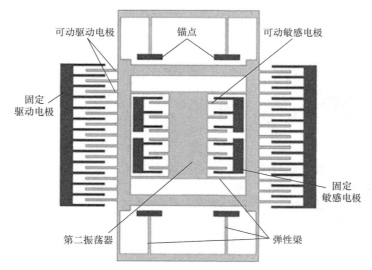

图 1-8　IMIT 研究所研制的双线振动陀螺仪

　　在后续报道中，IMIT 研究所又研制出一种新型的振动轮式微机械陀螺仪[27]，如图 1-9 所示。该陀螺仪结构减小了驱动模态与检测模态之间的耦合，但这种结构在垂直方向上的抗冲击性能较差，标度因数为 $10\mathrm{mV}/[(°)\cdot \mathrm{s}^{-1}]$，偏置稳定性为

65(°)/h(带宽为 50Hz)。

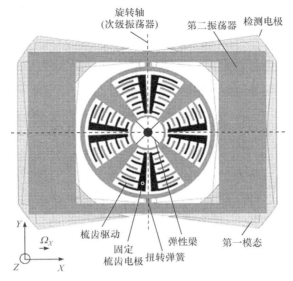

图 1-9　振动轮式微机械陀螺仪

2001 年,土耳其中东理工大学研制出了一种对称结构的解耦微机械陀螺[50-52],如图 1-10 所示,其优点在于能够消除驱动模态与敏感模态之间的耦合,但由于该陀螺采用标准三层多晶硅的 MUMPs 工艺进行加工,敏感结构厚度只有 2μm,因此结构灵敏度较低。2006 年起该陀螺采用 25μm 厚的标准 SOIMUMPs 工艺进行加工[53-55],标度因数为 0.1mV/[(°)·s⁻¹],短时(100s)偏置稳定性为 5000(°)/h。

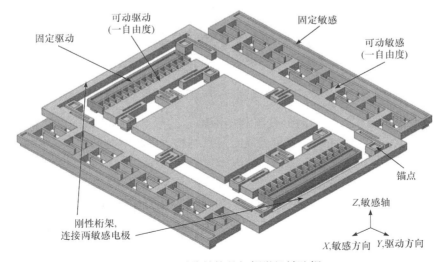

图 1-10　对称结构的解耦微机械陀螺

　　2004 年，美国佐治亚理工学院研制了一种高精度音叉结构 Z 轴微机械陀螺[56]，如图 1-11(a)所示，其采用 SOI 工艺加工，驱动模态与敏感模态的 Q 值分别为 81000 和 61000，偏置稳定性达到 5(°)/h，标度因数为 1.25mV/[(°) · s^{-1}]，带宽 12Hz。2006 年对该结构进行了改进[57-59]，如图 1-11(b)所示，改进后陀螺的偏置稳定性达到 0.96(°)/h，2008 年达到 0.15(°)/h[60]，结构如图 1-11(c)所示，该陀螺为目前报道的最高精度的 MEMS 陀螺，最大标度因数达到 88mV/[(°) · s^{-1}]，带宽可以设计为 1~10Hz。

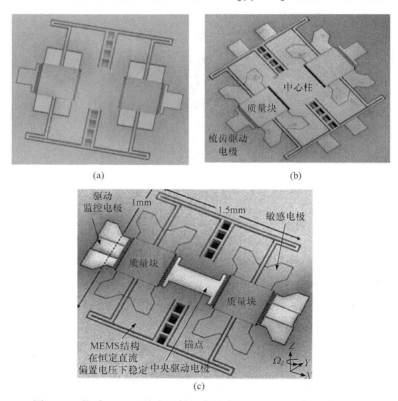

图 1-11　佐治亚理工学院研制的高精度音叉结构 Z 轴微机械陀螺

　　2005 年，加州大学尔湾分校研制出一种结构解耦的微机械陀螺结构[61]，如图 1-12 所示，该陀螺在结构解耦的同时还具有提高结构电容的功能。该陀螺采用单层掩膜版的 SOI 工艺进行加工，标度因数为 0.921mV/[(°) · s^{-1}]，带宽 50Hz。

　　微半球谐振陀螺是通过创新的三维结构和高性能的材料来实现陀螺性能的突破[62]。受到美国 DARPA Micro-PNT 专项资助，从 2011 年开始，美国多家单位探索了多种技术方案[63-76]。加州大学欧文分校 Shkel 课题组通过空气受热膨胀来吹制三维熔融石英结构[77]，如图 1-13 加州大学欧文分校研制的微半球谐振陀螺样机所示，该谐振结构具有很高的 Q 值，但是由于其谐振频率也很高，所以衰减时间系数并不突出，仅为 3.18s。该结构高宽比较低，采用面外电极驱动和检测，导致该结构对质量的利用率不高，等效质量较低。

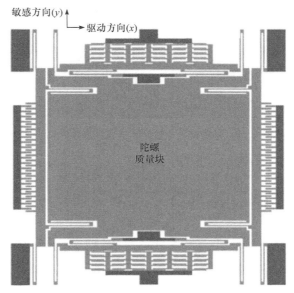

图 1-12 加州大学尔湾分校研制的结构解耦的微机械陀螺结构

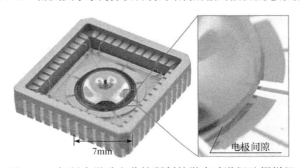

图 1-13 加州大学欧文分校研制的微半球谐振陀螺样机

2019 年密歇根大学研制的微半球谐振陀螺样机的工作频率为 10.5kHz，真空封装后 Q 值高达 154 万，经过电平衡后频率裂解小于 90mHz，衰减时间常数达 46s，室温零偏稳定性为 0.0103(°)/h，接近导航级性能指标，如图 1-14 所示[78]。

我国多家单位也开展了微半球谐振陀螺的研究，东南大学[79]、清华大学[80]、国防科技大学[81]、苏州大学[82]、中北大学[83]等单位均公开报道了相关进展。国防科技大学在 2019 年研制的微半球谐振陀螺样机封装后 Q 值为 15 万，在常温下的零偏稳定性为 0.46(°)/h，量程达到 ±200(°)/s，是国内报道的性能最高的微半球谐振陀螺，如图 1-15 所示[84]。

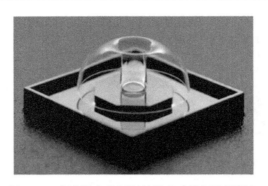

图 1-14　密歇根大学研制的微半球谐振陀螺样机

图 1-15　国防科技大学研制的微半球谐振陀螺样机

现阶段，微半球谐振陀螺在高 Q 值高精度谐振器加工、高 Q 值镀膜、电极制造与装配等方面面临较大的挑战。

环形 MEMS 陀螺是在半球谐振陀螺的基础上演变而来的。在美国 DARPA 导航级集成微陀螺项目的支持下，谐振盘陀螺的研究取得了突破性进展[85]。2013 年美国斯坦福大学研制出了一种多环谐振陀螺[86,87]，其结构如图 1-16 所示。该陀螺采用中心锚点支撑和多圈同心圆环，通过弹性梁连接多环作为谐振结构。品质因数约为 100000，闭环刻度因子及角度随机游走分别为 0.286mV/[(°) · s⁻¹] 和 0.006(°)/$\sqrt{\mathrm{h}}$。在没有对温度精确控制的情况下，零偏稳定性为 1.15(°)/h。

2018 年国防科技大学研制的多环谐振陀螺的品质因数高达 358000，零偏稳定性为 0.08(°)/h，角度随机游走为 0.012(°)/$\sqrt{\mathrm{h}}$[88]。如图 1-17 所示，该陀螺采用悬挂质量的方法降低谐振频率，以提高品质因数。这在一定程度上可以提高陀螺精度，但模态质量大大增加，抗冲击性能随之下降，在工程应用中的工作可靠性有所降低。

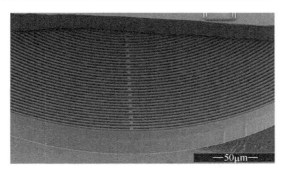

图 1-16　美国斯坦福大学研制的多环谐振陀螺

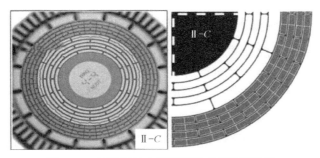

图 1-17　国防科技大学研制的多环谐振陀螺

　　2018 年，国防科技大学还提出了一种新型结构——蜂巢状盘型谐振器[89]，如图 1-18 所示。测试得到其在室温下没有任何补偿的 Allan 零偏稳定性约为 8.9(°)/h，计算的角度随机游走为 0.3(°)/$\sqrt{h}$ 。

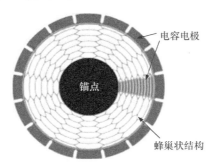

图 1-18　国防科技大学研制的蜂巢状盘型谐振器

　　苏州大学于 2018 年提出了一种新型结构——蜘蛛网状盘型谐振器[90]，如图 1-19 所示。其实验结果表明，闭环控制感应模式下陀螺的标度因数从 7.9mV/[(°) · h^{-1}]提高到 19.1mV//[(°) · h^{-1}]，零偏稳定性从 11.19(°)/h 降低为 0.43(°)/h。

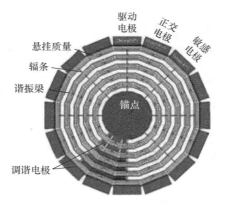

图 1-19　苏州大学研制的蜘蛛网状盘型谐振器

2018 年，西北工业大学谢建兵等设计并制造了一种低振动能量损失的多环谐振陀螺，如图 1-20 所示[91]，设计的谐振陀螺的热弹性阻尼和锚定损耗的模拟品质因数分别为 65937 和 17154000，制造的 MEMS 圆盘谐振陀螺的最大品质因数为 65884。

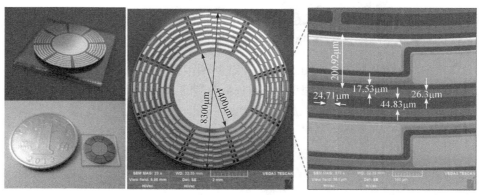

(a) 多环谐振陀螺照片　　　　　　　　　　(b) 多环谐振陀螺SEM图

图 1-20　西北工业大学研制的多环谐振陀螺

2021 年法国研究机构 CEA-Leti 的科学家与米兰理工大学(POLIMI)的研究人员合作开发的 MEMS 陀螺结构如图 1-21 所示[92]。该结构占位面积仅为 1.3mm^2，通过测试可以得到其 Allan 零偏稳定性约为 0.02(°)/h，角度随机游走为 0.004(°)/$\sqrt{h}$ 。

我国微机械陀螺的研究起步较晚，从 1995 年开始，国防科学技术工业委员会投入 6000 万元主要用于惯性器件的基础研究，微机械陀螺研究也被纳入 863 计划。此后，清华大学[93-96]、北京大学[97-99]、国防科技大学、苏州大学、东南大学[100,101]、西北工业大学[102,103]、上海微系统研究所[104-107]、中电十三所、中电五十五所等[108-110]多家高等院校及科研院所相继开展了微机械陀螺的研究工作。国内 MEMS 设计及制备水平与国外有一定差距,虽然取得了一些成果,但是距离工程化应用仍有一定的距离。

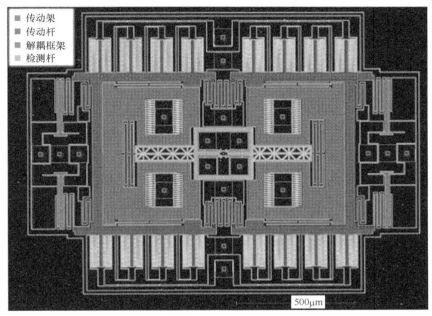

■ 传动架
■ 传动杆
■ 解耦框架
■ 检测杆

500μm

图 1-21　法国研究机构 CEA-Leti 与米兰理工大学(POLIMI)合作开发的陀螺结构

1.2.2　工艺制造方法发展

MEMS 加工工艺源于微电子加工技术[111,112],随着 MEMS 器件的发展,特别是高深宽比器件的出现[113,114],MEMS 加工技术也成为一种专用加工技术,得到了广泛的重视。近年来,世界各大集成电路(integrated circuit,IC)代工厂纷纷进军 MEMS 行业,推出了多条 MEMS 标准工艺,使得 MEMS 器件市场得到飞速发展。当前,MEMS 加工工艺主要包括表面工艺、体硅工艺、LIGA 工艺和绝缘体上硅(silicon-on-insulator,SOI)工艺等。

表面工艺一般通过沉积或生长等技术在基片表面形成一层或多层薄膜,再通过光刻、刻蚀等技术去除特定区域的薄膜层来形成所需的结构,重复这种薄膜生长及刻蚀的过程可得到多层的薄膜结构,最终去除底层的薄膜即可形成悬置的三维结构[115]。由于这种工艺主要是对基片表面的薄膜进行加工,因此被称为表面工艺。将表面工艺中最终被去除的薄膜部分称为牺牲层(sacrificial layer,通常为二氧化硅),通常将去除的过程称为结构释放。表面工艺极大地传承了微电子加工技术,具有与微电子加工技术兼容的特性,能够实现 MEMS 器件与微电子电路单片集成的加工方式,有利于降低整个器件的外界干扰。但表面工艺中的薄膜结构较薄,通常仅为几微米，不利于加工具有高深宽比结构的器件，特别是微惯性器件，如微机械陀螺、微机械加速度计等。图 1-22 是 MEMSCAP 公司的 MUMPs(multi-user MEMS processes)工艺[116]，该工艺具有三层多晶硅结构，图 1-22(a)为工艺中所有层示意图，图 1-22(b)为释放掉两层牺牲层后的示意图，其中部分多晶 1 层成为悬置的可动结构。

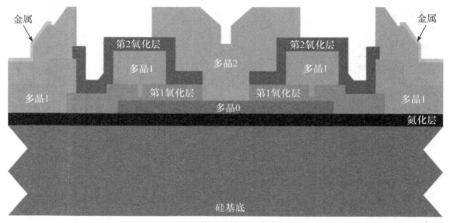

(a) 工艺中所有层示意图

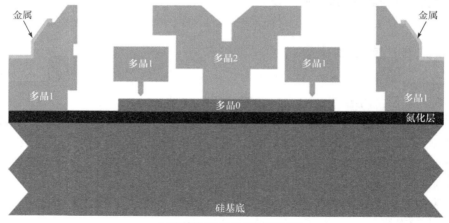

(b) 释放掉两层牺牲层后的示意图

图 1-22　MUMPs 工艺示意图

体硅工艺是对基片(通常是单晶硅)本身进行加工，采用湿法刻蚀、干法刻蚀等技术得到所需结构，再通过键合技术将其与另一基片连接在一起，最终形成悬置的三维结构的加工方法。体硅工艺的加工厚度可达几十微米甚至数百微米，利用电感耦合等离子体(inductively coupled plasma，ICP)刻蚀技术能够得到高深宽比的结构[117,118]。较大的结构厚度能够提高器件灵敏度，适合于加工具有较大惯性质量的器件。但体硅工艺无法与微电子加工技术兼容，不易实现 MEMS 器件与微电子电路单片集成加工。常见的体硅工艺包括薄片溶解工艺(dissolved wafer process)[119,120]和玻璃深度溶解硅(deeply dissolved silicon on glass，DDSOG)工艺[121]。薄片溶解工艺是先刻蚀键合台阶及结构，其次与玻璃阳极键合，最后用湿法溶解掉多余的硅，得到可动结构，这种方法需要对单晶硅进行掺杂，因此结构厚度有限，同时由于硅片残存热应力、离子注入产生的应力及多层结构热膨胀系数不匹配带来的热应力，故无法得到高性能的器件。DDSOG 工艺采用先键合再深刻蚀的方式得到最终结构，图 1-23 是国内普遍采用的 DDSOG 工艺示意图，该工艺仅有一层结构层，不能实现复杂器件的加工，但该工艺流程简单，仅需要三层掩膜板即可完成整个加工流程。相比于表面工艺而言，体硅工艺的成品率高，可控性好。但体硅工艺增加了机械减薄抛光的步骤，同样会带来较大的残余应力。

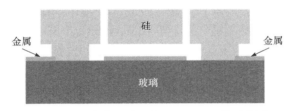

图 1-23 国内普遍采用的 DDSOG 工艺示意图

LIGA 工艺[122](LIGA 是德文 Lithographie、Galanoformung 和 Abformung 的缩写)，即光刻、电铸和注塑。LIGA 工艺主要包括 X 射线深度同步辐射光刻、电铸制模和注模复制三个工艺步骤。X 射线有非常高的平行度、极强的辐射强度、连续的光谱，使 LIGA 技术能够制造出深宽比可达 500、厚度大于 1500μm、结构侧壁光滑且平行度偏差在亚微米范围内的三维结构。但是，LIGA 技术需要极其昂贵的 X 射线光源，故其工艺成本非常高，限制了该技术在工业上推广应用。近年来，出现了多种应用低成本光刻光源和掩模制造工艺的准 LIGA，如 SU-8 光刻胶为光敏材料，紫外光为曝光源的 UV-LIGA 技术等。图 1-24 为典型的 LIGA 工艺流程图，在电铸过程中表面张力的存在使得电铸液很难进入微米级的深孔，因此 LIGA 工艺并不适合加工具有微米级特征线宽的器件。

SOI 工艺是基于 SOI 硅片的加工工艺[123,124]。SOI 硅片是在器件层硅和衬底层硅之间引入一层氧化层所形成的三层结构，SOI 技术在 20 世纪 90 年代末期开始成为世界瞩目的焦点，它是一种在硅材料与硅集成电路巨大成功的基础上出现的、有独特优势的、能突破硅材料与硅集成电路限制的新技术，在国际上被公认为是"21 世纪的微电子技术"[125]。SOI 器件与 Si 器件相比，具有功耗低、速度快、寄生电容小、抗辐射性能强、耐高温高压、可靠性高等一系列优点。目前，

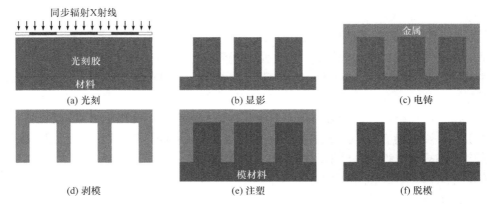

图 1-24　典型的 LIGA 工艺流程图

SOI 技术的应用已从宇航、军事、工业的高温高压领域扩展到普通的高性能、低压、低功耗的微处理器，以及存储器、通信、消费电子类产品、光电子器件等，因此世界顶级的集成电路制造厂商，如 IBM、Intel、AMD、Sony、Toshiba 等，纷纷投入巨资进行 SOI 技术及其相关集成电路产品的设计与制造。不仅如此，SOI 技术也开始逐渐渗入 MEMS 领域，演变出 SOI MEMS 技术，成为许多微惯性传感器、微光学元件、谐振器等的首选加工工艺，并且在射频、生物医学、气体探测等新兴领域获得越来越广泛的应用。

　　SOI 技术被引入 MEMS 制造领域后得到了飞速发展，随着 MEMS 器件对高精度工艺的需求增加，国际上出现了一些专门针对 MEMS 器件的 SOI 标准工艺流程，如法国 MEMSCAP 公司的 SOIMUMPs 工艺[126]、Tronics 公司的 MEMSOI 工艺[127]及韩国三星综合技术院封装中心报道的一种针对 SOI 技术的 Packaged SiOG 工艺[128]等。

　　图 1-25 为 SOIMUMPs 工艺示意图，由法国 MEMSCAP 公司研发。该工艺采用 1μm 厚氧化层与 400μm 厚硅衬底，以及 10μm 和 25μm 两种规格的 SOI 层。该工艺首先在 SOI 层上利用 DRIE 技术刻蚀出器件结构，接下来同样利用 DRIE 技术从背面将底层硅刻穿，从背面释放掉填埋的氧化层后得到可动的器件结构。

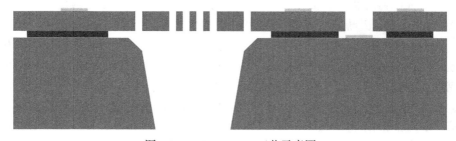

图 1-25　SOIMUMPs 工艺示意图

土耳其中东理工大学研制的对称结构的解耦微机械陀螺(图 1-10)在 2006 年采用了 SOIMUMPs 进行加工,使得其陀螺精度较之前有了大幅提高。

图 1-26 为 MEMSOI 工艺示意图,由法国 Tronics 公司研发。该工艺采用 1μm 氧化层、450μm 底层硅、60μm SOI 层。该工艺需要一片 SOI 硅片和一片普通硅片,首先在 SOI 硅片上利用 DRIE 技术刻蚀出器件结构,并通过湿法刻蚀技术释放结构底部的氧化层,形成可动的器件结构;其次在普通硅片上刻蚀出空腔结构;最后采用硅-硅键合技术将 SOI 硅片与普通硅片键合在一起。

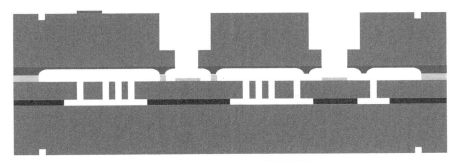

图 1-26 MEMSOI 工艺示意图

相比于 SOIMUMPs 工艺,MEMSOI 工艺采用了圆片级键合技术,可以实现器件的圆片级真空封装,能够有效提高器件精度和成品率,但由于增加了一层硅片及采用了高成本硅-硅键合技术,极大地增加了工艺难度和工艺成本。

图 1-27 为韩国三星综合技术院报道的 Packaged SiOG 工艺,该工艺采用 40μm 厚 SOI 层的硅片进行器件加工,氧化层厚度均为 3μm,底层硅厚度为 460μm。该工艺需要一片 SOI 硅片和一片玻璃片,与 MEMSOI 工艺前几步相同,首先在 SOI 硅片上利用 DRIE 技术刻蚀出器件结构,接下来通过湿法刻蚀技术释放结构底部的氧化层,形成可动的器件结构;其次在玻璃片上刻蚀出空腔结构,并通过喷砂法加工出玻璃上的通孔;再次采用阳极键合技术将 SOI 硅片与玻璃片键合;最后在玻璃片背面溅射金属形成引线键合区。

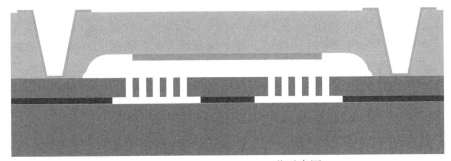

图 1-27 Packaged SiOG 工艺示意图

相比于 MEMSOI 工艺，Packaged SiOG 工艺同样采用了圆片级键合技术，但由于采用的是硅-玻璃键合，降低了工艺难度，但玻璃片的腐蚀及通孔的加工同样增加了整套工艺的复杂度及成本。

我国基于 SOI 的加工工艺起步较晚，但已经有多家单位开展了 SOI 工艺的研究工作，中电十三所公开了一套类似的加工工艺[129]；北京大学、西北工业大学等高校也开展了相关工作。

分析国内外陀螺的发展过程可以看出：陀螺结构方案从最初的双框架结构等非解耦方案发展为驱动模态与敏感模态之间解耦的结构方案；陀螺加工工艺从表面加工工艺和体硅加工工艺发展为 SOI 加工工艺。不同微机械陀螺结构比较如表 1-2 所示。

表 1-2　不同微机械陀螺结构比较

年份	单位	结构方案	敏感轴	工艺	解耦效果	偏置稳定性
1991	Draper	双框架	Z	体硅工艺	不解耦	14400(°)/h
1993~1998	Draper	音叉	X/Y	表面工艺	不解耦	4000~10(°)/h 以下
1998	IMIT	双线振动	X/Y	体硅工艺	不解耦	——
1998	IMIT	振动轮	X/Y	体硅工艺	解耦	65(°)/h
2001~2006	土耳其中东理工大学	对称结构	Z	表面工艺、SOI 工艺	解耦	5000(°)/h
2005	加州大学尔湾分校	对称结构	Z	SOI 工艺	解耦	——
2004~2008	佐治亚理工学院	音叉	Z	SOI 工艺	解耦	0.15(°)/h

综上所述，微机械陀螺在国外得到了快速的发展，且已经进入初步产业化阶段，而国内尚未实现产业化。目前微机械陀螺的研究主要集中在三个方面：一是结构设计方面，包括消除陀螺的耦合、提高陀螺稳定性、提高陀螺鲁棒性、提高陀螺灵敏度等；二是检测电路方面，包括降低电路噪声、提高电路稳定性等；三是加工工艺方面，包括提高工艺精度、优化工艺路线、提高工艺一致性及可重复性、实现传感器与电路单片集成加工等。随着研究的不断深入，国内外微机械陀螺的性能逐年提高，我国微机械陀螺的发展也迎来了产业化的良机，相信不久的将来国产的微机械陀螺必将替代进口，得到广泛的应用。

1.2.3　测控电路发展趋势

2006 年，韩国首尔大学提出利用陀螺仪两模态匹配时敏感模态输出信号与驱动模态输出信号成 90°相位差的原理[13]，使用锁相环做闭环回路控制，将表征相位差的反馈电压信号反馈至陀螺仪的调谐电极上，最终实现闭环控制，其控制环路如图 1-28 所示。使用该方法，将陀螺仪的灵敏度从非调谐状态下的 $0.8\text{mV/[(°)} \cdot \text{s}^{-1}]$ 提高至调谐状态下的 $7.5\text{mV/[(°)} \cdot \text{s}^{-1}]$，并将噪声等级从 $0.018(°)/(\text{s} \cdot \text{Hz}^{-0.5})$ 降低至 $0.002(°)/(\text{s} \cdot \text{Hz}^{-0.5})$。这种方法实现了自动模态匹配，然而只能在陀螺仪有角速度输入后才能开始模态匹配，且陀螺仪系统在有角速度输入后启动缓慢，启动时间长达 1.5s。在该实验中，始终外加了一个大角速度输入，显然在实际工作中，这种方法会降低陀螺仪的量程和非线性度。

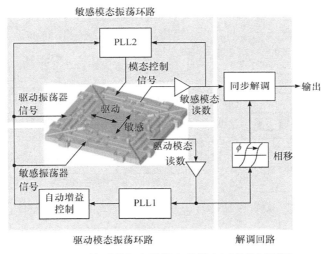

图 1-28 韩国首尔大学提出的模态匹配控制环路

2009 年，麻省理工学院对模态匹配陀螺仪系统进行了深入分析[130]，提出当敏感模态和驱动模态的频率相等时，在正交误差消除电极处施加的低频抖动便不会泄漏到敏感模态输出端。利用模态匹配陀螺仪的这一特性，构建了如图 1-29 所示的陀螺仪控制系统，其中包括驱动闭环控制回路、正交误差消除环路、角速度解调模块及模态匹配控制环路。最终实现了陀螺仪的模态匹配，将陀螺仪的零偏稳定性降低至 12(°)/h。

在 2012 年，土耳其中东理工大学研制了一种高带宽音叉式全解耦硅微机械陀螺仪[131]，如图 1-30 所示，在消除了大部分正交误差后进行模态匹配。利用残余正交信号与驱动检测信号在模态不匹配下相位差为 0° 而在模态匹配下相位差为 90° 的特性，搭建相敏检测环路。在 2012 年和 2013 年分别利用该理论，通过改变调谐电极上的电压和可动结构上的电压，改变敏感模态的频率，实现了自动模态匹配[131-134]。同时用敏感模态力反馈环路增加系统带宽至 50Hz，相比模态不匹配时(两模态的频差约为 100Hz)，陀螺仪的零偏稳定性从 2(°)/h 降低至 0.83(°)/h，角

度随机游走从 $0.044(°)/\sqrt{h}$ 降低至 $0.026(°)/\sqrt{h}$。该模态匹配方案属于静态匹配方案，当有角速度输入时，敏感模态输出信号同时包含正交响应和科氏响应，控制器无法检测正交信号的相位变化。

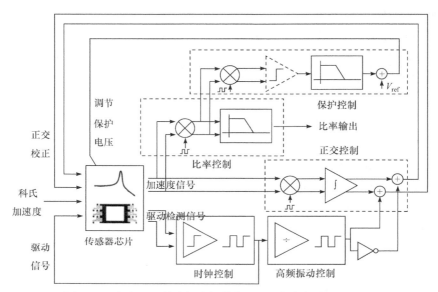

图 1-29　麻省理工学院提出的模态匹配陀螺仪控制系统框图

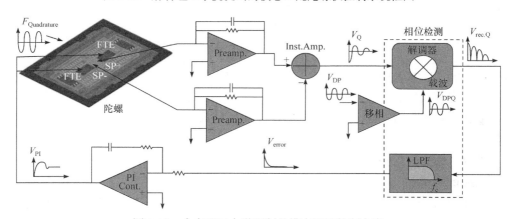

图 1-30　中东理工大学研制的模态匹配控制方案

2016 年，ADI 公司对麻省理工学院的模态匹配方法进行了改进[135]，针对斯坦福大学研制的硅微机械多环谐振陀螺[136]，设计的陀螺仪外围接口电路控制方案如图 1-31 所示。通过在正交反馈电极上加载低频调制振荡信号，并在敏感检测端检测相应信号的相位及幅值，判断模态是否匹配。于 2017 年对电路进行了改进，在半个月的持续测试中达到了 0.2(°)/h 的零偏稳定性[30]。

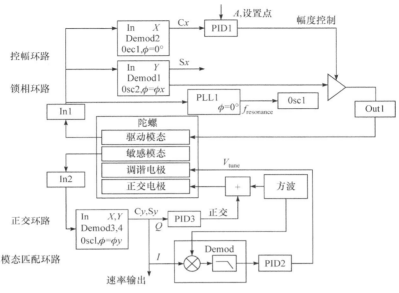

图 1-31 ADI 设计的陀螺仪控制系统框图

随着我国各科研单位对硅微机械陀螺仪的不断探索，近年来也提出了一些模态匹配控制方案。2015 年，北京大学根据频率调节电压与驱动频率的关系，自动选择调节电压达到模态频率匹配。该方法的原理如图 1-32 所示，利用神经网络算法预测全温下电压与驱动频率的关系，然后将得到的关系式写入现场可编程逻辑门阵列(field programmable gate array，FPGA)的存储表 ROM 中，再利用查表法得到不同温度下的频率调节电压，实验结果表明温度在–40～80℃变化下，模态频差小于 0.32Hz，零偏稳定性小于 5(°)/h[137]。

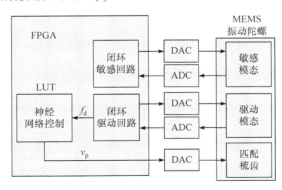

图 1-32 北京大学提出的模态匹配控制方案

2016 年，东南大学针对其研制的双质量线振动硅微陀螺仪，采用了基于低频调制激励的模态匹配控制方法[138-140]，如图 1-33 所示，通过在反馈梳齿上加载低频调制振荡信号，根据陀螺仪敏感模态幅频特性关于谐振频率对称的特点，通过比较频率响应来判别驱动模态和敏感模态的匹配程度，从而达到实时模态匹配。相比于模态不匹配的情况，其零偏稳定性从 5.89(°)/h 降低到了 1.26(°)/h。于 2019 年改进了控制方法，将零偏稳定性降低至 0.813(°)/h，角度随机游走降低至 0.0117(°)/$\sqrt{h}$ 。

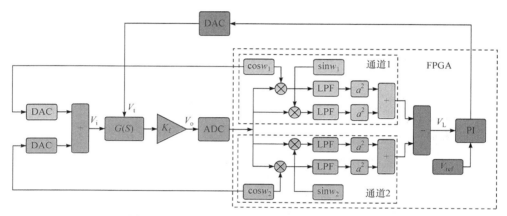

图 1-33　基于低频调制激励的模态匹配控制方法

加利福尼亚大学戴维斯分校对静电修调的方式进行了一定研究[141,142]，如图 1-34 所示，该单位基于 FPGA 开发设计了陀螺的数字化测控电路，通过软件计算得到修调所需要的直流电压大小，并将结果反馈到陀螺的调轴与调频电极上，进而实现修调的目的。

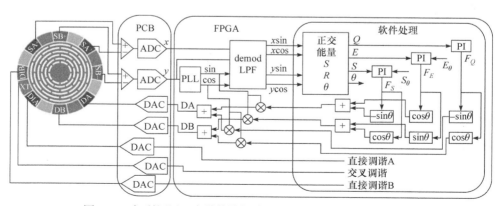

图 1-34　加利福尼亚大学戴维斯分校设计的陀螺数字化测控电路

在 2017 年的惯性会议上，加州大学尔湾分校给出了一种静电调频方法[143]，如图 1-35 所示，实验证明，施加静电修调电压后，频率裂解由原来的 26Hz 减小为 0.05Hz。

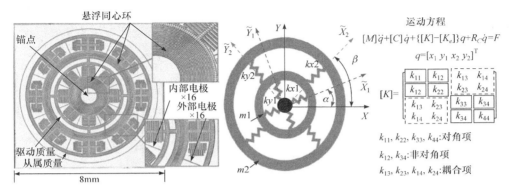

图 1-35 加州大学尔湾分校建立的多自由度系统模型

美国佐治亚理工学院设计了一种谐振频率为 4.34MHz 的高频环式陀螺，并同样采取了位移反馈的方式进行频率修调[144]，如图 1-36 所示，通过这种方式，在一定程度上提高了陀螺的灵敏度和带宽。

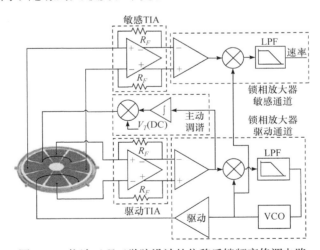

图 1-36 佐治亚理工学院设计的位移反馈频率修调电路

嵌套环 MEMS 陀螺一般采用静电电容驱动，与其他 MEMS 传感器相同，在振动位移较大时嵌套环 MEMS 陀螺将产生机械非线性和静电非线性效应。美国加利福尼亚大学戴维斯分校通过在检测轴添加参数泵，大大提升了检测轴的品质因数，进而提升了陀螺的机械灵敏度和标度因子，如图 1-37 所示，将陀螺的零偏稳定性从 1.93(°)/h 降低到 1.15(°)/h, 角度随机游走从 0.145(°)/$\sqrt{h}$ 降低到 0.034(°)/$\sqrt{h}$ [145]。

在陀螺的运行过程中, 存在着由于外界环境变化对陀螺仪性能造成的影响, 其中温度的变化对其指标的影响十分显著, 因此佐治亚理工学院引入了温度补偿控制回路, 如图 1-38 所示。从图中可以看出, 其主要反馈为温度-频率, 研究者认为陀螺仪的频率参数和时间成正比, 转换参数为 TCF, 该反馈系统为实时反馈, 可以得到更好的稳定性[146]。

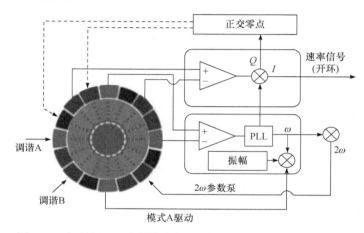

图 1-37 加利福尼亚大学戴维斯分校提出的参数放大技术示意图

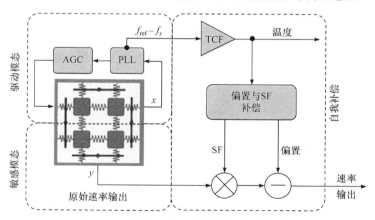

图 1-38 佐治亚理工学院提出的陀螺系统

在不断提高陀螺仪本身及信号处理电路性能的同时, 陀螺仪的解调算法及后续的信号优化处理算法也在不断进步。图 1-39 为北京大学提出的基于 DSP 控制的 PLL 陀螺系统, 其数字信号处理环节中应用了最小均方误差解调算法来对两路检测信号进行解调, 其算法主要在 DSP 内部完成[147]。

2018 年，西北工业大学申强等针对高 Q 值 MEMS 陀螺易受环境干扰引发自激振荡的问题，设计了基于积分器与滤波器构成的敏感模态自激振荡抑制闭环控制方法，如图 1-40 所示[148]。该工作最后使用振动测试台进行现场试验，由振动测试台对陀螺施加冲击扰动，未采用振荡抑制的开环检测需要约 8s 时长恢复稳定，而采用该工作提出的闭环控制方法时，稳定时间约为 0.48s。该工作中还使用 Allan 方差分析了同一陀螺开环/闭环检测的静态零偏特性，结果显示，该工作所提方案将零偏稳定性由 9.72(°)/h 降低到了 2.5(°)/h。

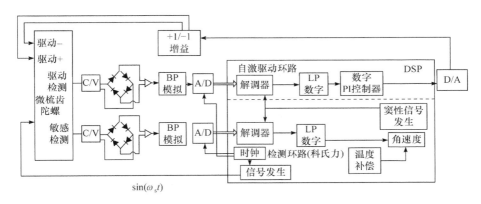

图 1-39　北京大学提出的 PLL 陀螺系统

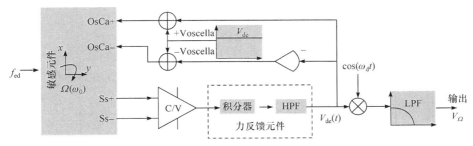

图 1-40　敏感模态自激振荡抑制闭环控制方法

2018 年，苏州大学赵鹤鸣等设计了基于参数激励的 MEMS 陀螺电馈通抑制方法[149]。采用该方法时陀螺的环式陀螺电馈通抑制框图如图 1-41 所示，通过锁相环(PLL)和自动增益控制(automatic gain control，AGC)保持驱动模态的频率和幅度恒定。在 PLL 控制中新增一个压控振荡器(voltage-controlled oscillator，VCO)模块，用于输出稳幅的二倍谐振频率激励信号，此信号即为参数激励信号。将其与驱动激励信号一同对驱动激励电极进行激励。经测试，消除电馈通后陀螺的零偏稳定性由 6.864(°)/h 下降到了 4.316(°)/h。

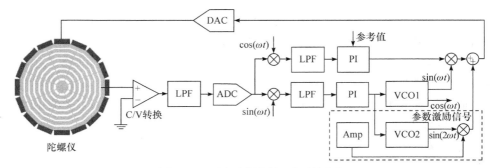

图 1-41　环式陀螺电馈通抑制框图

2019 年，德国弗莱堡大学设计了基于噪声观察法的模态匹配方案，如图 1-42 所示[150]。利用 MEMS 陀螺工作频率的幅频特性，通过检测陀螺仪敏感模态输出端信号中关于驱动频率对称的噪声功率谱大小来确定模态匹配程度，并设计增益

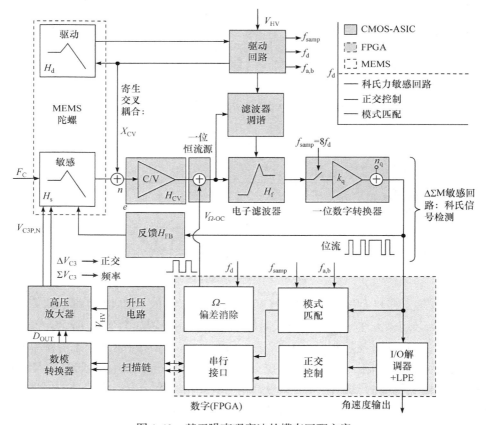

图 1-42　基于噪声观察法的模态匹配方案

控制算法获取反馈电压，从而实现静电调频。虽然该工作最终实现了 0.7(°)/h 的零偏稳定性，但是，该方案需要严格控制环境噪声与电路噪声以获得准确的模态噪声，对电路设计与制造工艺要求较高。

2020 年，东南大学利用科氏信号经同相解调后幅值关于敏感模态谐振频率呈中心对称的特点，采用 2 倍驱动频率作为激励信号，施加到敏感模态并产生虚拟科氏力，并设计相应的幅值检波与 PI 控制环路实现误差积分，从而得到调谐电压。最终，该工作实现了 2.8(°)/h 的静态零偏稳定性。该模态匹配控制系统框图如图 1-43 所示[151]。

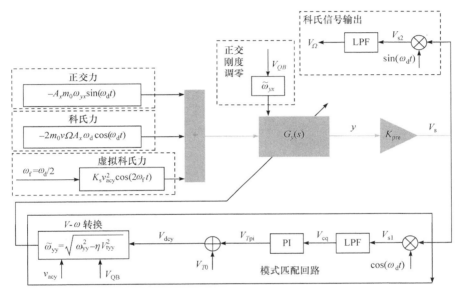

图 1-43 模态匹配控制系统框图

2021 年法国研究机构 CEA-Leti 的科学家与米兰理工大学(POLIMI)的研究人员合作开发的 MEMS 陀螺仪采用的陀螺控制电路如图 1-44 所示[92]。该控制电路包括用于驱动运动控制的两个环路，一个基于仪表放大器前端的主相位环路，一个模拟 90°移相器，一系列放大级环路和一个基于异步整流和滤波的次级幅度控制环路。这些确保了这些级引入的相对相位滞后是自补偿的，从而在数字锁定解调之前最大限度地减少它们对相位的影响。

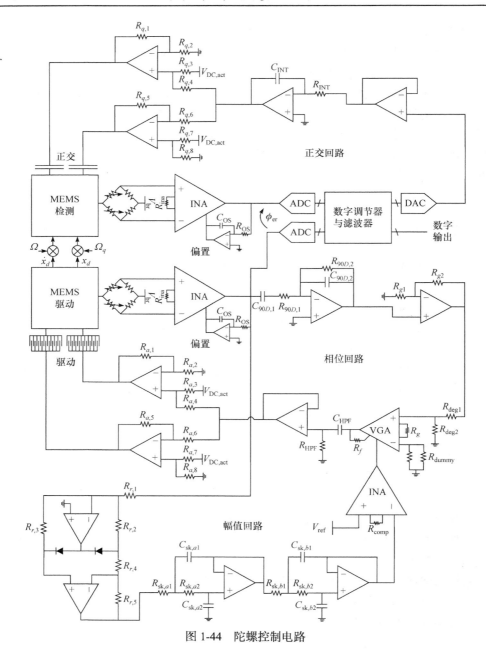

图 1-44　陀螺控制电路

1.3　本 章 小 结

本章从 MEMS 设计思想、MEMS 设计方法和 MEMS CAD 工具入手，深入分析了 MEMS 设计方法的现状与发展历程，对现有 MEMS 设计方法的优缺点进行了调研总结，并介绍了微机械陀螺的结构、工艺与测控电路的发展趋势。

参 考 文 献

[1] I-MICRONEWS. Status of the MEMS industry[EB/OL]. [2021-10-28].https://www.i-micronews.com/products/status-of-the-mems-industry-2021/.

[2] EDDY D S, SPARKS D R. Application of MEMS technology in automotive sensors and actuators[J]. Proceedings of the IEEE, 1998, 86(8): 1747-1755.

[3] YOLE DÉVELOPPEMENT. MEMS gyro markets: New players & business models give momentum to defence, automotive and consumer applications[R]. Yole Développement, 2010.

[4] VALLDORF J, GESSNER W. MEMS gyroscopes for automotive applications[J]. Springer, 2007: 291-306.

[5] HONEYWELL. MEMS inertial products[N/OL]. Performance and Production Readiness, April 2003. http://www.ssec.honeywell.com/pressure/new/20050907.html.

[6] BEEBY S, ENSELL G, KRAFT M, et al. MEMS Mechanical Sensors[M]. Boston: Artech House, Inc., 2004.

[7] KOUREPENIS A, BORENSTEIN J, CONNELLY J, et al. Performance of MEMS inertial sensors[C]. Position Location and Navigation Symposium, IEEE 1998, Piscataway, USA, 1998: 1-8.

[8] DOWDLE J R, FLUECKIGER K W. An integrated GPS micromechanical IMU for navy 5 projectiles[C]. The Institute of Navigation Conference, Cambridge, MA, 1996: 207-212.

[9] MASEEH F, HARRIS R, SENTURIA S. A CAD architecture for microelectromechanical systems[C]. MEMS'90, Napa, CA, 1990: 44-49.

[10] SENTURIA S. CAD for microelectromechanical systems[C]. Solid-State Sensors and Actuators Conference-TRANSDUCERS'95, Stockholm, Sweden, 1995: 5-8.

[11] 康建初, 尹宝林, 高鹏. 支持 MEMS 的 CAD/CAE 系统结构研究[J]. 北京航空航天大学学报, 1998, 24(4): 475-478.

[12] JANUS P, KOCIUBINSKI A, BIENIEK T. Methodology of modern MEMS design and modeling[C]. Poster Presented at Diagnostics and Yield 2006 Conference, Philadelphia, USA, 2006.

[13] ERIK P, ANTONSSON K. Structured design methods for MEMS[R]. NSF MEMS Workshop, 1995.

[14] ZAMAN M H, BART S F, GILBERT J R, et al. An environment for design and modeling of electromechanical micro-systems[J]. Journal of Modeling and Simulation of Microsystems, 1999, 1(1): 65-76.

[15] VEMURI S, FEDDER GK, MUKHERJEE T. Low-order squeeze film model for simulation of MEMS devices[C]. Modeling and Simulation of Microsystems, San Diego, USA, 2000: 205-208.

[16] WU C, MA H, WANG Y, et al. Modified model for sacrificial layer etching[C]. International MEMS Conference, Singapore, Singapore, 2006: 493-499.

[17] CHANG H, XU J, XIE J. One MEMS design tool with maximal six design flows[J]. Microsystems Technologies, 2008, 14(6): 775-785.

[18] GREIFF P, BOXENHORN B, KING A T, et al. Silicon monolithic micromechanial gyroscope[C]. 1991 International Conference on Solid-State Sensors and Actuators, San Francisco, USA, 1991: 966-968.

[19] BERNSTEIN J, CHO S, KING A T, et al. A micromachined comb-drive tuning fork rate gyroscope[C]. Proceedings IEEE Mirco Electro Mechanical Systems, Fort Lauderdale, USA, 1993: 143-148.

[20] WEINBERG M. Micromechanical tuning fork gyroscope test results[C]. Collection of technical Paper AIAA Guid

Navigation Control Conference, Scottsdale, AZ, 1994: 1-3.

[21] BOXENHORN B, GREIFF P. A vibratory micromechanical gyroscope[C]. AIAA Guidance, Navigation and Control Conference, Minneapolis, MN, 1988: 1033-1044.

[22] BARBOUR N, CONNELLY J, GILMORE J, et al. Micromechanical instrument and systems evelopment at Draper laboratory[C]. AIAA Guidance, Navigation and Control Conference on Integrated Navigation Systems, San Diego, CA, 1996.

[23] BAE S Y, HAYWORTH K J, YEE K Y, et al. High-performance MEMS micro-gyroscope[J]. Proceedings of SPIE - The International Society for Optical Engineering, 2002, 4755: 316-324.

[24] TANG T K, GUTIERREZ R C, WILCOX J Z, et al. Silicon bulk micromachined vibratory gyroscope for microspacecraft[J]. Proceedings of SPIE-Space Sciencecraft Control and Tracking in the New Millennium, 1996, 2810: 101-115.

[25] KEYMEULEN D, FINK W, FERGUSON M I. Evolutionary computation applied to the tuning of MEMS gyroscopes[C]. Genetic and Evolutionary Computation Conference, Washington DC, USA, 2005: 927-932.

[26] GEIGER W, FOLKMER B, SOBE U, et al. New designs of micromachined vibrating rate gyroscopes with decoupled oscillation modes[J]. Sensors and Actuators A Physical, 1998, 66(1-3): 118-124.

[27] GEIGER W, FOLKMER B, MERZ J, et al. A new silicon rate gyroscope[J]. Sensors and Actuators A: Physical, 1999, 73(1-2): 45-51.

[28] GEIGER W, MERZ J, FISCHER T, et al. The silicon angular rate sensor system MARS-RR[J]. Sensors & Actuators A Physical, 2000, 84(3): 280-284.

[29] GEIGER W, SANDMAIER H, LANG W. A mechanically controlled oscillator[J]. Sensors & Actuators A Physical, 2000, 82(1-3): 74-78.

[30] GEIGER W, BUTT W U, GAIGER A, et al. Decoupled microgyros and the design principle DAVED[J]. Sensors & Actuators A Physical, 2002, 95(2-3): 239-249.

[31] GAIGER A, GEIGER W, LINK T, et al. New digital readout electronics for capacitive sensors by the example of micro-machined gyroscopes[J]. Sensors & Actuators A: Physical, 2002, 97: 557-562.

[32] HOMBERSLEY S. BAE systems and segway LLC announce partnership to market Segway™ human transporter in the UK[OL]. http://www.baesystems.com/newsroom/2002/jul/220702news8. htm.

[33] HOPKIN I D. Vibrating gyroscopes～automotive sensors[C]. IEEE Colloquium on Automative Sensors, Solihull, UK, 1994: 1-4.

[34] NAJAFI K, CHAE J, KULAH H, et al. Micromachined silicon accelerometers and gyroscopes[C]. The Proceedings of the 2003 IEEE/RSJ International Conference on Intelligent Robots and Systems, Las Vegas, NV, 2003: 2353-2358.

[35] KIM J, PARK S, KWAK D, et al. A planar, x-axis, single-crystalline silicon gyroscope fabricated using the extended SBM process[C]. IEEE International Conference on Micro Electro Mechanical Systems, Maastricht, Netherlands, 2004.

[36] KIM S H, LEE J Y, KIM C H, et al. A bulk-micromachined single crystal silicon gyroscope operating at atmospheric pressure[C]. 11th International Conference on Solid-State Sensors and Actuators, Munich, Germany, 2001: 476-479.

[37] MOCHIDA Y, TAMURA M, OHWADA K. A micro machined vibrating rate gyroscope with independent beams for the drive and detection modes[C]. IEEE International Conference on Micro Electro Mechanical Systems, Orlando, USA, 1999: 618-623.

[38] TSUCHIYA T, FUNABASHI H. A z-axis differential capacitive SOI accelerometer with vertical comb electrodes[C].

IEEE International Conference on Micro Electro Mechanical Systems, Maastricht, Netherlands, 2004.

[39] LI W, AIWU R, LUO J, et al. Error sources in micromachined tuning-fork gyroscope[J]. Chinese Journal of Aeronautics (English Version): 1998, 11(1): 55-60.

[40] ZHOU S, MING L, ZHOU B, et al. Study of the driving method of the vibrating wheel gyroscope[J]. Journal of Transcluction Technology, 1999(4): 256-261.

[41] QIU A, WANG S, ZHOU B. Micromachined resonant gyroscope[C]. Fifth International Symposium on Instrumentation and Control Technology, Beijing, China, 2003: 114-118.

[42] KIM D J, M"CLOSKEY R T. A systematic method for Tuning the dynamics of electrostatically actuated vibratory gyros[J]. IEEE Transactions on Control Systems Technology, 2006, 14(1): 69-81.

[43] ACAR C, SHKEL A M. Structural design and experimental characterization of torsional micromachined gyroscopes with non-resonant drive mode[J]. Journal of Micromechanics and Microengineering, 2004, 13(1): 1-11.

[44] CLARK W A, HOWE R T, HOROWITZ R. Surface micromachined z-axis vibratory rate gyroscope proc[J]. Solid-State Sensor and Actuator Workshop, 1994: 199-202.

[45] SUNG W T, SUNG S, LEE J G, et al. Design and performance test of a MEMS vibratory gyroscope with a novel AGC force rebalance control[J]. Journal of Micromechanics & Microengineering, 2007, 17(10): 1939-1948.

[46] GALLACHER B J, BURDESS J S, HARISH K M. A control scheme for a MEMS electrostatic resonant gyroscope excited using combined parametric excitation and harmonic forcing[J]. Journal of Micromechanics & Microengineering, 2006, 16(2): 320.

[47] LEE S W, RHIM J W, PARK S W. A micro rate gyroscope based on the SAW gyroscopic effect[J]. Journal of Micromechanics & Microengineering, 2007, 17 (11): 2272-2279.

[48] YANG B, ZHOU B, WANG S. A precision closed-loop driving scheme of silicon micromachined vibratory gyroscope[J]. Journal of Physics: Conference Series, 2006, 34: 57-64.

[49] SHARAF A, SEDKY S, HABIB S. Design and simulation of a new decoupled micromachined gyroscope[J]. Journal of Physics: Conference Series, 2006, 34: 464-469.

[50] ALPER S E, AKIN T. A symmetric surface micromachined gyroscope with decoupled oscillation modes[C]. The 11th International Conference on Solid-State Sensors and Actuators, Munich, Germany, 2001: 456-459.

[51] ALPER S E, AKIN T. A symmetric surface micromachined gyroscope with decoupled oscillation modes[J]. Sensors & Actuators: A Physical, 2002, 97-98: 347-358.

[52] ALPER S E, AKIN T. A single-crystal silicon symmetrical and decoupled MEMS gyroscope on an insulating substrate[J]. Journal of Microelectromechanical Systems, 2005, 14(4): 707-717.

[53] ALPER S E, SILAY K M, AKIN T. Tactical-grade silicon-on-glass gyroscope with very-small quadrature coupling[C]. The 20th European Conf. on Solid-State Transducers (Eurosensors XX), Gothenburg, Sweden, 2006: M2B-P3.

[54] ALPER S E, SILAY K M, AKIN T. A low-cost rate-grade nickel microgyroscope[J]. Sensors and Actuators A: Physical, 2006, 132(1): 171-181.

[55] ALPER S E, OCAK I E, AKIN T. Ultrathick and high-aspect-ratio nickel microgyroscope using EFAB multilayer additive electroforming[J]. Journal of Microelectromechanical Systems, 2007, 16(5): 1025-1035.

[56] SHARMA A, ZAMAN F M, AMINI B V, et al. A high-Q in-plane SOI tuning fork device[C]. IEEE Sensors 2004, Vienna, Austria, 2004: 467-470.

[57] ZAMAN M F, SHARMA A, AYAZI F. High performance matched-mode tuning fork gyroscope[C]. Proceedings of the IEEE MEMS 2006, Istanbul, Turkey, 2006: 66-69.

[58] SHARMA A, ZAMAN M F, AYAZI F. A 104-dB dynamic range transimpedance-based CMOS ASIC for tuning fork microgyroscopes[J]. IEEE Journal of Solid-State Circuits, 2007, 42(8): 1790-1802.

[59] SHARMA A, ZAMAN M F, AYAZI F. A 0.2deg/hr micro-gyroscope with automatic CMOS mode matching[C]. Tech. Digest of ISSCC 2007, San Francisco, USA, 2007: 386-387.

[60] SHARMA A, ZAMAN M F, ZUCHER M. A 0.1°/HR bias drift electronically matched tuning fork microgyroscope[C]. Micro Electro Mechanical Systems, Tucson, USA, 2008: 6-9.

[61] ACAR C, SHKEL A M. Structurally decoupled micromachined gyroscopes with post-release capacitance enhancement[J]. Journal of Micromechanics & Microengineering, 2005, 15(5): 1092-1101.

[62] 周鑫. 嵌套环式 MEMS 振动陀螺的结构分析与优化[D]. 长沙: 国防科学技术大学, 2018.

[63] FEGELY L C, HUTCHISON D N, BHAVE S A. Isotropic etching of 111 SCS for wafer-scale manufacturing of perfectly hemispherical silicon molds[C]. Solid-State Sensors, Actuators and Microsystems Conference, SC, USA, 2011: 2295-2298.

[64] HORNING R D, JOHNSON B R, COMPTON R, et al. Hemitoroidal resonator gyroscope: United States, 8631702[P]. 2014-December-01.

[65] ZOTOV S, TRUSOV A, SHKEL A. Three-dimensional spherical shell resonator gyroscope fabricated using wafer-scale glassblowing[J]. Journal of Microelectromechanical Systems, 2012, 21 (3): 509-510.

[66] AMIR, HEIDARI, MEI-LIN, et al. Hemispherical wineglass resonators fabricated from the microcrystalline diamond[J]. Journal of Micromechanics & Microengineering, 2013, 23 (12): 12571-12596.

[67] CHO J Y, YAN J, GREGORY J A, et al. 3-dimensional blow torch-molding of fused silica microstructures[J]. Journal of Microelectromechanical Systems, 2013, 22 (6): 1276-1284.

[68] PENG S, MAYBERRY C L, XIN G, et al. A polysilicon microhemispherical resonating gyroscope[J]. Journal of Microelectromechanical Systems, 2014, 23 (4): 762-764.

[69] GRAY J M, HOULTON J P, GERTSCH J C, et al. Hemispherical micro-resonators from atomic layer deposition[J]. Journal of Micromechanics & Microengineering, 2014, 24 (12): 125028-125036.

[70] SENKAL A, DORUK, AHAMED, et al. Achieving sub-Hz frequency symmetry in micro-glassblown wineglass resonators[J]. Journal of Microelectromechanical Systems, 2014, 23 (1): 30-38.

[71] SHAO P, TAVASSOLI V, MAYBERRY C L, et al. A 3D-HARPSS polysilicon micro-hemispherical shell resonating gyroscope: Design, fabrication and characterization[J]. IEEE Sensors Journal, 2015, 15 (9): 4974-4985.

[72] BERNSTEIN J J, BANCU M G, BAUER J M, et al. High Q diamond hemispherical resonators: Fabrication and energy loss mechanisms[J]. Journal of Micromechanics & Microengineering, 2015, 25 (8): 083601-083612.

[73] PAI P, CHOWDHURY F K, POURZAND H, et al. Fabrication and testing of hemispherical MEMS wineglass resonators[C]. IEEE International Conference on Micro Electro Mechanical Systems (MEMS 2015), Estoril, Portugal, 2015: 677-680.

[74] KANIK M, BORDEENITHIKASEM P, KIM D, et al. Metallic glass hemispherical shell resonators[J]. Journal of Microelectromechanical Systems, 2015, 24 (1): 19-28.

[75] TANG Y, WANG Y, ZHAO L, et al. Micromachined piezoelectric ultrasonic transducer based on dome-shaped diaphragm supported by flat square diaphragm[C]. In IEEE International Conference on Micro Electro Mechanical Systems (MEMS 2016), Shanghai, China, 2016: 1110-1111.

[76] SAITO D, YANG C, HEIDARI A, et al. Microcrystalline diamond cylindrical resonators with quality-factor up to 0.5 million[J]. Applied Physics Letters, 2016, 108 (5): 051157.

[77] SENKAL D, AHAMED M J, ARDAKANI M H A, et al. Demonstration of 1 million Q-factor on microglassblown wineglass resonators with out-of-plane electrostatic transduction[J]. Journal of Microelectromechanical Systems, 2015, 24 (1): 29-37.

[78] CHO J Y, WOO J K, HE G, et al. 1.5-million Q-factor vacuum-packaged birdbath resonator gyroscope (BRG)[C]. IEEE International Conference on Micro Electro Mechanical Systems (MEMS), Seoul, Korea, 2019: 210-213.

[79] LUO B, SHANG J, SU Z, et al. Predicting height and determining mass of foaming agents for glass shell resonators[C]. IEEE International Symposium on Inertial Sensors and Systems, Lake Como, Italy, 2018: 1-2.

[80] TIAN Z, LIN Z, SONG M, et al. Study on the thermoforming process of hemi-spherical resonator gyros (HRGs)[C]. IEEE International Symposium on Inertial Sensors and Systems, Hawaii, USA, 2017: 140-141.

[81] XIAO D, LI W, HOU Z. Fused silica micro shell resonator with T-shape masses for gyroscopic application[J]. Journal of Microelectromechanical Systems, 2017(99): 1-12.

[82] QUAN W, GU H, BO F, et al. A high symmetry polysilicon micro hemispherical resonating gyroscope with spherical electrodes[C]. IEEE SENSORS Conference, Glasgow, UK, 2017: 1-3.

[83] WANG, RENXIN, BING, et al. Design and fabrication of micro hemispheric shell resonator with annular electrodes[J]. Sensors, 2016, 16 (12): 1991.

[84] 杜宜璋, 常洪龙, 苑伟政, 等. 多环谐振微机械陀螺的研究现状及发展趋势[J]. 导航与控制, 2019, 18(4): 1-10.

[85] LI W, XI X, LU K, et al. A novel high transduction efficiency micro shell resonator gyroscope with 16 T-shape masses using out-of-plane electrodes[J]. IEEE Sensors Journal, 2019, 19(13): 4820-4828.

[86] NITZAN S, AHN C H, SU T H, et al. Epitaxially-encapsulated polydilicon disk resonator gyroscope[C]. Proceedings of the IEEE International Conference on Micro Electro Mechanical Systems, Taipei, China, 2013: 625-628.

[87] GHAFFARI S, AHN C H, NG E J, et al. Crystallographic effects in modeling fundamental behavior of MEMS silicon resonators[J]. Microelectronics Journal, 2013, 44(7): 586-591.

[88] XIN Z, XIAO D, HOU Z, et al. Influences of the structure parameters on sensitivity and Brownian noise of the disk resonator guroscope[J]. Journal of Microelectro-Mechanical Systems, 2017, 26(3): 519-527.

[89] LI Q, XIAO D, ZHOU X, et al. Research on the high fabrication error immunity of the honeycomb-like disk resonator gyroscope[C]. Proceedings of the IEEE International Conference on Micro Electro Mechanical Systems, Belfast, UK, 2018: 1016-1019.

[90] CHENG M, GUO S, BO F, et al. Sutomatic modematching and scale factor adjustable detection system for force to rebalance control of cobweb-like gyroscopes[C]. IEEE Sensors, New Delhi, India, 2018: 1-4.

[91] XIE J, YANG J, ZHOU J. Vibrational energy loss analysis of a MEMS disk resonator gyroscope[C]. 2018 IEEE/ASME International Conference on Advanced Intelligent Mechatronics (AIM), Auckland, New Zealand, 2018: 385-390.

[92] GADOLA M, BUFFOLI A, SANSA M, et al. 1.3 mm^2 nav-grade NEMS-based gyroscope[J]. Journal of Microelectromechanical Systems, 2021, 30(4): 513-520.

[93] YAO Y, GAO Z, RONG Z, et al. A silicon wafer dissolved vibrating gyroscope[C]. Proceedings of the IEEE Instrumentation and Measurement Technology Conference St. Paul, Minnesota, USA, 1998: 1133-1136.

[94] DONG Y, GAO Z, RONG Z, et al. A vibrating wheel micromachined gyroscope for commercial and automotive applications[J]. IEEE Instrumentation & Measurement Technology Conference, 1999, 3: 1750-1754.

[95] 董煜茜, 高钟毓, 张嵘. 微机械陀螺仪的性能分析[J]. 清华大学学报, 1998, 38(11): 1-3.

[96] 董煜茜, 高钟毓, 陈志勇, 等. 微机械振动轮式陀螺样机的实验研究[J]. 宇航学报, 2000, 21(1): 65-70.

[97] LI Z, YANG Z, XIAO Z, et al. Abulk micromachined vibratory lateral gyroscope fabricated with wafer bonding and

deep trench etching[J]. Sensors and Actuators A: Physcial, 2000, 83(1-3): 24-29.

[98] YANG Z, WANG C, YAN G, et al. A bulk micromachined lateral axis gyroscope with vertical sensing comb capacitors[C]. The 13th International Conference on Solid-State Sensors, Actuators and Microsystems, Seout, Korea, 2005: 121-124.

[99] LIU X S, YANG Z C, YAN G Z, et al. Design and fabrication of a lateral axis gyroscope with asymmetric comb-fingers as sensing capacitors[C]. 1st IEEE International Conference on Nano/Micro Engineered and Molecular Systems, Zhuhai, China, 2006: 762-765.

[100] XIA D Z, ZHOU B L, WANG S R. Double matched microgyro resonant system in drive and sense modes[C]. 1st IEEE International Conference on Nano/Micro Engineered and Molecular Systems, Zhuhai, China, 2006: 919-922.

[101] 杨波, 周百令. 真空封装的硅微陀螺仪[J]. 东南大学学报, 2006, 36(5): 736-740.

[102] CHANG H L, YUAN W Z, XIE J B, et al. One mechanically decoupled Z-axis gyroscope[C]. 1st IEEE International Conference on Nano/Micro Engineered and Molecular Systems, Zhuhai, China, 2006: 373-376.

[103] 谢建兵, 苑伟政, 常洪龙. 一种 Z 轴微机械陀螺的自解耦方法研究[J]. 传感技术学报, 2006, 19(5): 2220-2223.

[104] CHE L, XIONG B, WANG Y. System modelling of a vibratory micromachined gyroscope with bar structure[J]. Journal of Micromechanics & Microengineering, 2003, 13(1): 65-71.

[105] XIONG B, CHE L, WANG Y. A novel bulk micromachined gyroscope with slots structure working at atmosphere[J]. Sensors and Actuators A: Physical, 2003, 107(2): 137-145.

[106] CHEN Y, JIAO J, XIONG B. A novel tuning fork gyroscope with high Q-factors working at atmospheric pressure[J]. Microsystem Technologies, 2005, 11(2-3): 111-116.

[107] LIU G, WANG A, JIANG T, et al. Effects of environmental temperature on the performance of a micromachined gyroscope[J]. Microsyst Technol, 2008, 14: 199-204.

[108] YANG H, BAO M, HAO Y, et al. A novel bulk micromachined gyroscope based on a rectangular beam-mass structure[J]. Sensors and Actuators A: Physical, 2002, 96(2-3): 145-151.

[109] WU X S, CHEN W Y, ZHAO X L, et al. Development of a micromachined rotating gyroscope with electromagnetically levitated rotor[J]. J Micromech Microeng, 2006, 42(16): 912-913.

[110] TSAI D H, FANG W. Design and simulation of a dual-axis sensing decoupled vibratory wheel gyroscope[J]. Sensors and Actuators A: Physical, 2006, 126(1): 33-40.

[111] MULLER RICHARD S, FAN LONGSHENG, TAI YU C. Micromechanical elements and methods for their fabrication: US4740410[P]. 1988-4-26.

[112] FAN L S, TAI Y C, MULLER R S. IC-processed electrostatic micro-motors[J]. Sensors and Actuators A: Physical, 1989, 20(1-2): 41-47.

[113] GUCKEL H. High-aspect-ratio micromachining via deep X-ray lithography[J]. Proceedings of the IEEE, 1998, 86(8): 1586-1593.

[114] YAZI F A, NAJAFI K. High aspect-ratio combined poly and single-crystal silicon (HARPSS) MEMS technology[J]. Journal of Microelectromechanical Systems, 2000, 9(3): 288-294.

[115] BUSTILLO J M, HOWE R T, MULLER R S. Surface micromachining for microelectromechanical systems[J]. Proceedings of the IEEE, 1998, 86(8): 1552-1574.

[116] Gronos integrated microsystems, MUMPs design handbook, Rev.7[EB/OL]. https://studylib net/doc/8228881/ mumps % C 2% AE-design-handbook.

[117] KOVACS G, MALUF N I, PETERSEN K E. Bulk micromachining of silicon[J]. Proceedings of the IEEE, 1998,

86(8): 1536-1551.

[118] PARKER E R, AIMI M F, THIBEAULT B J, et al. High-Aspect-Ratio Inductively Coupled Plasma Etching of Bulk Titanium for MEMS Applications[M]. Manchester: Electrical Society, 2004.

[119] GIANCHANDANI Y, NAJAFI K. A bulk silicon dissolved wafer process for microelectromechanical systems[C]. International Electron Devices Meeting, Washington, USA, 1991: 757-760.

[120] 姚雅红, 赵永军. 采用薄片溶解工艺制造微机械惯性仪表的实验研究[J]. 清华大学学报, 1999, 38(11): 12-15.

[121] 何晓磊, 苏岩. 采用 DDSOG 工艺加工 Z 轴微机械陀螺仪实验[J]. 东南大学学报, 2005, 35(4): 545-548.

[122] HIRATA Y. LIGA process-micromachining technique using synchrotron radiation lithography and some industrial applications[J]. Nuclear Instruments and Methods in Physics Research Section B: Beam Interactions with Materials and Atoms, 2003, 208: 21-26.

[123] CELLER G K, CRISTOLOVEANU S. Frontiers of silicon-on-insulator[J]. Journal of Applied Physics, 2003, 93(9): 4955-4978.

[124] COLINGE J P. Silicon on Insulator Technology: Materials to VLSI[M]. 2nd. Boston: Kluwer Publishers, 1997.

[125] 林炬理, 张苗. SOI——二十一世纪的微电子技术[J]. 功能材料与器件学报, 1999, 5(1): 1-7.

[126] MEMSCAP. SOIMUMPs design handbook: Revision 4[EB/OL]. https://people.eecs.berkeley.edu/Npistev/245/SOIMUMPs.DR40%5b1%5d.pdf.

[127] MEMSOI: MPW on 60μm thick SOI high aspect ratio micromachining(HARM)[EB/OL]. http://www.tronics-mst.com/mems-technology/memsoi-mpw-run-europractice.html.

[128] LEE M C, KANG S J, JUNG K D, et al. A high yield rate MEMS gyroscope with a packaged SiOG process[J]. Journal of Micromechanics and Microengineering, 2005, 15: 2003-2010.

[129] 中国电子科技集团公司第十三研究所. SOI 标准工艺[R/OL]. http://www.cetcmems.com/.

[130] WU, HENRY. System architecture for mode-matching a MEMS gyroscope[J]. Massachusetts Institute of Technology, 2009: 127-128.

[131] SONMEZOGLU S, ALPER S E, AKIN T. An automatically mode-matched MEMS gyroscope with 50Hz bandwidth[C]. 2012 IEEE 25th International Conference on Micro Electro Mechanical Systems, Paris, France, 2012: 523-526.

[132] SONMEZOGLU S, ALPER S E, AKIN T. A high performance automatic mode-matched MEMS gyroscope with an improved thermal stability of the scale factor[C]. 2013 Transducers &Eurosensors XXVII: The 17th International Conference on Solid-State Sensors, Actuators and Microsystems (TRANSDUCERS & EUROSENSORS XXVII), Barcelona, Spain, 2013: 2519-2522.

[133] SONMEZOGLU S, ALPER S E, AKIN T. An automatically mode-matched MEMS gyroscope with wide and tunable bandwidth[J]. Journal of Microelectromechanical Systems, 2014, 23(2): 284-297.

[134] YESIL F, ALPER S E, AKIN T. An automatic mode matching system for a high Q-factor MEMS gyroscope using a decoupled perturbation signal[C]. 2015 Transducers - 2015 18th International Conference on Solid-State Sensors, Actuators and Microsystems (TRANSDUCERS), Anchorage, USA, 2015: 1148-1151.

[135] PRIKHODKO I P, GREGORY J A, CLARK W A, et al. Mode-matched MEMS coriolis vibratory gyroscopes: Myth or reality?[C]. 2016 IEEE/ION Position, Location and Navigation Symposium (PLANS), Savannah, USA, 2016: 1-4.

[136] HYUCKAHN C, SHIN D D, HONG V A, et al. Encapsulated disk resonator gyroscope with differential internal electrodes[C]. 2016 IEEE 29th International Conference on Micro Electro Mechanical Systems (MEMS), Shanghai, China, 2016: 962-965.

[137] HE C, ZHAO Q, HUANG Q, et al. A MEMS vibratory gyroscope with real-time mode-matching and robust control for the sense mode[J]. IEEE Sensors Journal, 2015, 15(4): 2069-2077.

[138] 徐露. 硅微振动式陀螺仪模态频率自匹配技术研究[D]. 南京: 东南大学, 2016.

[139] 杨成. 硅微机械陀螺仪数字化静电补偿与调谐技术研究和实验[D]. 南京: 东南大学, 2017.

[140] 吴磊, 杨波, 王刚. 基于激励-校准法的硅微陀螺仪模态匹配控制电路研究[J]. 传感技术学报, 2018, 31(3): 45-49.

[141] TAHERI-TEHRANI P, IZYUMIN O, IZYUMIN I, et al. Disk resonator gyroscope with whole-angle mode operation[C]. IEEE International Symposium on Inertial Sensors & Systems, Hapuna Beach, USA, 2015.

[142] TAHERI-TEHRANI P, CHALLONER A D, IZYUMIN O, et al. A new electronic feedback compensation method for rate integrating gyroscopes[C]. 2016 IEEE International Symposium on Inertial Sensors and Systems, Laguna Beach, USA, 2016.

[143] EFIMOVSKAYA, LIN Y W, WANG D, et al. Electrostatic compensation of structural imperfections in dynamically amplified dual-mass gyroscope[C]. IEEE International Symposium on Inertial Sensors and Systems Proceedings, Kauai, USA, 2017: 27-30.

[144] HODJAT-SHAMAMI M, NOROUZPOUR-SHIRAZI A, TABRIZIAN R, et al. A dynamic ally mode-matched piezoelectrically transduced high-frequency flexural disk gyroscope[C]. Proceedings of the IEEE International Conference on Micro Electro Mechanical Systems, Estoril, Portugal, 2015: 789-792.

[145] AHN C H, NITZAN S, NG E J, et al. Encapsulated high frequency(235kHz), high-Q(100k) disk resonator gyroscope with electrostatic parametric pump[J]. Applied Physics Letters, 2014, 105(24): 586-593.

[146] PRIKHODKO I P, TRUSOV A A, SHKEL A M. Compensation of drifts in high-Q MEMS gyroscopes using temperature self-sending[J]. Sensors and Actuators A: Physical, 2013, 201: 517-524.

[147] NIU S, GAO S, LIU H. A digital control system for micro-comb gyroscopes[C]. 2009 9th International Conference on Electronic Measurement & Instruments, Beijing, China, 2009: 2-757-2-760.

[148] QIANG S, XINPENG W, YIXUAN W, et al. Oscillation suppression in the sense mode of a high-Q MEMS gyroscope using a simplified closed-loop control method[J]. Sensors, 2018, 18(8): 2443.

[149] 赵鹤鸣, 郑奋, 程梦梦, 等. 基于参数激励的 MEMS 陀螺电馈通抑制方法[J]. 中国惯性技术学报, 2018, 26(6): 123-127, 135.

[150] MARX M, CUIGNET X, NESSLER S, et al. An automatic MEMS gyroscope mode matching circuit based on noise observation[J]. IEEE Transactions on Circuits and Systems II: Express Briefs, 2019, 66(5): 743-747.

[151] RUAN Z, DING X, QIN Z, et al. Automatic mode-matching method for MEMS disk resonator gyroscopes based on virtual coriolis force[J]. Micromachines, 2020, 11(2): 1-22.

第二篇

MEMS 设计误差宏建模理论与方法

本篇内容对可创成 MEMS 设计方法和线性 MEMS 宏建模方法进行阐述,从 MEMS 几何非线性行为出发,研究基于 POD 方法的 MEMS 非线性动力学行为宏建模方法。针对多域耦合 MEMS 系统,研究基于 Hamilton 原理、Lagrange 动力学方程和线性系统模态叠加原理的能量法及涉及的模型误差分析。

第 2 章　可创成的 MEMS 设计技术

本章对可创成的 MEMS 设计方法进行深入论述，主要内容：MEMS 设计由结构化设计方法的标准化设计流程、依赖组件库的"修订式"设计和基于内嵌方程的"检索式"设计发展为支持任意流程、支持多种模型的异构建模、支持方程自主定义的开放式自主创新设计。可创成的 MEMS 设计方法在满足不断发展的MEMS 技术的需要，打破 MEMS 设计方法在模型误差分析、支持器件创新及设计流程等方面的局限性方面有重要作用。

2.1　可创成的 MEMS 设计方法

2.1.1　设计方法架构

可创成的 MEMS 设计方法是指支持设计者进行新结构、新原理、新方案等MEMS 创新设计的方法，其创新设计主要体现在系统级和器件级，对于工艺、版图设计等 TCAD 问题，则不列入本章的研究范围。

图 2-1 是可创成的 MEMS 设计方法架构，其继承了结构化设计方法的分层设计思想，整个架构由系统级、器件级、工艺级设计与仿真平台，附属于各个设计层级的数据库，以及设计层级之间的数据转换接口构成。与结构化设计方法相比，可创成的 MEMS 设计方法对创新设计的支持主要体现在如下方面。

首先，系统级建模由原来依赖单一参数化组件库的"修订式"发展为综合参数化组件库、宏模型和方程自主定义的优势共同进行，各种模型采用相同的数据表征方式，并按照 MEMS 器件的原始拓扑互联以建立系统级异构模型，从而为设计者进行新结构、新原理设计提供支持。

其次，器件级建模与仿真由原来依赖内嵌控制方程与求解算法的"检索式"设计发展为支持方程自主定义，从而为 MEMS 设计者的自主定制式设计提供支持，并提高 MEMS 仿真精度和基于器件级仿真结果的宏模型精度。

再次，强调多域、多尺度仿真和自动优化对创新设计的作用，多域、多尺度仿真是复杂 MEMS 设计所面临的突出难题，而自动优化则是生成最终创新设计方案的主要迭代手段。

最后，可创成的设计方法吸取了任意流程设计方法思想，提供三个设计层级之间的全部六个数据转换接口，从而将固定的标准化设计流程发展为支持任意流程，为设计者提供了设计流程方面的灵活性。

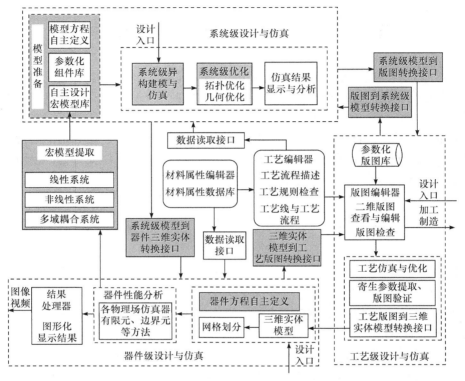

图 2-1　可创成的 MEMS 设计方法架构

2.1.2　设计方法特点

支持 MEMS 的创新设计和支持任意流程设计是可创成设计方法的主要特点，具体如下。

1) 支持 MEMS 的创新设计

从建模与仿真的角度看，可创成的 MEMS 设计方法综合参数化组件库、宏模型和方程自主定义共同建立系统级异构模型。设计者可以根据 MEMS 器件或功能部件的具体特点，选择合适的建模方式。其中，参数化组件库主要用于建模几何形状规则、物理行为相对简单的结构或功能部件；宏模型由于不受结构的几何形状、涉及能量域等因素的影响，因此适合建模形状复杂、多域耦合的结构或功能部件，尤其适合组件库中没有的新型部件的建模，对于 MEMS 的创新设计具有决定性作用；此外，缺乏对 MEMS 物理现象的深刻认识是阻碍精确建模的关键因素之一，方程自主定义主要考虑设计者对于特定领域、特定理论的研究成果，支持自主输入方程并自动生成模型，提高模型的可定制性和创新方案的建模与仿真精度。基于组件库、宏模型和方程自主定义的系统级多域异构建模与仿真方法，既能实现器件部分关键结构的参数化设计，又能实现复杂、不规则、多域耦合部件的创新性设计。

自动优化是形成 MEMS 创新设计方案的一个关键步骤，可创成的设计方法包含拓扑优化和几何优化两个优化级别。前者用于优化构成 MEMS 器件的各功能部件之间的连接关系，以便输出符合设计目标的最优器件"外形"；后者用于局部设计参数的修正。此外，由于优化过程本身涉及大量复杂的数值计算，因此，其自动化程度和计算效率是提高整个 MEMS 创新设计效率的关键。

2) 支持任意流程设计

从设计流程的角度看，可创成的设计方法是任意流程设计方法的发展，具备全部六个数据转换接口，支持设计者选择最优设计流程完成 MEMS 设计。同时，在数据转换接口、各层级的建模与仿真平台和隶属各层级的数据库的支持下，形成了一个完整封闭的集成化设计环境。

2.2　可创成的 MEMS 设计方法关键技术

建模、仿真、优化体现 MEMS 设计的全过程，从数学物理的角度看，这一过程本质上就是模型方程的建立与求解过程，因此，设计方法关键技术就是确保设计过程快速、高效地执行。如图 2-1 所示，可创成的 MEMS 设计方法关键技术包括宏建模、参数化组件库、方程自主定义技术、系统级多域异构建模与仿真、多尺度仿真技术、设计优化技术及设计层级之间的数据转换接口技术。宏建模由于支持非常规 MEMS 部件的设计，符合 MEMS 多样化的需求，对 MEMS 创新设计具有决定性作用。参数化组件库是系统级建模的基本手段，对于 MEMS 设计及优化具有关键作用。方程自主定义对于提高 MEMS 模型的可定制性、激发新型器件的产生及模型误差分析具有重要意义。系统级多域异构建模与仿真综合参数化组件库、宏模型和方程自主定义的特点，通过统一的数据格式和模型表征方式，解决 MEMS 多域建模与仿真的难题。设计层级之间的数据转换接口支持器件的任意流程设计，从而为不同领域、不同知识背景的设计者提供最大的设计流程灵活性。

2.2.1　宏建模

可创成的 MEMS 设计方法首先将 MEMS 器件按功能、用途、几何形状等特点划分为线性、非线性和多域耦合，并分别研究相应的宏建模方法，如图 2-2 所示。

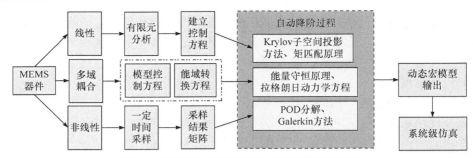

图 2-2　可创成 MEMS 设计方法宏建模示意图

线性部件由于其质量、刚度矩阵为常量，可根据结构的无阻尼自由振动理论，通过 FEM/BEM/FDM 等数值方法提取结构的质量、刚度等系统矩阵，并按结构动力学理论建立表征器件动态行为的控制方程，然后采用基于 Krylov 子空间投影的降阶算法和传递函数的矩匹配原理[1-6]对系统矩阵进行降阶，建立原始系统的宏模型，实际执行过程中需根据具体问题选择不同的宏建模算法。当前国际上对单输入单输出(single input single output，SISO)系统降阶方法的研究已经比较成熟[7-12]，然而，对于线性系统，可创成的 MEMS 设计方法还应特别关注多输入多输出(multi input multi output，MIMO)系统、二阶系统、含大量输入输出端口系统的宏建模方法。特别地，在 MEMS 设计中存在一类结构，其边界条件与相连的其他部件直接相关，称为动态约束结构或无约束结构，也称从动结构，如图 2-3 所示的平面微加速度计的变截面折叠梁及质量块，此外，除固定端以外，几乎所有的微结构或功能部件均可看作动态约束结构。这类结构由于其刚度矩阵为奇异矩阵，不能直接用 Krylov 子空间投影法降阶，可创成的 MEMS 设计方法通过基于迭代 IRS 的动力缩聚法完成其宏建模。此外，为了使宏建模能够有效地处理复杂、大规模的器件，必须研究稀疏矩阵存储与操作方法，以节省内存空间、提高计算效率。

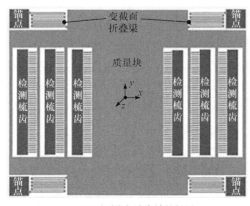

(a) 平面微加速度计的版图　　　　　　　　　　(b) 变截面折叠梁的三维实体模型

图 2-3　平面微加速度计的变截面折叠梁及质量块

对于几何非线性 MEMS 器件，可创成设计方法首先对器件进行有限元动态分析采样，记录每个采样时间点的器件分布式节点位移向量。然后以时间为行，节点位移向量为列构造采样结果矩阵，运用 POD 分解提取模型的特征向量和特征值，其中特征向量也称为全局基函数，其线性表达式可用于表征器件的动态行为。为了实现模型的降阶，一般只选择少数几个基函数表征器件的行为方程，从能量的角度看，一般绝对值较大的特征值所对应的基函数对器件的动态行为影响较大，且特征值通常存在剧烈下降的现象。据此，一般选择几个(通常小于 5)特征值较大的基函数，通过围线积分原理求解 Galerkin 方程以确定基函数的系数，从而建立器件的低阶行为方程，完成宏模型提取。方程规模则由原始采样矩阵的维数缩减为选择的基函数个数，从而提高 MEMS 的非线性动态求解效率。

多域耦合 MEMS 的宏模型提取是系统级建模与仿真的关键技术。可创成 MEMS 设计方法采用能量法[13-16]完成多域耦合 MEMS 的宏模型提取。首先根据二阶振动理论与最小二乘法计算器件的模态基函数及其贡献因子，据此选取合适的模态基函数，然后将各能域的能量表征为所选模态基函数和相应模态坐标的函数，按照虚功原理和拉格朗日(Lagrange)动力学方程进行能量函数组装，形成只用少数模态基函数和模态坐标表征的器件行为方程，最终得到器件宏模型。此外，由于哈密顿(Hamilton)原理和拉格朗日动力学方程遵守能量守恒原理和动平衡原理，采用统一的模态坐标和基函数表征，因而基于能量法的宏建模方法具有能域扩展性及通用性。

对于 MEMS 的宏模型提取，可创成的 MEMS 设计方法还关注如下问题：①宏模型参数化。当前绝大部分的宏模型提取是针对特定的几何尺寸、材料参数和初始方位提取的，一旦相关参数变化，必须重新提取宏模型，而宏模型提取过程本身需要大量的数值计算，为了提高效率，并考虑到系统级设计迭代及优化的需要，需要研究宏模型参数化，包括材料属性参数化、方位角参数化和一定程度的几何参数化。②保存原始模型的几何信息与位置信息。系统级模型到工艺版图和器件三维实体的转换接口是可创成设计的关键接口技术，而当前的宏模型仅仅是器件行为方程的低阶描述，消除了原始模型的几何信息与位置信息，导致包含宏模型的 MEMS 系统级模型无法向工艺版图和器件三维实体过渡，因此，为了解决这个问题，宏模型提取应保存原始模型的几何信息和位置信息。③二次降阶问题。MEMS 器件变得越来越复杂，往往导致采用宏模型和参数化组件库建立的系统级模型规模依然较大，此时，可对系统级模型进行二次降阶以解决此问题。

2.2.2　参数化组件库

和宏模型一样，参数化组件库是 MEMS 系统级建模与仿真的关键性支撑技术，目前，能域简单、几何形状规则的微结构参数化组件模型趋于成熟[17-24]。然而，MEMS 技术的不断进步促使器件结构、工作原理等越来越复杂，基本组件库已无法满足各种新型 MEMS 器件的建模要求。例如：①对于结构复杂的 MEMS 器件，由于组件使用过多而使系统级模型变得复杂、规模过大且难以理解，同时建模过程耗时长、效率低。如图 2-4(a)所示的微型可编程光栅简化版图，其光栅梁(图 2-4(b))由大约 540 根简单梁组成，采用简单结构的参数化模型库建立系统级模型显然是不现实的。②基本组件库只能用于简单、规则 MEMS 器件的系统级建模，无法满足设计者的自主创新设计要求。例如，图 2-3 所示的平面微加速度计采用基本组件库建模变截面折叠梁非常困难，需要使用大量的简单三维梁模型。此外，现实中设计者的创意是无限的，而宏模型提取本身是一个复杂的数值计算过程，且其对参数化设计迭代、优化的支持有限。因此，为了支持器件的创新设计和设计者的自主定制设计，可创成的 MEMS 设计方法关注两类参数化组件库：基本组件库和聚类组件库(cluster)。

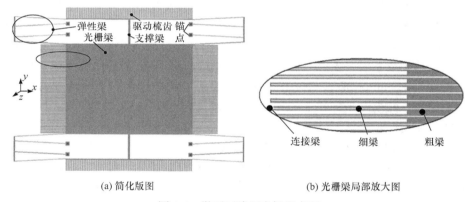

(a) 简化版图　　　　　　　　　　　(b) 光栅梁局部放大图

图 2-4　微型可编程光栅示意图

1. 基本组件库

当前流行的 MEMS 系统级建模方法一般首先将器件按功能、几何形状等进行分解，得到基本功能部件和微结构，对这些功能部件或微结构进行建模，然后按照其原始拓扑关系进行互联，从而建立器件的系统级模型。绝大部分 MEMS 器件都含有一些几何形状规则、物理行为简单的微结构，如图 2-3 所示的微加速度计中的锚点、检测梳齿、质量块，图 2-4 所示的微型可编程光栅中的锚点、支撑梁、驱动梳齿。

图 2-5 为针对惯性 MEMS 器件的系统级建模与仿真开发的部分机电耦合组件模型[25]。基本组件库用途广、抽象层次低、参数化程度高，是 MEMS 设计、优化所必不可少的一类组件。然而，现有的基本组件库的参数仅包括几何参数和方位参数，这使得 MEMS 优化只能对器件的几何尺寸和空间位置进行局部修改，无

法对整个 MEMS 器件的拓扑结构进行优化。为此，组件模型参数还应该包含材料属性参数、优化函数与标识等，如模型的遗传、变异、对称等信息。此外，为了确保组件的可加工性，并方便器件版图检查，组件模型还应与实际加工工艺相结合，并嵌入相应的工艺规则。

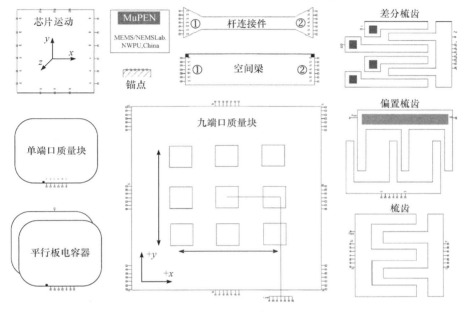

图 2-5　部分机电耦合组件模型

2. 聚类组件库

聚类组件是一类由基本组件按照一定方式连接得到的新组件，其在简化 MEMS 系统级设计、提高建模与仿真效率中具有重要作用。从几何结构的角度看，聚类组件是基本组件的集合体，而从其行为方程的规模角度看，聚类组件并非基本组件行为方程的叠加，而是采用与基本组件类似的建模方法，通过分析其物理行为建立的模型，因而其方程规模与基本组件相当。所以，对于一个复杂 MEMS 结构，采用聚类组件将直接减少组件的使用数量，从而提高设计效率。图 2-6 为 MEMS 设计中常用的聚类组件结构，分别为 I 形质量、框架质量、弹性支撑结构、L 形梁和折叠梁等。与基本组件不同，聚类组件并不设置结构的所有几何尺寸及位置信息参数，而是根据其特定的几何形状及相应的连接关系设置相应的参数，如框架质量的参数除材料属性外，还包括每个质量的几何参数、质量之间的夹角、框架质量的总体方位角；折叠梁的参数包括一个长梁与短梁的几何参数、基本结构的重叠次数及结构的总体方位角。

(a) Ⅰ形质量　　　(b) 框架质量　　　(c) 弹性支撑结构　　　(d) L形梁　　　(e) 折叠梁

图 2-6　MEMS 设计中常用的聚类组件

2.2.3　方程自主定义

结构化设计方法在进行 MEMS 器件级与系统级设计时,通常采用内嵌的模型控制方程和求解算法完成器件的建模与仿真。例如, 器件级有限元分析, 其模型一般由有限元形函数(element)和相应的内嵌公式库确定, 而求解器采用有限元内置的求解器。同样, 系统级模型方程通过读取各组件内嵌方程, 然后进行统一编译、组装而得, 而求解器也使用内置的常微分方程求解器。然而, MEMS 正处于一个迅猛发展的时期,各种新器件、新物理现象不断产生, 且 MEMS 本身涉及多能量域耦合与多学科交叉, 其本身的统一建模与仿真方法并不成熟, 使用基于内嵌公式库与求解算法的传统“内置式”建模与仿真方法限制了 MEMS 设计者的创新能力。为此, 可创成的 MEMS 设计方法支持设计者直接输入其在特定领域的研究成果, 以便提高建模与仿真精度, 支持器件原理的创新性设计和设计者的自主定制式设计。方程自主定义包括两个方面, 分别为系统级模型方程自主定义, 也称常微分方程自主定义;器件级物理方程自主定义, 也称偏微分方程自主定义。

1. 模型方程自主定义

系统级组件方程自主定义流程如图 2-7 所示, 包括两种情况, 第一种是设计者根据自己对特定 MEMS 领域的研究成果, 为了提高系统级建模与仿真的精度, 通过方程自主定义接口直接输入器件或功能部件的行为方程, 系统对方程自动进行编码并定义组件的输入输出端口, 形成可供 MEMS 系统级建模与仿真使用的组件。第二种基本是为了复杂 MEMS 的系统级快速仿真而开发, 其原理如图 2-8 所示, 该方法首先采用宏模型或参数化组件库建立器件的系统级模型, 然而器件结构复杂, 需要使用的宏模型或参数化组件过多, 从而导致器件的系统级模型过于复杂、方程规模过大, 使得求解效率低下。方程自主定义允许设计者根据器件的拓扑特点选择部分组件进行联合编译, 并形成新组件, 其行为方程规模可根据相关编译准则进行重构, 得到的新组件方程规模不应是原组件方程的叠加, 而是某种意义上的缩聚, 选择的组件越多, 缩聚幅度越大。如图 2-9 所示为折叠梁的组件模型组合过程, 其中图 2-9(a)为折叠梁的微结构示意图, 图 2-9(b)为采用基本组件建立的系统级模型示意图, 图 2-9(c)为模型组合后得到的新模型示意图。在组件组合过程中，应根据组件的结构共同点、组合方式、材料属性等特点保留参数，实现新组件的参数化设计。实际的 MEMS 设计中，组件的一次组合对于求解速度的提升往往是不够的，为此，可对一级编译组合形成的新组件继续进行二级编译组合，如此循环，如图 2-8 所示。系统级方程自主定义应实现与相应建模与仿真平台的无缝集成，使得设计者输入相应的方程定义或组合信息后，系统能够依据一定语法规则自动生成新组件，并自动将新组件添加到参数化组件库中，完成组件模型的自主定义与扩展。

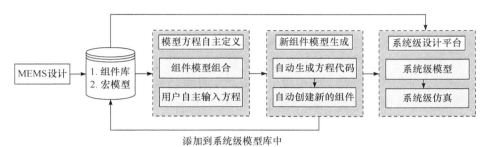

图 2-7　系统级组件方程自主定义流程

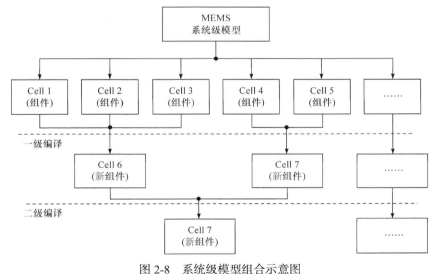

图 2-8　系统级模型组合示意图

(a) 微结构示意图　　　　(b) 系统级模型　　　　(c) 生成的新模型

图 2-9　折叠梁的组件模型组合过程

2. 物理方程自主定义

目前，MEMS 器件级分析主要采用 FEM/BEM/FDM 等数值方法进行，通过对器件模型进行数值离散，然后采用内置的公式库与算法完成求解。由于 MEMS 器件的几何尺寸极小，其模型的有限元/边界元离散和传统宏观器件不同，如图 2-3(a) 中的平面微加速度计，传统离散方法可能需要一定的精度和网格数量，然而，由于质量块是刚性的，实际仿真只需少量甚至一个单元即可获得足够的精度。因此，一方面，物理方程自主定义需要开发专门针对 MEMS 器件级建模与仿真的前处理器和求解器；另一方面，很多 MEMS 模型与特定原理、尺度、工作条件等因素有关，使用求解器内置公式库所得的仿真结果通常并不准确，为此，可创成的设计方法依托自主知识产权的有限元仿真平台 FEPG[26]，支持设计者采用脚本语言直接输入表征器件动态行为的偏微分方程和相应的求解算法进行 MEMS 的精确建模与仿真，以便扩大 MEMS 的自主定制式设计特性，其示意图如图 2-10 所示。

图 2-10　基于 FEPG 的物理方程自主定义示意图

2.2.4　系统级多域异构建模与仿真

系统级设计对于预测 MEMS 器件性能非常必要，结构化设计方法的系统级建模与仿真往往依赖于参数化组件库。然而，对于绝大部分 MEMS 系统，仅单独使用参数化组件库一般无法构建完整的系统级模型。可创成的 MEMS 设计方法基于此提出基于参数化组件库、宏模型和方程自主定义的系统级多域异构建模方法：采用组件库建立规则功能部件及接口、控制电路的模型；采用宏模型建立复杂功能部件的模型，并通过模型方程自主定义支持设计者自主建立的模型；按照 MEMS 系统的原始拓扑对参数化组件、宏模型、自主定义模型进行互联，以实现 MEMS 的系统级异构建模与仿真。其流程如图 2-11 所示，系统级异构建模与仿真包括以下步骤：

(1) 将 MEMS 系统区分为微机械和电子电路。

(2) 按功能或几何形状将器件分解为规则功能部件和不规则功能部件。

(3) 采用参数化组件库建立规则功能部件的模型。

(4) 采用宏模型建立不规则功能部件的模型。

(5) 将宏模型和参数化模型按 MEMS 器件的原始拓扑进行互联，建立 MEMS 器件的系统级异构模型。

(6) 将电子电路进行分解，并采用标准电路元件库建立电子电路的模型。

(7) 建立电子电路的行为级模型——宏模型。由于采用标准电路元件库建立的电子电路模型结构复杂，规模庞大，直接仿真十分耗时，因此采用和器件类似的方法，对电子电路模型进行降阶，提取其宏模型。

(8) 将 MEMS 器件系统级异构模型和电子电路宏模型按系统的输入输出进行互联，建立 MEMS 系统级模型，并进行仿真、综合与优化。

与结构化设计方法相比，MEMS 系统级异构建模与仿真方法既可以实现器件关键结构的参数化设计,同时支持设计者采用宏模型和自主定义模型进行新结构、新方案、新原理的创新性设计。

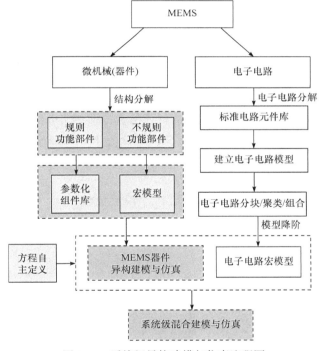

图 2-11　系统级异构建模与仿真流程图

2.2.5　多尺度仿真技术

1. 多时间尺度

MEMS 是将微器件和接口、控制电路集成于一体的微系统，因此，为了对 MEMS 系统整体行为进行预测，必须进行 MEMS 器件和电路的混合信号行为仿真。然而，器件的谐振频率通常与载波电路的频率相差较大，且器件的频率同时与其应用领域密切相关，如惯性器件的频率一般在千赫兹量级，射频与光学器件的谐振频率一般在吉赫兹量级，而载波电路的频率一般在兆赫兹量级。这些不同频率的部件进行联合仿真时，时间步长由最高频率确定，需要仿真的实际工作时间由最低频率决定，而 MEMS 器件与电路截然不同的频率导致其时间步长不同，多种时间尺度的存在降低了系统级联合仿真的效率，导致仿真速度过慢和计算资源的浪费。

可创成的 MEMS 设计方法包含两种 MEMS-电路联合仿真方法：①直接法。将 MEMS 器件和电路直接进行联合仿真，仿真时间步长采用电路的时间步长，仿真时间由 MEMS 器件的谐振频率决定，其原理如图 2-12 所示。为了降低系统的求解规模，MEMS 器件的模型采用基于宏模型和参数化组件库的异构模型，而电路模型采用行为级模型。实际仿真过程中为了提高仿真效率，可进一步对系统级异构模型进行处理，提取表征器件输入输出行为的"黑盒"模型或传递函数模型，同时改进联合仿真算法。直接法可用于结构和电路双向耦合的情况，如陀螺闭环驱动电路和加速度计的闭环检测电路，但仿真效率较低。②插值法。首先仿真MEMS 器件，仿真时间步长依据机械部分的谐振频率设置，然后对器件仿真结果进行插值，并将插值结果输入电路中进行电路仿真，其仿真流程如图 2-13 所示。插值法只适用于结构和电路单向耦合的开环仿真，即忽略电路对器件的影响。

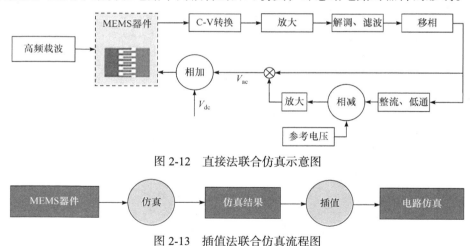

图 2-12　直接法联合仿真示意图

图 2-13　插值法联合仿真流程图

2. 多空间尺度

MEMS 是一个复杂系统，多空间尺度现象广泛存在。例如，存在于大量 MEMS 器件中的空气阻尼行为，其动态行为的物理模型直接决定于空气尺度，即气体的稀薄程度，对应于不同的气体稀薄程度，空气阻尼行为可相应地建模为连续模型、Navier-Stokes 方程和玻尔兹曼方程。实际上，绝大部分流体 MEMS，如微通道、Lab on Chip 等均存在类似的多空间尺度问题。此外，MEMS/NEMS 器件中也广泛存在多空间尺度问题,如图 2-14 所示的基于压阻效应的硅纳米线传感器,由硅纳米梁、连接板、金属电极、绝缘体和硅基底构成。硅纳米梁和金属电极等结构之间的空间尺度差别,导致其建模方法完全不同。可创成的 MEMS 设计方法结合分子动力学、蒙特卡罗方法等完成纳米尺度行为建模,采用有限元、边界元、有限差分、有限体积、无网格等方法完成"宏观"物理行为建模;通过建立微/纳米尺度之间的模型传递与数据读取接口实现多空间尺度模型的耦合。

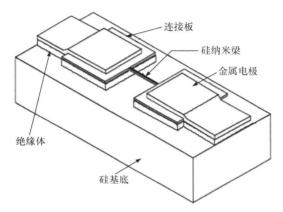

图 2-14 基于压阻效应的硅纳米线传感器

2.2.6 MEMS 设计优化

优化技术是 MEMS 设计的关键技术,直接决定着设计效率和最终设计方案的输出。MEMS 设计一般从需求分析开始,根据设计目标和相关约束条件,建立 MEMS 器件的原始拓扑结构,然后进行建模、仿真与优化,直到找到满足设计目标及约束条件的最优设计方案为止。

MEMS 器件布局一般包括拓扑、几何两个方面信息,而几何尺寸优化和拓扑优化体现了优化中两个不同层次的问题。

拓扑是指一个 MEMS 器件模型中不同对象之间的连接关系。拓扑优化的目标就是从一系列满足设计性能指标及约束条件的备选方案中,选择结构布局最优的一个,它是可创成设计方法生成设计方案的关键,其优化对象是器件的整体"外观"。器件拓扑最优的评判标准通常包括对称性、易加工性、结构可靠性。

几何尺寸优化是对器件的局部结构参数进行修改以符合设计要求,它是建立在拓扑优化基础上的局部细化行为。

然而,不管是拓扑优化还是几何尺寸优化,其过程都包括大量反复的仿真计算及比较行为。因此,迭代次数的尽可能减少、设计目标与仿真结果的自动比较、几何参数与结构拓扑的自动修正将是 MEMS 优化面临的突出难题,同时也是提高 MEMS 设计效率的关键。

2.3　本 章 小 结

　　本章提出了可创成的 MEMS 设计方法，阐述了设计方法的含义、原理和特征，建立了设计方法架构，系统分析了宏建模、参数化组件库、方程自主定义、系统级多域异构建模与仿真、多尺度仿真和设计优化等关键技术，这些关键技术对可创成的 MEMS 设计方法体系与 MEMS 模型误差分析的意义及其实现途径。

参 考 文 献

[1] BECHTOLD T. Model order reduction of electro-thermal MEMS[D]. Freiburg im Breisgau: University of Freiburg, 2005.

[2] BECHTOLD T, RUDNYI E B, KORVINK J G. Efficient modeling and simulation of 3D electro-thermal model for a pyrotechnical microthruster[C]. International Workshop on Micro and Nanotechnology for Power Generation and Energy Conversion Applications PowerMEMS 2003, Makuhari, Japan, 2003.

[3] GRIMME E J. Krylov projection methods for model reduction[D]. Urbana-Champaign: University of Illinois at Urbana-Champaign, 1997.

[4] BAI Z. Krylov subspace techniques for reduced-order modeling of large-scale dynamical systems[J]. Applied Numerical Mathematics, 2002, 43(1-2): 9-44.

[5] BECHTOLD T, SALIMBAHRAMI B, RUDNYI E B, et al. Krylov-subspace-based order reduction methods applied to generate compact thermo-electric models for MEMS[C]. Nanotechnology'2003, San Francisco, USA, 2003.

[6] ANTOULAS A C, SORENSEN D C. Approximation of large-scale dynamical system: An overview[J]. IFAC Proceedings Volumes, 2004, 37(11): 19-28.

[7] BECHTOLD T, RUDNYL E B, KORVINK J G. Error indicators for fully automatic extraction of heat transfer macromodels for MEMS[J]. Journal of Micromechanics and Microengineering, 2005, 15(3): 430-440.

[8] BECHTOLD T, RUDNYL E B, KORVINK J G, et al. Connecting heat transfer macromodels for MEMS array structures[J]. Journal of Micromechanics and Microengineering, 2005, 15(6): 1205-1214.

[9] RUDNYL E B, KORVINK J G. Model order reduction for large scale engineering models developed in ANSYS[C]. Applied Parallel Computing, State of the Art in Scientific Computing, 7th International Workshop, PARA 2004, Lyngby, Denmark, 2004.

[10] BECHTOLD T, RUDNYI E B, KORVINK J G. Automatic generation of compact electro-thermal models for semiconductor devices[J]. IEICE Transactions on Electronics, 2003, 86(3): 459-465.

[11] BECHTOLD T, HILDENBRAND J, WOLLENSTEIN J, et al. Model order reduction of 3D electro-thermal model for a novel micromachined hotplate gas sensor[C]. 5th International Conference on Thermal and Mechanical Simulation and Experiments in Microelectronics and Microsystems, Brussels, Belgium, 2004: 263-267.

[12] BECHTOLD T, RUDNYI E B, KORVINK J G. Automatic order reduction of thermo-electric models for MEMS: Arnoldi versus guyan[C]. The Fourth International Conference on Advanced Semiconductor Devices and Microsystem, Slomenice, Slovakia, 2002: 333-336.

[13] GABBAY L D. Computer aided macromodeling for MEMS[D]. Cambridge: Massachusetts Institute of Technology, 1998.

[14] MEHNER J E, GABBAY L D, SENTURIA S D. Computer-aided generation of reduced-order dynamic macromodels-I: Geometrically linear motion[J]. Journal of Microelectromechanical Systems, 2000, 9(2): 262-269.

[15] VARGHESE M. Reduced-order modeling of MEMS using modal basis functions[D]. Cambridge: Massachusetts Institute of Technology, 2001.

[16] MEHNER J E, GABBAY L D, SENTURIA S D. Computer-aided generation of reduced-order dynamic macromodels-II: Stress-stiffened case[J]. Journal of Microelectromechanical Systems, 2000, 9(2): 270-277.

[17] VANDEMEER J E. Nodal design of actuators and sensors (NODAS)[R]. Dept. Elect. Comput. Eng., Carniege Mellon Univ., Pittsburgh, PA, 1998.

[18] FEDDER G K. Simulation of microelectromechanical systems[D]. Berkeley: University of California Berkeley, 1994.

[19] JING Q. Modeling and simulation for design of suspended MEMS[D]. Pittsburgh: Carnegie Mellon University, 1999.

[20] FEDDER G K, JING Q. Hierarchical circuit-level design methodology for microelectromechanical systems[J]. IEEE Transactions on Circuits and Systems II: Analog and Digital Signal Processing, 1999, 46(10):1309-1315.

[21] COVENTOR INC. Coventor Ware ARCHITECT 2008[M]. Cary: Coventor Inc., 2008.

[22] ZHOU N. Simulation and synthesis of micro electro mechanical systems[D]. Berkeley: University of California Berkeley, 2002.

[23] CLARK J V, ZHOU N, BINDEL D, et al. 3D MEMS simulation modeling using modified nodal analysis[C]. Microscale Systems: Mechanics and Measurements Symposium, Orlando, Florida, 2000: 68-75.

[24] ZHOU N, CLARK J V, PISTER K. Nodal analysis for MEMS design using SUGAR v0.5[C]. MSM'98, Santa Clava, USA, 1998: 308-313.

[25] 霍鹏飞. 微机电系统的多端口组件网络方法系统级建模研究[D]. 西安: 西北工业大学, 2004.

[26] 北京飞箭软件有限公司. FEPG 6.0 用户手册[R]. 北京飞箭软件有限公司, 2003.

第3章　线性与多域耦合 MEMS 宏建模方法

第 2 章对可创成 MEMS 设计方法及关键技术进行了详细阐述。MEMS 器件，如微机械陀螺、微加速度计、微型可编程光栅等工作时在小范围内线性振动，以改善器件的输入-输出特性。线性 MEMS 的宏建模涉及的方法主要包括 Pade 近似法[1-3]、平衡截断法[4,5]、基于 Krylov 子空间投影的 Arnoldi 算法[6]与 Lanczos 算法[7,8]等。本章针对线性 MEMS 器件研究宏建模方法，对于含确定约束的微结构，研究基于 Krylov 子空间投影的宏建模方法。

MEMS 是涉及力、电、磁、流、光、热等多个能量域相互作用的复杂系统。目前，多域耦合分析与仿真主要包括两种方法。一种是基于器件级的建模与仿真方法，包括有限元法、有限元/边界元混合法、有限体积法、无网格法等。例如，静电-结构耦合的 MEMS 器件中，采用有限元法求解结构问题，利用边界元法求解静电场问题。对于系统行为仿真而言，基于器件级的多域耦合建模与仿真方法尽管精度较高且可控，但是完全网格化的离散模型无法胜任系统快速设计与分析的要求。另一种是基于系统级的建模与仿真方法，包括集总参数宏建模法、多端口组件网格法，这些方法在一定程度上简化了系统级设计，改善了求解速度，但对于复杂 MEMS，可能组件的过多使用导致求解规模过大，无法满足复杂 MEMS 快速设计的要求，同时组件的增多也将使求解精度受到影响，易产生误差。因此，本章将 MEMS 器件作为整体处理，采用基于 Hamilton 原理和 Lagrange 动力学方程的能量法完成其宏模型提取与系统级仿真。

3.1　基于 Krylov 子空间投影的线性宏建模方法

3.1.1　宏建模原理

在以下的论述中，采用一些数学上关于矩阵运算的常用约定，如斜体字母表示向量或矩阵，0 表示零向量或零矩阵，I 表示单位矩阵，e_k 表示第 k 个单位向量等。

任意线性 MEMS 或微结构，采用 FEM/BEM/FDM 等数值离散方法，可将其基于偏微分方程(组)描述的连续时间系统离散为基于常微分方程(组)所描述的离散时间系统，这些常微分方程(组)称为系统的状态方程。

对于一阶线性 MEMS，描述其系统行为的状态方程可表示为

$$\begin{cases} C\dot{x}(t) + Gx(t) = Bu(t) \\ y(t) = L^{\mathrm{T}}x(t) \end{cases} \tag{3-1}$$

式中，初始状态变量 $x(0) = x0$；t 是时间变量。对于一个含 N 个状态变量的系统，$x(t) \in R^N$ 是状态变量，$u(t) \in R^m$ 是输入向量，$y(t) \in R^p$ 是输出向量，C、$G \in R^{N \times N}$ 是系统矩阵，$B \in R^{N \times m}$ 是输入矩阵，$L \in R^{N \times p}$ 是输出矩阵。对应不同的研究领域，上述参数具有不同的物理意义。

方程(3-1)中，如果输入矩阵 B 的列数 m 和输出矩阵 L 的列数 p 均为 1，则系统称为 SISO 系统；如果 m、$p > 1$，则称为 MIMO 系统，它们在 MEMS 设计中均有广泛的应用。如图 3-1 所示的静电致动 RF 开关在小范围内的运动是一个 SISO 系统，其输入为微梁上下极板之间的电压，输出为梁中点在 z 方向的位移。对于如图 2-3 所示的微加速度计，其折叠梁是一个 MIMO 结构，其中输入包括沿 x、y、z 轴方向的力和绕 x、y、z 轴方向的扭矩；相应的输出为沿 x、y、z 轴方向的平动位移和绕 x、y、z 轴方向的转角。

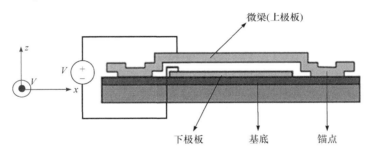

图 3-1 静电致动 RF 开关示意图

在 MEMS 设计中，求解方程(3-1)所表征系统的动态响应，需要在每个时间步求解由 N 个一阶常微分方程构成的方程组，对于大部分 MEMS 器件，由于结构复杂，自由度数目 N 较大，因此求解过程非常耗时。宏建模的目的就是找到另外一个系统：

$$\begin{cases} C_r\dot{x}_r(t) + G_rx_r(t) = B_ru(t) \\ y_r(t) = L_r^{\mathrm{T}}x_r(t) \end{cases} \tag{3-2}$$

使式(3-2)描述的动态系统和方程(3-1)描述的动态系统有非常接近的输入-输出特性，即在同一个输入 $u(t)$ 时，输出 $y_r(t) \approx y(t)$。同时，式(3-2)是一个 r 维系统($r \ll N$)。相对于原始方程(3-1)，由于方程规模大幅减小，式(3-2)所表征的宏模型的求解效率将大幅提高，其状态方程降阶示意图如图 3-2 所示。

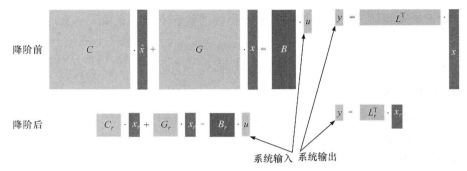

图 3-2　状态方程降阶示意图

3.1.2　矩匹配原理

对一阶时域状态方程(3-1)进行 Laplace 变换，设 $f(t)$ 为一个时域函数，则其 Laplace 变换定义为

$$F(s) = \ell\{f(t)\} = \int_0^\infty f(t)\mathrm{e}^{-st}\mathrm{d}t \tag{3-3}$$

式中，s 为复变量，且 $s = \mathrm{i}\omega$，ω 为系统的谐振频率。将 Laplace 变换应用于状态方程(3-1)，可得到系统的频域状态方程：

$$\begin{cases} sCX(s) + GX(s) = BU(s) \\ Y(s) = L^{\mathrm{T}}X(s) \end{cases} \tag{3-4}$$

式中，$X(s)$、$Y(s)$、$U(s)$ 分别是 $x(t)$、$y(t)$、$u(t)$ 的频域 Laplace 变换。为了叙述方便，假设初始条件 $x(0) = x0 = 0, u(0) = 0$，则系统的传递函数为

$$H(s) = \frac{Y(s)}{U(s)} = L^{\mathrm{T}}(G + sC)^{-1}B = L^{\mathrm{T}}(I + sG^{-1}C)^{-1}G^{-1}B \tag{3-5}$$

式中，I 是 $N{\times}N$ 的单位矩阵。令 $A = -G^{-1}C, R = G^{-1}B$，在 $s_0 = 0$ 处对传递函数应用 Taylor 展开，可得

$$H(s) = L^{\mathrm{T}}(I - sA)^{-1}R = L^{\mathrm{T}}(I + sA + s^2A^2 + \cdots)R = \sum_{i=0}^{\infty} m_i s^i \tag{3-6}$$

式中，$m_i = L^{\mathrm{T}}A^iR$ 为传递函数的第 i 阶矩。为了满足宏模型与原始模型具有非常接近的输入-输出特性，必须使式(3-2)和方程(3-1)描述的两个系统的前 r 阶矩匹配(相等)，即

$$L^{\mathrm{T}}A^iR = L_r A_r^i R_r \ (i = 0,1,2,\cdots,r) \tag{3-7}$$

这样，降阶前后系统的传递函数 $H(s)$ 和 $H_r(s)$ 几乎相等，从而使宏模型和原始模型具有非常接近的输入-输出特性。然而，这种直接矩匹配方式通常存在

数值不稳定性问题，而基于 Krylov 子空间投影的 Arnoldi 降阶算法能很好地解决此问题[9]。

式(3-7)中，r 为宏模型的阶数，它直接反映宏模型与原始模型的接近程度，r 越大，则宏模型精度越高，同时宏建模过程中的计算量与宏模型本身的规模也越大。一般在实际的 MEMS 设计中，需要综合考虑器件仿真的精度与效率要求，选择合适的宏模型阶数。

3.1.3 SISO 系统宏建模方法

本小节研究基于 Krylov 子空间投影的标准 Arnoldi 算法和矩匹配原理完成 MEMS 器件的宏建模。考虑一个 SISO 系统，则在方程(3-1)中，输入矩阵 B 和输出矩阵 L 均为列向量。以 A、R 为初始矩阵和初始向量的 r 阶 Krylov 子空间可以表述为

$$K_r(A,R) = \text{span}\left\{R, AR, A^2R, \cdots, A^{r-1}R\right\} \tag{3-8}$$

Arnoldi 算法是一个基于 Krylov 子空间投影的修正 Gram-Schmidt 正交化过程[10,11]，它是针对线性系统的一种数学降阶算法，其目的就是使构成 Krylov 子空间的向量为一组正交基，通过正交投影完成系统降阶。该算法的降阶原理如图 3-3 所示。

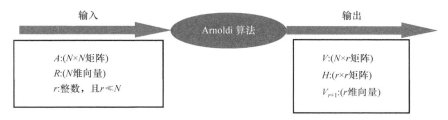

图 3-3 标准 Arnoldi 算法的降阶原理

Arnoldi 算法构造的正交投影矩阵 V 的 r 列向量如下：

$$\begin{cases} v_1 = R / \|R\| \\ \hat{v}_{r+1} = Av_r - \sum_{i=1}^{r}(Av_r, v_i)v_i, v_{r+1} = \hat{v}_{r+1} / \|\hat{v}_{r+1}\| \end{cases} \tag{3-9}$$

式中，(a,b) 表示内积 $a^{\mathrm{T}}b$。可以证明，式(3-9)构造的向量 $v_1, v_2, \cdots, v_r$ 是单位正交的。

证明：用归纳法，由于

$$(v_2, v_1) = (Av_1 - v_1, v_1) = (Av_1, v_1) - (Av_1, v_1)(v_1, v_1)$$
$$= (Av_1, v_1) - (Av_1, v_1) = 0$$

从而，v_2 与 v_1 单位正交。

假设 v_r 和 $v_{r-1}, v_{r-2}, \cdots, v_1$ 正交，现证明 v_{r+1} 和 $v_r, v_{r-1}, \cdots, v_1$ 正交。当 $j = 1, 2, \cdots, r$ 时，

$$\langle v_{r+1}, v_j \rangle = \left\langle Av_r - \sum_{i=1}^{r} \langle Av_r, v_i \rangle v_i, v_j \right\rangle$$

$$= \langle Av_r, v_j \rangle - \sum_{i=1}^{r} \langle Av_r, v_i \rangle \langle v_i, v_j \rangle$$

$$= \langle Av_r, v_j \rangle - \langle Av_r, v_j \rangle \langle v_j, v_j \rangle = 0$$

故

$$\langle v_{r+1}, v_j \rangle = 0 \, (j = 1, 2, \cdots, r)$$

所以，v_r 和 $v_{r-1}, v_{r-2}, \cdots, v_1$ 正交，由归纳法原理可知 $v_1, v_2, \cdots, v_r$ 单位正交。

同样可以证明，对所有 $j \geqslant i + 2$ ，$\langle Av_i, v_i \rangle = 0$ 。

证明：由式(3-8)得

$$Av_r = \sum_{i=1}^{r} \langle Av_r, v_i \rangle v_i + \| \hat{v}_{r+1} \| v_{r+1}$$

故

$$\langle Av_r, v_j \rangle = \sum_{i=1}^{r} \langle Av_r, v_i \rangle \langle v_i, v_j \rangle + \| \hat{v}_{r+1} \| \langle v_{r+1}, v_j \rangle$$

由于 v_r 和 $v_{r-1}, v_{r-2}, \cdots, v_1$ 的正交性，当 $j \geqslant r + 2$ 时，$\langle Av_r, v_j \rangle = 0$ ，所以 $\langle Av_i, v_j \rangle = 0, \, j \geqslant i + 2$ 。

因此，若记 $h_{ji} = \langle Av_i, v_j \rangle$ ，则

$$H = \begin{bmatrix} h_{11} & h_{12} & \cdots & h_{1r-1} & h_{1r} \\ h_{21} & h_{22} & \ddots & \ddots & h_{2r} \\ & h_{32} & h_{33} & \ddots & h_{3r} \\ & & \ddots & \ddots & \vdots \\ & & & h_{rr-1} & h_{rr} \end{bmatrix}$$

H 称为"上 Heisenberg 阵"，且

$$H = V^{\mathrm{T}} A V \tag{3-10}$$

式中，$V = (v_1, v_2, \cdots, v_r)$ 为采用 Arnoldi 算法构造的投影矩阵。

Arnoldi 算法的输入/输出满足以下三个条件[12]：

(1) V 是一个列正交矩阵，即它的 r 列在 R^N 形成一组正交向量组。

(2) $AV = VH + h_{r+1,r} v_{r+1} e_r^{\mathrm{T}}$ ，式中 e_r 为第 r 个标准单位向量。

(3) $A^k R = \|R\|_2 V H^k e_1, k = 0,1,\cdots,r-1$。

Arnoldi 算法的状态变量投影原理如图 3-4 所示，由于：

$$x = V x_r \tag{3-11}$$

将式(3-10)代入原始系统方程(3-1)，并左乘 V^T，可得

$$\begin{cases} V^T C V \dot{x}_r(t) + V^T G V x_r(t) = V^T B u(t) \\ y(t) = L^T V x_r(t) = (V^T L)^T x_r(t) \end{cases} \tag{3-12}$$

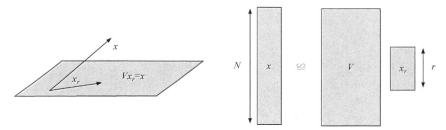

图 3-4　状态变量投影原理

对比式(3-11)和式(3-2)，令

$$C_r = V^T C V, G_r = V^T G V, B_r = V^T B, L_r = V^T L \tag{3-13}$$

即可提取原始系统的宏模型，其系数矩阵投影原理如图 3-5 所示。由于 $r \ll N$，所以式(3-2)所表征的宏模型规模远小于原始系统，这样采用宏模型进行系统级建模与仿真，在不显著损失精度的前提下将使求解效率大幅提高。

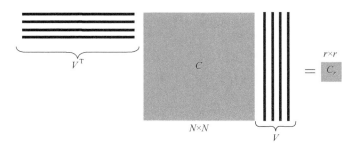

图 3-5　系数矩阵投影原理

由于宏模型的第 i 阶矩为

$$L_r^T A_r^i R_r = L^T V (-G_r^{-1} C_r)^i (G_r^{-1} B_r) = L^T V (-V^T G^{-1} V V^T C V)^i (V^T G^{-1} V V^T B)$$

$$= L^T (-G^{-1} C)^i (G^{-1} B) \quad (i = 1,2,\cdots,r) \tag{3-14}$$

因此，对于由 C_r、G_r、B_r、L_r 构成的降阶系统，其传递函数与原系统的前 r 阶

矩匹配。具体详见算法 3-1。

算法 3-1　标准 Arnoldi 算法

输入：初始矩阵 A，初始向量 R，Krylov 子空间阶数 r；

输出：正交投影矩阵 V，上 Heisenberg 阵 H，r 维向量 $v_{r+1,r}$

1：$v_1 = R/\|R\|_2$

2：for $j = 1; j \le r; j++$；

3：　　$z = Av_j$；

4：　　for $i = 1; i \le j; i++$；

5：　　　　$h_{i,j} = z^T v_i$；

6：　　　　$z = z - h_{i,j} v_i$；

7：　　end

8：　　$h_{j+1,j} = \|z\|_2$；

9：　　if $h_{j+1,j} \ne 0$

10：　　　$v_{j+1} = z / h_{j+1,j}$；

11：　　else

12：　　break；

13：　　end if

14：end for

15：$V = [v_1, v_2, \cdots, v_r]$

16：$H = (h_{i,j}), i,j = 1, \cdots, r$

3.1.4　MIMO 系统宏建模方法

当方程(3-1)所描述的 MEMS 系统的输入、输出矩阵的列数大于 1，即为 MIMO 系统时，由于 R 为 $N \times m$ ($m > 1$) 矩阵，直接采用标准 Arnoldi 算法构造投影正交矩阵 V 将会失败，因此，本小节采用分块 Arnoldi 算法完成 MIMO 系统的宏建模。完成其系统方程降阶同样需要构建一组基于 Krylov 子空间投影的正交基 V，且满足[13]：

$$\text{colsp}(V) = \text{Krylov}\left\{A, R, \left[\frac{r}{m}\right] + 1\right\}$$

$$V^{\text{T}}AV = H_r \tag{3-15}$$

$$V^{\text{T}}V = I_r$$

式中，r 为宏模型的总阶数；m 为输入矩阵的列数；$\left[\dfrac{r}{m}\right]$ 为 $\dfrac{r}{m}$ 的整数部分。

当 $\dfrac{r}{m}$ 为整数时，附加的基向量不需要，H_r 为分块上 Heisenberg 阵。降阶系统与原始系统的状态变量关系可以表示为

$$x = V_{N \times r} x_r \tag{3-16}$$

式中，x_r 是宏模型的状态变量，将式(3-16)代入原始系统的状态方程(3-1)，然后左乘 $V^{\text{T}}G^{-1}$，可得

$$\begin{cases} H_r \dot{x}_r = x_r - V^{\text{T}}Ru(t) \\ y(t) = L^{\text{T}}Vx_r \end{cases} \tag{3-17}$$

因此，根据 Laplace 变换可得其传递函数为

$$H(s) = \frac{Y(s)}{U(s)} = L^{\text{T}}V(I_r - sH_r)^{-1}V^{\text{T}}R \tag{3-18}$$

MIMO 系统的分块 Arnoldi 算法的流程见算法 3-2，首先求解稀疏矩阵表征的代数方程 $GR = B$，获得 R。

算法 3-2　分块 Arnoldi 算法

输入：初始矩阵 A，初始向量 R，宏模型的总阶数 r，输入矩阵列数 m；

输出：正交投影矩阵 V，上 Heisenberg 阵 H，r 维向量 v_{r+1}

1：$[v_0, H] = qr(R)$；

2：for $k = 1; k <= \left[\dfrac{r}{m}\right] + 1; k++$；

3：　　$v_k^{(0)} = Av_{k-1}$；

4：　　for $j = 1; j <= k; j++$；

5：　　　　　$H_{k-j,k-1} = v_{k-j}^{\mathrm{T}} v_k^{(j-1)}$ ；

6：　　　　　$v_k^{(j)} = v_k^{(j-1)} - v_{k-j} H_{k-j,k-1}$ ；

7：　　end for

8：　　　$\left[v_k, H_{k,k-1} \right] = qr(v_k^{(k)})$ ；

9：end for

10：　$V = \left[v_0, v_1, \cdots \right]$

其中，$\left[v_0, H \right] = qr(R)$ 表示矩阵 R 的 qr（正交三角）分解，$v_0 \in R^{N \times m}$ 是列正交矩阵，其列数和输入矩阵的列数相等，$H \in R^{r \times r}$ 为上三角方阵，其维数和 R 的列数相同。为了确保矩阵 V 为列正交矩阵，必须证明矩阵 $v_0, v_1, \cdots, v_r$ 的列正交。

证明：由分块 Arnoldi 算法可得

$v_0 = qr(R)$;

$v_1^0 = A v_0$;

$H_1 = v_0^{\mathrm{T}} v_1^0 = v_0^{\mathrm{T}} A v_0$;

$v_1^1 = v_1^0 - v_0 H_1 = A v_0 - v_0 v_0^{\mathrm{T}} A v_0 = (I - v_0 v_0^{\mathrm{T}}) A v_0$;

$v_1 = qr(v_1^1)$;

$v_2^0 = A v_1$;

$H_1 = v_1^{\mathrm{T}} v_2^0 = v_1^{\mathrm{T}} A v_1$;

$v_2^1 = v_2^0 - v_1 H_1 = A v_1 - v_1 v_1^{\mathrm{T}} A v_1 = (I - v_1 v_1^{\mathrm{T}}) A v_1$;

$H_2 = v_0^{\mathrm{T}} v_2^1$;

$v_2^2 = v_2^1 - v_0 H_2 = v_2^1 - v_0 v_0^{\mathrm{T}} v_2^1 = (I - v_0 v_0^{\mathrm{T}}) v_2^1 = (I - v_0 v_0^{\mathrm{T}})(I - v_1 v_1^{\mathrm{T}}) A v_1$;

$v_2 = qr(v_2^2)$;

…

$v_k^0 = A v_{k-1}$;

$v_k^j = v_k^{j-1} - v_{k-j} v_{k-j}^{\mathrm{T}} v_k^{j-1} = (I - v_{k-j} v_{k-j}^{\mathrm{T}}) v_k^{j-1}$;

$v_k^k = (I - v_0 v_0^{\mathrm{T}}) v_k^{k-1} = (I - v_0 v_0^{\mathrm{T}})(I - v_1 v_1^{\mathrm{T}}) v_k^{k-2}$

$= (I - v_0 v_0^{\mathrm{T}})(I - v_1 v_1^{\mathrm{T}}) \cdots (I - v_{k-1} v_{k-1}^{\mathrm{T}}) v_k^0$

$= (I - v_0 v_0^{\mathrm{T}})(I - v_1 v_1^{\mathrm{T}}) \cdots (I - v_{k-1} v_{k-1}^{\mathrm{T}}) A v_{k-1}$;

$v_k = qr(v_k^k)$。

以下证明矩阵 V 的列向量两两正交，采用数学归纳法证明。

首先证明 $v_0, v_1^1, v_2^2, \cdots, v_k^k$ 两两之间的正交性，由于：

$$(v_0, v_1^1) = v_0^{\mathrm{T}}(I - v_0 v_0^{\mathrm{T}}) A v_0 = 0$$

因此，v_0 和 v_1^1 正交。假设 v_k^k 和 $v_{k-1}^{k-1}, v_{k-2}^{k-2}, \cdots, v_0^0$ 正交，现证明 $v_{k+1}^{k+1}, v_k^k, v_{k-1}^{k-1}, v_{k-2}^{k-2}, \cdots, v_0^0$ 两两之间的正交性。当 $j = 1, 2, \cdots, k$ 时：

$$\begin{aligned}
\langle v_{k+1}, v_j \rangle &= \langle (I - v_0 v_0^{\mathrm{T}})(I - v_1 v_1^{\mathrm{T}}) \cdots (I - v_k v_k^{\mathrm{T}}) A v_k, v_j \rangle \\
&= v_j^{\mathrm{T}}(I - v_0 v_0^{\mathrm{T}})(I - v_1 v_1^{\mathrm{T}}) \cdots (I - v_k v_k^{\mathrm{T}}) A v_k \\
&= v_j^{\mathrm{T}}(I - v_j v_j^{\mathrm{T}}) \cdots (I - v_k v_k^{\mathrm{T}}) A v_k = 0
\end{aligned}$$

因此，$v_0, v_1^1, v_2^2, \cdots, v_k^k$ 两两正交，它们的 qr 分解构成的正交矩阵也两两正交，即 $V = [v_0, v_1, \cdots]$ 是一组基于矩阵 A 和 R 构成的 Krylov 子空间标准正交基。

与 SISO 系统的宏建模一样，令 $C_r = V^{\mathrm{T}} C V, G_r = V^{\mathrm{T}} G V, B_r = V^{\mathrm{T}} B, L_r = V^{\mathrm{T}} L$，即可提取 MIMO 系统的宏模型，其状态方程见式(3-2)。

3.1.5　二阶 MEMS 系统宏建模方法

二阶系统在 MEMS 领域有着广泛的应用，尤其是涉及利用结构的机械运动进行传感、制动的 MEMS 器件，如以微机械陀螺和微加速度计为代表的惯性器件，压力传感器及微变形镜等。根据结构动力学原理和达朗贝尔原理，二阶 MEMS 系统的动力学行为方程可以表示为

$$\begin{cases} M\ddot{q}(t) + D\dot{q}(t) + Kq(t) = Pu(t) \\ y(t) = E^{\mathrm{T}} q(t) \end{cases} \tag{3-19}$$

式中，M、D、$K \in R^{N \times N}$ 为系统矩阵(在结构力学中，分别称为质量矩阵、阻尼矩阵和刚度矩阵)，此处使用黏性阻尼，其大小与速度成正比，实际应用中一般采用 Rayleigh 阻尼[14]模型，即 $D = \alpha M + \beta K$，α、β 为预定义常数，与器件的模态阻尼比直接相关；P 为外部载荷输入矩阵；$u(t) \in R^m$ 为输入载荷向量，包括静电、电磁、热等能域的等效载荷向量；其他物理量的意义和一阶状态方程类似。需要注意的是，通过 FEM/BEM/FDM 等数值方法或结构动力学理论提取的含边界条件的微结构质量矩阵、刚度矩阵是奇异矩阵。例如，图 2-3 所示的折叠梁，其质量矩阵、刚度矩阵如图 3-6 所示，其中，主对角线上的零元素表示在相应节点施加约束条件。由于宏建模过程中需要对质量矩阵、刚度矩阵进行求逆以确定 Arnoldi 算法的输入，因此，一般采用乘大数法或划行划列法[15]对质量矩阵、刚度矩阵进行处理，将其转换为可逆矩阵。

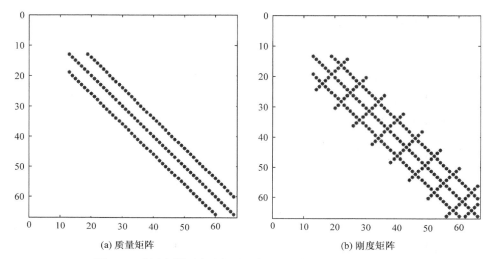

(a) 质量矩阵　　　　　　　　　　　　(b) 刚度矩阵

图 3-6　采用有限元方法提取的折叠梁质量矩阵、刚度矩阵
(黑点表示非零元素，空白区域表示零元素)

完成二阶 MEMS 系统的宏建模有两种方法：①将二阶系统转换为方程(3-1)所表征的一阶系统，然后采用 Arnoldi 算法进行降阶；②直接对二阶系统进行降阶。

二阶动力学行为方程经矩阵等价变换后，可转换为式(3-20)所示的一阶状态方程[16]：

$$\begin{cases} C\dot{x}(t) + Gx(t) = Bu(t) \\ y(t) = L^{\mathrm{T}}x(t) \end{cases} \tag{3-20}$$

式中，$x(t) = \begin{bmatrix} q(t) \\ \dot{q}(t) \end{bmatrix}$；$C = \begin{bmatrix} D & M \\ W & 0 \end{bmatrix}$；$G = \begin{bmatrix} K & 0 \\ 0 & -W \end{bmatrix}$；$B = \begin{bmatrix} P \\ 0 \end{bmatrix}$；$L = \begin{bmatrix} E \\ 0 \end{bmatrix}$。

W 是一个 $N \times N$ 的非奇异矩阵，实际应用中通常假设 W 为单位矩阵，即 $W = I$，但在结构力学中，由于 M、D、K 均为对称正定矩阵，所以通常取 $W = M$，以确保状态方程的系数矩阵 C、G 保持原二阶状态方程的系数矩阵的对称特性。对式(3-3)应用 3.1.4 小节或 3.1.5 小节论述的宏建模方法，即可提取系统的宏模型。

值得注意的是，二阶 MEMS 系统转换为一阶系统后，其状态方程的规模翻倍，这将导致宏建模过程所需的计算资源和时间迅速增加，从而使得宏建模过程效率降低；同时，原有问题的矩阵结构及物理意义丧失，如质量矩阵、刚度矩阵的对称特性消失了。因此，为了解决上述问题，需要研究基于 Krylov 子空间投影的二阶 MEMS 系统直接降阶方法。

设矩阵 A、B 的维数为 N，$u \neq 0$ 是 N 维向量，那么序列[17] $r_0, r_1, r_2, \cdots, r_{n-1}$ 称为基于 A、B、u 的二阶 Krylov 子空间序列，其中 $r_0 = u$，$r_1 = Ar_0$，$r_j = Ar_{j-1} + Br_{j-2}$

$(j \geqslant 2)$，即

$$G_n(A,B;u) = \text{span}\{r_0, r_1, r_2, \cdots, r_{n-1}\}$$

二阶 Krylov 子空间具有如下性质：首先，它是标准 Krylov 子空间的扩展（$B=0$），$G_n(A,0;u)=K_n(A,u)$；其次，和标准 Krylov 子空间类似，二阶 Krylov 子空间具有矩阵多项式的特征，其前几项可写成 $r_0=u, r_1=Au, r_2=(A^2+B)u,$ $r_3=(A^3+AB+BA)u, r_4=(A^4+A^2B+ABA+BA^2+B^2)u$。

1. 二阶 SISO 系统

二阶 SISO 系统由式(3-19)表示，其输入、输出向量和一阶 SISO 系统的状态方程类似，其宏建模采用二阶 Arnoldi(second order Arnoldi，SOAR)算法[18]进行，具体详见算法 3-3。

算法 3-3　二阶 Arnoldi(SOAR)算法

输入：初始矩阵 A，初始向量 B，N 维向量 u，二阶 Krylov 子空间序列 r；

输出：Q_n

1：　$q_1 = u/\|u\|_2$；

2：　$p_1 = 0$；

3：for　$j=1; j <= r; j++$；

4：　　$r = Aq_j + Bp_j$；

5：　　$s = q_j$；

6：　　for　$i=1; i <= j; i++$；

7：　　　　$h_{i,j} = q_i^{\text{T}} r$；

8：　　　　$r = r - q_i h_{i,j}$；

9：　　　　$s = s - p_i h_{i,j} v$

10：　　end for

11：　　$h_{j+1,j} = \|r\|_2$；

12：　　if　$h_{j+1,j} == 0$

13: 　　　break;

14: 　else

15: 　$q_{j+1} = r / h_{j+1,j}$;

16: 　$p_{j+1} = s / h_{j+1,j}$;

17: 　end if

18: end for

19: $Q_n = [q_1, q_2, \cdots, q_n]$;

20: $P_n = [p_1, p_2, \cdots, p_n]$

由上述算法过程可知，q_i、p_i序列可表示为

$$q_2 = \frac{Aq_1 - \langle Aq_1, q_1 \rangle q_1}{\| Aq_1 - \langle Aq_1, q_1 \rangle q_1 \|}$$

$$p_2 = \frac{q_1}{\| Aq_1 - \langle Aq_1, q_1 \rangle q_1 \|}$$

$$q_{j+1} = \frac{Aq_j + Bp_j - \sum_{i=1}^{j}[(Aq_j + Bp_j), q_i]q_i}{\| Aq_j + Bp_j - \sum_{i=1}^{j}[(Aq_j + Bp_j), q_i]q_i \|} \quad (\text{分母不为 } 0)$$

$$p_{j+1} = \frac{q_j - \sum_{i=1}^{j}[(Aq_j + Bp_j), q_i]p_i}{\| Aq_j + Bp_j - \sum_{i=1}^{j}[(Aq_j + Bp_j), q_i]q_i \|}$$

参照标准 Arnoldi 算法过程可迅速知道 q_i 是正交基，其正交性同样可采用数学归纳法证明，因此，上述 Arnoldi 算法过程构造的是基于 Krylov 子空间投影的正交基。此外，稀疏矩阵 A、B 只做矩阵与向量的乘法，适合大规模矩阵的计算，这和标准 Arnoldi 算法产生正交基的过程一样。有关 SOAR 算法的收敛性、稳定性及计算复杂度的说明可参考文献[19]。设 $Q_n(N \times n)$ 由 $q_1, q_2, \cdots, q_n$ 组成，$P_n(N \times n)$ 由 $p_1, p_2, \cdots, p_n$ 构成，$H_n(h_{i,j})(n \times n)$ 是上 Heisenberg 阵，则可知以下关系成立。

$$\begin{cases} AQ_n + BP_n = Q_n H_n + q_{n+1} e_n^{\mathrm{T}} h_{n+1,n} \\ Q_n = P_n H_n + p_{n+1} e_n^{\mathrm{T}} h_{n+1,n} \end{cases} \tag{3-21}$$

对于式(3-19)所表示的二阶线性系统的动力学行为方程，其传递函数为

$$H(s) = E^{\mathrm{T}} (s^2 M + sD + K)^{-1} P = L^{\mathrm{T}} (sC + G)^{-1} B \tag{3-22}$$

式中，$C = \begin{bmatrix} D & M \\ W & 0 \end{bmatrix}$；$G = \begin{bmatrix} K & 0 \\ 0 & -W \end{bmatrix}$；$B = \begin{bmatrix} P \\ 0 \end{bmatrix}$；$L = \begin{bmatrix} E \\ 0 \end{bmatrix}$。

基于 Krylov 子空间投影的二阶 Arnoldi 算法就是要将式(3-19)降阶为

$$\begin{cases} M_n \ddot{x}(t) + D_n \dot{x}(t) + K_n x(t) = P_n u(t) \\ y(t) = E_n^{\mathrm{T}} x(t) \end{cases} \tag{3-23}$$

使式(3-19)和式(3-23)所表示的系统传递函数：

$$H_n(s) = E^{\mathrm{T}} (s^2 M_n + sD_n + K_n)^{-1} b_n = L^{\mathrm{T}} (sC_n + G_n)^{-1} B_n$$

前 n 阶矩相等，n 取决于宏模型的精度要求。和一阶 Arnoldi 算法类似，由于

$$-G^{-1}C = \begin{bmatrix} -K^{-1}D & -K^{-1}M \\ I & 0 \end{bmatrix}, \quad G^{-1}P = \begin{bmatrix} K^{-1}P \\ 0 \end{bmatrix}$$

因此，可令 $A = -K^{-1}D, B = -K^{-1}M, u = K^{-1}P$ 作为 SOAR 算法的输入，式(3-23)所表征宏模型的系数矩阵分别为

$$M_n = Q^{\mathrm{T}} M Q, \quad D_n = Q^{\mathrm{T}} D Q, \quad K_n = Q^{\mathrm{T}} K Q, \quad P_n = Q^{\mathrm{T}} P, \quad E_n = Q^{\mathrm{T}} E$$

2. 二阶 MIMO 系统

和一阶 MIMO 系统相似，二阶 MIMO 系统必须运用基于 Krylov 子空间投影的二阶分块 Arnoldi(block SOAR)算法完成系统降阶，具体详见算法 3-4。

算法 3-4　二阶分块 Arnoldi(block SOAR)算法

输入：初始矩阵 A，初始向量 B，N 维向量 u，二阶 Krylov 子空间序列 r；

输出：Q_n

1：$[q_0, R] = qr(u, 0)$；

2：$p_0 = 0$；

3：for $k = 1; k <= n; k++$；

4： $q^{(0)} = Aq_{k-1} + Bp_{k-1}$;

5： $p^{(0)} = q_{k-1}$;

6： for $j = 1; j <= k; j++$;

7： Heisenberg $= q_{k-j}^{\mathrm{T}} q^{(j-1)}$;

8： $q^{(j)} = q^{(j-1)} - q_{k-j}$ Heisenberg ;

9： $H = p_{k-j}^{\mathrm{T}} p^{(j-1)} v$

10： $p^{(j)} = p^{(j-1)} - p_{k-j} H$;

11： end for

12： $\left[q_k, \text{Heisenberg} \right] = qr(q^{(k)}, 0)$;

13： $\left[p_k, H \right] = qr(p^{(k)}, 0)$

14： end for

15： $Q_n = \left[q_1, q_2, \cdots, q_n \right]$

Q_n 正交性证明参考分块 Arnoldi 算法，系统降阶完毕后，其宏模型的表征方式与二阶 SISO 系统相同。

从宏模型的系统矩阵 M_r、D_r、K_r 的定义可以看出，原始二阶系统的矩阵 M、D、K 的重要特性得以保留。例如，降阶前质量矩阵 M 为对称正定矩阵，降阶后矩阵 M_r 同样为对称正定矩阵。因此，采用 SOAR 算法可以保留原系统的稳定性、对称性和物理意义。

3.2   Hamilton 原理与 Lagrange 动力学方程

能量法是一种综合运用多域耦合系统的 Lagrange 动力学方程和线性系统的模态叠加原理的宏建模方法，图 3-7 是基于能量法的多域耦合 MEMS 宏建模流程图。首先，根据测试载荷分析选取适当的模态基函数；其次，通过数值采样计算各能域的能量值，并将其表征为所选模态基函数和相应模态坐标的函数；最后，按照 Hamilton 原理和 Lagrange 动力学方程进行能量函数组装，形成只用少数模态基函数和模态坐标表征的器件行为方程，即宏模型。因此，能量法的关键技术主要包括模态基函数选取、各能域的能量函数表征、按照 Hamilton 原理和 Lagrange 动力学方程组装能量函数和器件宏模型输出。

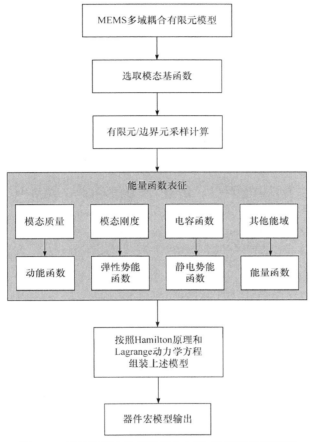

图 3-7　基于能量法的多域耦合 MEMS 宏建模流程图

3.2.1　Hamilton 原理

Hamilton 原理即结构动力学的虚功原理，可以表示为[14]

$$\int_{t_1}^{t_2} \delta(T - U)\mathrm{d}t + \int_{t_1}^{t_2} \delta W_{\mathrm{nc}}\mathrm{d}t = 0 \tag{3-24}$$

式中，T 为系统的总动能；U 为系统的总势能，包括应变能和保守力产生的势能，如弹性势能、电场能、电磁能等；δW_{nc} 为作用于系统的外部非保守力所做虚功，包括阻尼力和没有计算在 U 中的外力所做的虚功；t_1、t_2 为器件位置变化的时间间隔。

Hamilton 原理的突出优点在于不使用力进行计算，而用能量变分代替，这样就将基于力的矢量计算转换成基于能量的标量计算，从而将 MEMS 问题的求解过程简化。

3.2.2 Lagrange 动力学方程

对于绝大多数系统,式(3-24)中的动能可表示为广义位移及其对时间的一阶导数，即广义速度的函数，而势能可直接表示为广义位移的函数。同样，在广义位移中非保守力作用所产生的虚功，可表示为广义位移变分的线性函数[14]，即

$$
\begin{cases}
T = T(q_1, q_2, \cdots, q_N, \dot{q}_1, \dot{q}_2, \cdots, \dot{q}_N, t) \\
U = U(q_1, q_2, \cdots, q_N, t) \\
\delta W_{nc} = Q_1 \delta q_1 + Q_2 \delta q_2 + \cdots + Q_N \delta q_N
\end{cases}
\tag{3-25}
$$

式中，N 为系统的自由度数目；$Q_1, Q_2, \cdots, Q_N$ 为作用于系统的广义非保守力；$q_1, q_2, \cdots, q_N$ 为相应的广义位移，因此 $Q_i \delta q_i$ 有功的单位。

将式(3-25)代入 Hamilton 原理式(3-24)可得

$$
\int_{t_1}^{t_2} \left(\frac{\partial T}{\partial q_1} \delta q_1 + \frac{\partial T}{\partial q_2} \delta q_2 + \cdots + \frac{\partial T}{\partial q_N} \delta q_N + \frac{\partial T}{\partial \dot{q}_1} \delta \dot{q}_1 + \frac{\partial T}{\partial \dot{q}_2} \delta \dot{q}_2 + \cdots + \frac{\partial T}{\partial \dot{q}_N} \delta \dot{q}_N \right.
$$

$$
\left. - \frac{\partial U}{\partial q_1} \delta q_1 - \frac{\partial U}{\partial q_2} \delta q_2 - \cdots - \frac{\partial U}{\partial q_N} \delta q_N + Q_1 \delta q_1 + Q_2 \delta q_2 + \cdots + Q_N \delta q_N \right) \mathrm{d}t = 0
\tag{3-26}
$$

对式(3-26)中的 $\delta \dot{q}_i$ 进行分部积分，于是：

$$
\int_{t_1}^{t_2} \frac{\partial T}{\partial \dot{q}_i} \delta \dot{q}_i \mathrm{d}t = \int_{t_1}^{t_2} \frac{\partial T}{\partial \dot{q}_i} \frac{\mathrm{d}}{\mathrm{d}t} (\delta \dot{q}_i) \mathrm{d}t = \int_{t_1}^{t_2} \frac{\partial T}{\partial \dot{q}_i} \mathrm{d}\delta q_i
$$

$$
= \frac{\partial T}{\partial \dot{q}_i} \delta q_i \Big|_{t_1}^{t_2} - \int_{t_1}^{t_2} \frac{\mathrm{d}}{\mathrm{d}t} \left(\frac{\partial T}{\partial \dot{q}_i} \right) \delta q_i \mathrm{d}t
\tag{3-27}
$$

由于本小节所应用的 Hamilton 原理是固定边界条件下的极值问题，即在 $t = t_1$ 和 $t = t_2$ 时，位移变分 $\delta q_i(t_1) = \delta q_i(t_2) = 0$，因此，式(3-26)可写成如下形式：

$$
\sum_{i=1}^{N} \int_{t_1}^{t_2} \left[-\frac{\mathrm{d}}{\mathrm{d}t} \left(\frac{\partial T}{\partial \dot{q}_i} \right) + \frac{\partial T}{\partial q_i} - \frac{\partial U}{\partial q_i} + Q_i \right] \delta q_i \mathrm{d}t = 0
\tag{3-28}
$$

由于 $\delta q_i (i = 1, 2, \cdots, N)$ 的任意性，式(3-28)成立的充要条件为括号内的表达式对每个 i 值都为零，即

$$
\frac{\mathrm{d}}{\mathrm{d}t} \left(\frac{\partial T}{\partial \dot{q}_i} \right) - \frac{\partial T}{\partial q_i} + \frac{\partial U}{\partial q_i} = Q_i (i = 1, 2, \cdots, N)
\tag{3-29}
$$

式(3-29)称为 Lagrange 动力学方程。根据式(3-29)，可定义 Lagrange 算子如下：

$$L(q,\dot{q},t) = T(q,\dot{q},t) - U(q,\dot{q},t) \tag{3-30}$$

由式(3-30)可知，Lagrange 算子 $L(q,\dot{q},t)$ 是广义位移 q、广义速度 $\dot{q}$ 和时间 t 的函数。其中，$T(q,\dot{q},t)$ 表示系统动能，$U(q,\dot{q},t)$ 表示系统各能量域的所有势能代数和。对于多域耦合 MEMS 系统，势能可包括静电势能、弹性势能和电磁能等。对于保守多域耦合 MEMS 系统(能量守恒系统)，由于外部非保守力 $Q_i = 0$，因此：

$$\frac{\mathrm{d}}{\mathrm{d}t}\left(\frac{\partial L}{\partial \dot{q}_i}\right) - \frac{\partial L}{\partial q_i} = 0 \tag{3-31}$$

式(3-31)称为保守系统的 Lagrange 算子。

3.3　模态叠加原理

3.3.1　线性 MEMS 系统的模态振型及性质

由结构动力学原理和振动理论可知，含有 N 个自由度的 MEMS 器件有限元模型的无阻尼自由振动方程可表示为[20]

$$Mu'' + Ku = 0 \tag{3-32}$$

式中，u 为器件的 N 维节点位移向量；M、$K \in R^{N \times N}$ 分别为质量矩阵和刚度矩阵。

设式(3-32)的一个特解为

$$u_i = \varphi_i \sin(\omega_i t + \theta_i) \tag{3-33}$$

此特解表示各广义坐标均做同一频率、初相角相同、振幅不同的简谐振动。将式(3-33)代入式(3-32)，可得

$$(-\omega_i^2 M + K)\varphi_i = 0 \tag{3-34}$$

式中，ω_i、φ_i 分别为系统的第 i 阶谐振频率(特征值)和相应的模态振型(模态基函数)。式(3-34)是一个广义特征值问题，模态振型 φ_i 有非零解的充要条件为系数矩阵的行列式等于零，即

$$|K - \omega_i^2 M| = 0 \tag{3-35}$$

将方程(3-35)求解的特征值按由小到大的顺序排列为 $\omega_1 \leqslant \omega_2 \leqslant \cdots \leqslant \omega_N$，依次称为系统的一阶、二阶、$\cdots$、$N$ 阶谐振圆频率。

设频率 ω_i 和 ω_j 对应的模态振型分别为 φ_i 和 φ_j，则根据式(3-34)可得

$$K\varphi_i = \omega_i^2 M\varphi_i \tag{3-36}$$

$$K\varphi_j = \omega_j^2 M\varphi_j \tag{3-37}$$

由于 M 和 K 都是对称矩阵，将式(3-36)两边转置后同时右乘 φ_j，可得

$$\varphi_i^{\mathrm{T}} K\varphi_j = \omega_i^2 \varphi_i^{\mathrm{T}} M\varphi_j \tag{3-38}$$

将式(3-37)两边同时左乘 φ_i^{T}，得

$$\varphi_i^{\mathrm{T}} K\varphi_j = \omega_j^2 \varphi_i^{\mathrm{T}} M\varphi_j \tag{3-39}$$

将式(3-38)和式(3-39)相减，得

$$(\omega_i^2 - \omega_j^2)\varphi_i^{\mathrm{T}} M\varphi_j = 0 \tag{3-40}$$

由此，若 $i \neq j$，则有

$$\varphi_i^{\mathrm{T}} M\varphi_j = 0 \ (i \neq j) \tag{3-41}$$

式(3-41)的物理意义可以解释为对于线性 MEMS 系统，不同固有频率的模态振型之间存在着关于质量矩阵的正交性。同理可知，不同固有频率的模态振型之间也存在着关于刚度矩阵的正交性，即

$$\begin{cases} \varphi_j^{\mathrm{T}} M\varphi_i = \delta_{ij} m_i \\ \varphi_j^{\mathrm{T}} K\varphi_i = \delta_{ij} k_i \end{cases} (i=j, \delta_{ij}=1; i \neq j, \delta_{ij}=0) \tag{3-42}$$

式中，m_i 和 k_i 分别为系统的第 i 阶模态质量和模态刚度。设系统的模态振型空间为 $\phi = [\varphi_1, \varphi_2, \cdots, \varphi_N]$，并定义全局质量矩阵 M_G、刚度矩阵 K_G 为

$$\begin{cases} M_G = \phi^{\mathrm{T}} M\phi \\ K_G = \phi^{\mathrm{T}} K\phi \end{cases} \tag{3-43}$$

根据方程组(3-42)中的模态正交性，可知全局质量矩阵 M_G、刚度矩阵 K_G 为对角矩阵。

3.3.2　线性 MEMS 系统的模态叠加原理

根据结构动力学的模态叠加原理[21-24]，线性 MEMS 系统的位移可以表示为模态坐标与模态振型的函数：

$$u(t) = u_{\mathrm{eqm}} + \sum_{i=1}^{N} q_i(t)\varphi_i \tag{3-44}$$

式中，u_{eqm} 为系统初始状态下的节点位移向量；q_i 为第 i 阶时域无量纲模态振幅，也称模态坐标、广义位移，和式(3-25)中的广义位移含义相同。考虑机电耦合线性

MEMS 系统，其二阶动力学方程可表示为

$$M\frac{\mathrm{d}^2 u}{\mathrm{d}t^2} + F_m(u,t) - F_e(u,t) = 0 \tag{3-45}$$

式中，$M\dfrac{\mathrm{d}^2 u}{\mathrm{d}t^2}$ 为惯性力；$F_m(u,t) = \dfrac{\partial U_m(u,\dot{u},t)}{\partial u_i}$ 为由结构变形所产生的静弹性力；

$F_e(u,t) = \dfrac{\partial U_e(u,\dot{u},t)}{\partial u_i}$ 为静电力。它们分别采用动能、弹性势能 $U_m(u,\dot{u},t)$ 和静电势

能 $U_e(u,\dot{u},t)$ 对位移向量 u 的梯度进行表征。对于小变形线性运动情况，由于刚度矩阵恒定，方程(3-45)可表示为

$$M\frac{\mathrm{d}^2 u}{\mathrm{d}t^2} + Ku = F_e(u,t) \tag{3-46}$$

将式(3-44)代入式(3-46)，并左乘 ϕ^{T}，可得

$$M_G\frac{\mathrm{d}^2 q}{\mathrm{d}t^2} + K_G q = F_e(q,t) \tag{3-47}$$

式中，M_G、K_G 分别为全局质量矩阵、刚度矩阵。这样，通过基函数的变换，将动力学方程由位移空间的函数转换为模态位移空间的函数，即由 u 空间转换为 q 空间。由于全局质量矩阵、刚度矩阵均为对角矩阵，因此不同模态之间的惯性项和刚度项相互独立，即式(3-47)通过模态正交和函数变换实现了不同模态之间的解耦[25]。

3.4　多域耦合 MEMS 宏模型提取

方程(3-44)采用所有模态基函数和模态坐标描述 MEMS 器件的节点位移，对于一个含有 N(N 一般大于 5000)个自由度的系统，时域运动方程(3-47)是由 N 个方程构成的方程组，由于 N 比较大，瞬态求解需要耗费大量的计算资源和求解时间，对于某些复杂 MEMS 器件甚至无法求解，因此，需要对方程(3-44)进行简化，只选择少数几个主要模态基函数和相应的模态坐标表征器件的运动，从而使方程(3-44)求解速度大幅加快。

3.4.1　模态选取

当外部激励频率接近 MEMS 器件的第 k 阶固有频率时，其他主坐标的振幅相对较小，占主导地位的是第 k 阶主模态，此时，式(3-44)可以近似写为

$$u(t) \approx u_{\mathrm{eqm}} + \sum_{i=1}^{n} q_i \varphi_i \tag{3-48}$$

式中，n 个主要振型 φ_i 就是选取出来的基函数。当 $n \ll N$ 时，整个系统运动方程的求解效率将大幅提高。在实际的应用中，选取的基函数数量 n 一般小于 5，且为器件运动方向上的低阶主模态[8]。Ananthasuresh 等[26]从理论上阐述了高阶模态对器件动态响应可以忽略的原因。

为了定量分析各阶模态对器件动态行为的贡献，从而根据所需的求解精度选择合适的模态基函数，本小节根据测试载荷分析完成模态基函数的选取。

首先需要确定器件的主要运动方向，即工作模态，并在器件运动方向上施加测试载荷，测试载荷的形式一般不受限制，可以为力、电压、加速度等，其次进行静态分析，提取结构的节点位移向量 u，则模态贡献因子向量 $c = (a_1, a_2, \cdots, a_N)^{\mathrm{T}}$ 定义为

$$\phi c = u \tag{3-49}$$

其中，$a_1, a_2, \cdots, a_N$ 对应为不同模态对器件运动的贡献值，它是衡量模态重要性的指标，也是模态选取的理论依据，对于绝大部分 MEMS 器件而言，低阶模态往往在其动力学方程中占据主导地位。通过式(3-49)解出系数 $a_i(i = 1, 2, \cdots, N)$，各系数即为相应模态的贡献因子。为了便于选择，一般将模态贡献因子按照 $a_i = a_i \Big/ \sum\limits_{i=1}^{N} a_i$ 进行归一化处理，使 a_i 直观地表达为各模态贡献因子的百分比。这样就可以根据相应的求解精度选择合适的模态基函数，同时所选模态基函数的贡献因子总和将直接决定宏模型的精度。

需要指出：①测试载荷分析的目的在于寻找合适的模态基函数，其本身的求解精度并不重要。②在进行模态贡献因子求解时，非器件运动方向上的模态应直接舍去，否则其在运动方向上的振幅极小可能导致相应的贡献因子极大，从而使方程(3-49)出现畸解。

3.4.2　能量函数计算

1. 动能与弹性势能

设 m_i 是器件第 i 阶模态的模态质量，则对于线性系统，根据式(3-36)可知相应的模态刚度为 $m_i \omega_i^2$。联系 Lagrange 动力学方程及模态正交性，可得系统动能和弹性势能分别为

$$\begin{cases} T(q, \dot{q}, t) = \dfrac{1}{2} M \dot{u}^2 \approx \sum\limits_{i}^{n} \dfrac{1}{2} m_i \dot{q}_i^2 \\[3mm] U_m(q, \dot{q}, t) = \dfrac{1}{2} K u^2 \approx \sum\limits_{i}^{n} \dfrac{1}{2} m_i \omega_i^2 q_i^2 \end{cases} \tag{3-50}$$

2. 静电势能

对于机电耦合系统，势能由弹性势能和静电势能构成，对于电压控制的电容器，其静电势能为

$$U_e(q) = \frac{1}{2}C(q)V^2 \tag{3-51}$$

式中，V 是应用于电容器的电压。因此，为了计算静电势能，必须确定电容与模态坐标 q 的函数。

由于静电势能与器件位移 u 的非线性关系，无法直接将静电势能写成由模态坐标 q_i 表达的形式。为此 Gabbay 等[22]提出了 Latin Hypercube 采样方法，并采用最小二乘法对采样结果进行拟合，得到电容 C 关于模态坐标的函数表达式：

$$C(q_1,\cdots,q_n) = \frac{\displaystyle\sum_{i_1=0}^{R_1}\sum_{i_2=0}^{R_2}\cdots\sum_{i_n=0}^{R_n} a_{i_1 i_2\cdots i_n} q_1^{i_1} q_2^{i_2}\cdots q_n^{i_n}}{\displaystyle\sum_{i_1=0}^{S_1}\sum_{i_2=0}^{S_2}\cdots\sum_{i_n=0}^{S_n} b_{i_1 i_2\cdots i_n} q_1^{i_1} q_2^{i_2}\cdots q_n^{i_n}} \tag{3-52}$$

式中，$a_{i_1 i_2\cdots i_n}$、$b_{i_1 i_2\cdots i_n}$ 分别为拟合得到的多项式系数；R_n、S_n 均为选定的第 i 个模态方向上的采样个数。

3.4.3　方程组装与宏模型输出

系统动能、弹性势能和静电势能确定以后，就可以采用保守系统的 Lagrange 动力学方程对上述能量函数进行组装，将上述能量函数沿 q_i 求梯度，则组装后系统的运动方程为

$$m_i\ddot{q}_i + m_i\omega_i^2 q_i = \sum_k \frac{1}{2}\frac{\partial C_k(q)}{\partial q_i}V_k^2 \quad (i=1,2,\cdots,n) \tag{3-53}$$

式中，k 为系统电容个数；C_k 为第 k 个电容函数；V_k 为应用于第 k 个电容上的电压值。

最后，给出机电耦合 MEMS 系统的宏模型解析表达式[11]：

$$\begin{cases} C_k(q_1,\cdots,q_n) = f_{\text{polynomial}}(q_1,\cdots,q_n) \\ Q_k = C_k(q_1,\cdots,q_n)V_k \\ I_k = \dot{Q}_k \end{cases} \tag{3-54}$$

$$\begin{cases} m_1\ddot{q}_1 + k_1 q_1 = \dfrac{1}{2}\sum_k \dfrac{\partial C_k(q_1,q_2,\cdots,q_n)}{\partial q_1}\cdot V_k^2 \\ \quad\vdots \\ m_n\ddot{q}_n + k_n q_n = \dfrac{1}{2}\sum_k \dfrac{\partial C_k(q_1,q_2,\cdots,q_n)}{\partial q_n}\cdot V_k^2 \end{cases} \tag{3-55}$$

其中，第一组方程定义器件的电容、电量和电流，用于描述系统的电学行为。第二组方程是系统的 Lagrange 动力学方程，用于描述系统的运动行为。方程组(3-54)和方程组(3-55)可以采用硬件描述语言 MAST/Verilog-AMS/VHDL-AMS 表征，选择的标准取决于所选系统级仿真器。

3.4.4 能量法的多能域扩展

前文讨论了保守机电耦合 MEMS 系统宏建模方法，实际 MEMS 系统可能包含其他各种能量域，如各种阻尼、热能域、电磁行为等。另外，由于 Lagrange 动力学方程采用统一的模态坐标表征所有能量函数，不限于特定的能量域。因此，可以根据需要进行能域扩展，以下充分考虑这些能量域，并建立如式(3-56)所示的统一多域耦合 MEMS 的宏模型普遍表达式[27,28]：

$$m_i\ddot{q}_i + 2\xi_i\omega_i m_i\dot{q}_i + \frac{\partial U_m}{\partial q_i} + \frac{\partial U_{\text{heat}}}{\partial q_i} = \sum_j \varphi_i^{\text{T}} F_j + \frac{1}{2}\sum_k \frac{\partial c_k}{\partial q_i}\cdot V_k^2 + \frac{\partial U_{\text{magnetostatic}}}{\partial q_i} \quad (3\text{-}56)$$

式中，ξ_i 为系统的第 i 阶模态阻尼比；F_j 为作用于系统的外部力，且 $\varphi_i^{\text{T}} F_j = Q_j$ 为作用于系统的广义外部力；U_{heat} 为系统的热能；$U_{\text{magnetostatic}}$ 为系统的电磁势能。

通过确定热能、电磁能等关于模态坐标 q_i 的表达式，即可输出多域耦合系统的宏模型。

3.5 本 章 小 结

本章针对线性 MEMS 的宏建模方法和多域耦合 MEMS 系统，首先研究了基于 Krylov 子空间投影的 Arnoldi 算法，包括针对 SISO 系统的标准 Arnoldi 算法、MIMO 系统的分块 Arnoldi 算法；针对二阶 MEMS 系统研究了相应的 SOAR 算法和分块 SOAR 算法；较好地解决了宏模型规模随端口数量增加而迅速增大的难题；采用稀疏矩阵存储与运算解决了大规模 MEMS 系统的宏建模问题。然后研究了基于 Hamilton 原理、Lagrange 动力学方程和线性系统的模态叠加原理的能量法，分析了能量法涉及的关键技术，包括模态选取、能量函数表征和宏模型组装。通过机电耦合 MEMS 器件——微加速度计详细说明了宏建模过程，在此基础上对能量法进行了扩展，建立了基于能量法的多域耦合 MEMS 宏模型的普遍表达式。基于能量法的优点之一是每个模态只有一个方程，而对于绝大部分 MEMS 器件，其宏模型所需模态个数小于 5，因而宏模型可大幅提高求解效率，降低求解误差。

参 考 文 献

[1] BAKER G, GRAVES-MORRIS P. Padé Approximants[M]. Cambridge: Cambridge University Press, 1996.

[2] FELDMANN P, FREUND W. Efficient linear circuit analysis by Pade approximation via the Lanczos process[J]. IEEE Transactions on Computer-Aided Design of Integrated Circuits and Systems: A publication of the IEEE Circuits and Systems Society, 1995, 14(5): 639-649.

[3] GALLIVAN K, GRIMME E. Pade approximation of large-scale dynamic systems with Lanczos methods[C]. 3rd IEEE Conference on Decision and Control, Lake Buena Vista, USA, 1994: 443-448.

[4] VASILVEV D, REWIEHSKI M, WHITE J. A TBR-based trajectory piecewise-linear algorithm for generating accurate low-order models for nonlinear analog circuits and MEMS[C]. 40th Design Automation Conference, Anaheim, USA, 2003: 490-495.

[5] LI J, WANG F, WHITE J. An efficient lyapunov equation-based approach for generating reduced-order models of interconnect[C]. 6th ACM/IEEE Design Automation Conference, New Orleans, USA, 1999: 1-6.

[6] BAI Z. Krylov subspace techniques for reduced-order modeling of large-scale dynamical systems[J]. Applied Numerical Mathematics, 2002, 43(1-2):9-44.

[7] GALLIVAN K, GRIMME E, DOOREN P. A rational Lanczos algorithm for model reduction[J]. Numerical Algorithms, 1996, 12(1):33-63.

[8] GALLIVAN K, GRIMME E, DOOREN P. Asymptotic waveform evaluation via a restarted Lanczos method[J]. Applied Math. Letters, 1994,7: 75-80.

[9] BAI Z. Apparatus and method for analyzing circuits using reduced-order modeling of large linear subcircuits: 6023573[P]. 2000-02-08.

[10] 吕湘连. 面向器件行为的 MEMS 宏建模方法研究[D]. 西安: 西北工业大学, 2004.

[11] 吕湘连, 苑伟政, 何洋, 等. 基于异构宏模型的 MEMS 系统级建模方法[J]. 中国机械工程, 2005(14): 53-56.

[12] BOLEY D L. Krylov space methods on state-space control models[J]. Circuits Syst. Signal Process, 1994, 13(6): 733-758.

[13] ODABASIOGLU A, CELIK M, PILEGGI L T. PRIMA: Passive reduced-order interconnect macromodeling algorithm[J]. IEEE Transactions on Computer-Aided Design of Integrated Circuits and Systems, 1998, 17(8): 645-654.

[14] 刘晶波, 杜修力. 结构动力学[M]. 北京: 机械工业出版社, 2005.

[15] 王勖成. 有限单元法[M]. 北京: 清华大学出版社, 2003.

[16] BAI Z. Krylov subspace techniques for reduced-order modeling of large-scale dynamical systems[J]. Applied Numerical Mathematics, 2002, 43(1-2): 9-44.

[17] BAI Z, SU Y. Second-order Krylov subspace and Arnoldi procedure[J]. Journal of Shanghai University (English Edition), 2004, 8(4): 378-390.

[18] FELDMANN P. Model order reduction techniques for linear systems with large numbers of terminals[C]. Design, Automation and Test in Europe Conference and Exhibition, Paris, France, 2004: 944-947.

[19] FELDMANN P, LIU F. Sparse and efficient reduced order modeling of linear subcircuits with large number of terminals[C]. IEEE/ACM International Conference on Computer Aided Design, San Jose, USA, 2004: 88-92.

[20] 李伟剑. 微机电系统的多域耦合分析和多学科设计优化[D]. 西安: 西北工业大学, 2004.

[21] GABBAY L D. Computer aided macromodeling for MEMS[D]. Cambridge : Massachusetts Institute of Technology, 1998.

[22] MEHNER J E, GABBAY L D, SENTURIA S D. Computer-aided generation of reduced-order dynamic macromodels-

　　　　I: Geometrically linear motion[J]. Journal of Microelectromechanical Systems, 2000, 9(2): 262-269.

[23] ZHAO X, ABDEL-RAHMAN E M, NAYFEH A H. A reduced-order model for electrically actuated clamped circular plates[J]. Journal of Micromechanics & Microengineering, 2004, 14(7): 900-906.

[24] 林谢昭, 应济. 基于模态分析的静电驱动圆薄板宏模型建立方法[J]. 传感技术学报, 2006, 19(5): 4.

[25] VARGHESE M. Reduced-order modeling of MEMS using modal basis functions[D]. Cambridge: Massachusetts Institute of Technology, 2001.

[26] ANANTHASURESH G K, GUPTA R K, SENTURIA S D. An approach to macromodeling MEMS for nonlinear dynamic simulation[C]. ASME International Mechanical Engineering Congress and Exposition, New York, USA, 1996: 401-407.

[27] BENNINI F, MEHNER J, DÖTZEL W. Computational methods for reduced order modeling of coupled domain simulations[C]. Transducers'2001, Munich, Germany, 2001: 260-263.

[28] MEHNER J E, DOETZEL W, SCHAUWECKER B, et al. Reduced order modeling of fluid structural interactions in MEMS based on modal projection techniques[C]. Transducers'2003, Boston, MA, 2003: 1840-1843.

第三篇

结构误差建模理论与方法

　　本篇内容以线振动微机械陀螺为研究对象，建立动力学方程并进行结构误差分析。在此基础上对微机械陀螺的结构进行合理设计，以消除结构误差带来的影响，最终得到整体拓扑结构方案。通过解析法对方案中的结构参数进行设计，并基于异构宏模型方法进行建模与仿真，最终确定了微机械陀螺的加工版图。

第 4 章　微机械陀螺组件设计

硅微机械陀螺是一种利用微电子微细加工技术制作的角速度传感器，由于其加工技术的特点，很难制作与传统机械陀螺类似的框架及转子结构，因此，绝大多数的微机械陀螺采用振动式结构[1,2]。目前，常见的振动式微机械陀螺包括单振子式、双振子式、四振子式等，它们的工作原理都是利用科氏效应(Coriolis effect)将驱动模态的振动转化为敏感模态的振动来实现输入角速度的检测[3-8]。

本章以线振动微机械陀螺为研究对象，对微机械陀螺的动力学模型进行分析，并对微机械陀螺的敏感结构、弹性结构、驱动与检测结构进行分析及详细设计，最终形成微机械陀螺的整个结构。

4.1　模态耦合与解耦分析设计

4.1.1　科氏效应

如图 4-1 所示，当旋转坐标系(rotating reference frame)$O'x'y'z'$绕惯性坐标系(inertial frame)$Oxyz$转动时，设某一时刻其转动角速度为$\vec{\omega}_e$，角加速度为$\vec{\varepsilon}_e$，质点 P 的绝对速度、相对速度、牵连速度分别为$\vec{v}$、$\vec{v}_r$、$\vec{v}_e$，由质点速度合成定理得[5-7]

$$\vec{v} = \vec{v}_r + \vec{v}_e \tag{4-1}$$

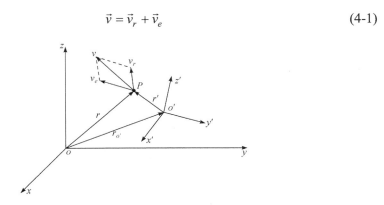

图 4-1　质点在惯性坐标系及旋转坐标系的复合运动

对式(4-1)两端求导，得质点 P 的绝对加速度为

$$\vec{a} = \frac{\mathrm{d}\vec{v}_r}{\mathrm{d}t} + \frac{\mathrm{d}\vec{v}_e}{\mathrm{d}t} \tag{4-2}$$

由于 $\vec{v}_e = \vec{\omega}_e \times r$ ，对其两端求导得

$$\begin{aligned}
\frac{\mathrm{d}\vec{v}_e}{\mathrm{d}t} &= \frac{\mathrm{d}\vec{\omega}_e}{\mathrm{d}t} \times r + \vec{\omega}_e \frac{\mathrm{d}r}{\mathrm{d}t} \\
&= \vec{\varepsilon}_e \times r + \vec{\omega}_e v \\
&= \vec{\varepsilon}_e \times r + \vec{\omega}_e (\vec{v}_r + \vec{v}_e) \\
&= \vec{\varepsilon}_e \times r + \vec{\omega}_e \vec{v}_e + \vec{\omega}_e \vec{v}_r
\end{aligned} \tag{4-3}$$

式中，$\vec{\varepsilon}_e \times r + \vec{\omega}_e \vec{v}_e = \vec{a}_e$ 。

又有 $\vec{v}_r = \dfrac{\mathrm{d}x'}{\mathrm{d}t} i' + \dfrac{\mathrm{d}y'}{\mathrm{d}t} j' + \dfrac{\mathrm{d}z'}{\mathrm{d}t} k'$ ，其中 i'、j'、k'为坐标系 $O'x'y'z'$的单位矢量，则

$$\begin{aligned}
\frac{\mathrm{d}\vec{v}_r}{\mathrm{d}t} &= \frac{\mathrm{d}}{\mathrm{d}t}\left(\frac{\mathrm{d}x'}{\mathrm{d}t}\vec{i}' + \frac{\mathrm{d}y'}{\mathrm{d}t}\vec{j}' + \frac{\mathrm{d}z'}{\mathrm{d}t}\vec{k}' \right) \\
&= \frac{\mathrm{d}^2 x'}{\mathrm{d}t^2} + \frac{\mathrm{d}^2 y'}{\mathrm{d}t^2} + \frac{\mathrm{d}^2 z'}{\mathrm{d}t^2} + \frac{\mathrm{d}x'}{\mathrm{d}t}\frac{\mathrm{d}\vec{i}'}{\mathrm{d}t} + \frac{\mathrm{d}y'}{\mathrm{d}t}\frac{\mathrm{d}\vec{j}'}{\mathrm{d}t} + \frac{\mathrm{d}z'}{\mathrm{d}t}\frac{\mathrm{d}\vec{k}'}{\mathrm{d}t} \\
&= \frac{\mathrm{d}^2 x'}{\mathrm{d}t^2} + \frac{\mathrm{d}^2 y'}{\mathrm{d}t^2} + \frac{\mathrm{d}^2 z'}{\mathrm{d}t^2} + \frac{\mathrm{d}x'}{\mathrm{d}t}(\vec{\omega}_e \times \vec{i}') + \frac{\mathrm{d}y'}{\mathrm{d}t}(\vec{\omega}_e \times \vec{j}') + \frac{\mathrm{d}z'}{\mathrm{d}t}(\vec{\omega}_e \times \vec{k}') \\
&= \frac{\mathrm{d}^2 x'}{\mathrm{d}t^2} + \frac{\mathrm{d}^2 y'}{\mathrm{d}t^2} + \frac{\mathrm{d}^2 z'}{\mathrm{d}t^2} + \vec{\omega}_e \left(\frac{\mathrm{d}x'}{\mathrm{d}t}\vec{i}' + \frac{\mathrm{d}y'}{\mathrm{d}t}\vec{j}' + \frac{\mathrm{d}z'}{\mathrm{d}t}\vec{k}' \right) \\
&= \frac{\mathrm{d}^2 x'}{\mathrm{d}t^2} + \frac{\mathrm{d}^2 y'}{\mathrm{d}t^2} + \frac{\mathrm{d}^2 z'}{\mathrm{d}t^2} + \vec{\omega}_e \times \vec{v}_r
\end{aligned} \tag{4-4}$$

式中，$\dfrac{\mathrm{d}^2 x'}{\mathrm{d}t^2} + \dfrac{\mathrm{d}^2 y'}{\mathrm{d}t^2} + \dfrac{\mathrm{d}^2 z'}{\mathrm{d}t^2} = \vec{a}_r$ 。将式(4-3)和式(4-4)代入式(4-2)得

$$\begin{aligned}
\vec{a} &= \frac{\mathrm{d}\vec{v}_r}{\mathrm{d}t} + \frac{\mathrm{d}\vec{v}_e}{\mathrm{d}t} \\
&= \vec{\varepsilon}_e \times r + \vec{\omega}_e \vec{v}_e + \vec{\omega}_e \times \vec{v}_r + \frac{\mathrm{d}^2 x'}{\mathrm{d}t^2} + \frac{\mathrm{d}^2 y'}{\mathrm{d}t^2} + \frac{\mathrm{d}^2 z'}{\mathrm{d}t^2} + \vec{\omega}_e \times \vec{v}_r \\
&= \vec{a}_e + \vec{a}_r + 2\vec{\omega}_e \times \vec{v}_r
\end{aligned} \tag{4-5}$$

令 $\vec{a}_k = 2\vec{\omega}_e \times \vec{v}_r$ ，$\vec{a}_k$ 即为科氏加速度(Coriolis acceleration)，是由法国物理学家科里奥利(Coriolis)于 1835 年提出的[9]。科氏加速度是动点的转动与相对运动相互耦合引起的加速度，其方向垂直于角速度矢量和相对速度矢量。科氏加速度的大小正比于转动角速度 $\vec{\omega}_e$ 及质点线速度 $\vec{v}_r$ 。

微机械陀螺仪基于科氏加速度原理设计。当高频振荡微机械陀螺对与其振荡方向垂直的角速度信号敏感时，其检测质量会受到科氏加速度的影响，导致在敏

感方向输出。理想情况下，微机械陀螺敏感方向的输出信号与外部输入角速度信号成正比。因此，通过检测微机械陀螺敏感方向的输出，结合微机械陀螺的振荡信号，就可以得到外界角速度的大小。

4.1.2 微机械陀螺简化动力学模型

基于科氏效应的振动式微机械陀螺可以简化为一个仅具有沿平面内两个坐标轴线性自由度的刚体。如图 4-2 所示，以 X 方向作为微机械陀螺的驱动方向，则质量块将受到 X 方向的简谐振动力 $F_x = F_0 \sin(\omega_0 t)$，其中 ω_0 为外界驱动力频率。当存在 Z 轴方向的角速度 Ω 输入时，由于科氏效应的影响，质量块将具有一个沿 Y 方向的科氏加速度，并在 Y 方向产生振动。通过检测这一振动信号即可推导出外界角速度 Ω 的大小。

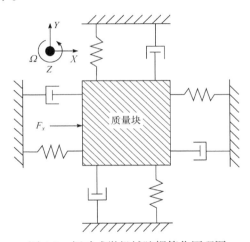

图 4-2 振动式微机械陀螺简化原理图

微机械陀螺的两个模态均可以简化为典型的质量-弹簧-阻尼的二阶系统，当 Z 方向无角速度输入时，其运动方程可描述为

$$m_x \ddot{x} + c_x \dot{x} + k_x x = F_x \tag{4-6}$$

$$m_y \ddot{y} + c_y \dot{y} + k_y y = F_y \tag{4-7}$$

式中，m_x 和 m_y 分别为驱动模态和敏感模态的等效质量；c_x 和 c_y 分别为驱动模态和敏感模态的阻尼系数；k_x 和 k_y 分别为驱动模态和敏感模态的刚度系数；F_x 和 F_y 分别为驱动模态和敏感模态的外力；x、$\dot{x}$、$\ddot{x}$ 和 y、$\dot{y}$、$\ddot{y}$ 分别为驱动模态和敏感模态的位移、速度及加速度。

当 Z 方向有角速度 Ω 输入时，根据科氏效应，两个模态的运动方程变化为

$$m_x\ddot{x} + c_x\dot{x} + (k_x - m_x\Omega^2)x - m_x\dot{\Omega}y = F_x + 2m_x\Omega\dot{y} \tag{4-8}$$

$$m_y\ddot{y} + c_y\dot{y} + (k_y - m_y\Omega^2)y + m_y\dot{\Omega}x = F_y - 2m_y\Omega\dot{x} \tag{4-9}$$

当 Z 方向角速度频率远小于微机械陀螺两模态固有频率（$\Omega \ll \omega_x, \omega_y$），且角速度变化量较小（$\dot{\Omega} \approx 0$）时，方程(4-8)和方程(4-9)可简化为

$$m_x\ddot{x} + c_x\dot{x} + k_x x = F_x + 2m_x\Omega\dot{y} \tag{4-10}$$

$$m_y\ddot{y} + c_y\dot{y} + k_y y = F_y - 2m_y\Omega\dot{x} \tag{4-11}$$

微机械陀螺工作时敏感方向一般不施加外力，因此 $F_y = 0$。同时，敏感模态耦合到驱动模态的科氏力 $2m_x\Omega\dot{y}$ 相对于驱动力 F_x 很小，可略去不计，则方程(4-10)和方程(4-11)可进一步简化，最终微机械陀螺两个模态的运动方程可表示为

$$m_x\ddot{x} + c_x\dot{x} + k_x x = F_0\sin(\omega_0 t) \tag{4-12}$$

$$m_y\ddot{y} + c_y\dot{y} + k_y y = -2m_y\Omega\dot{x} \tag{4-13}$$

4.2　弹性梁结构设计

4.2.1　弹性梁设计需求

在振动式微机械陀螺结构设计中，弹性结构主要是通过弹性梁来实现的，弹性梁的结构及尺寸直接影响整个微机械陀螺的动力学性能。因此，弹性梁的设计是整个微机械陀螺结构设计的关键步骤。弹性梁的设计一般需要满足如下条件。

1) 满足系统对弹性系数的需求

由于整个微机械陀螺的弹性系数均由弹性梁决定，故在弹性梁设计时须满足整个陀螺系统的弹性系数需求，使整个系统具有足够的弹性位移。

2) 满足系统对线性度的需求

由于一般要求微机械陀螺工作过程处在线性变形范围，故要求弹性梁结构具有足够的线性范围，满足陀螺需求。

3) 结构具有足够的抗冲击及抗疲劳能力

弹性梁结构是整个陀螺结构中线宽比较小的部分，同时又是高频运动的部分，容易出现应力集中及冲击断裂现象，因此，弹性梁结构必须具有足够的抗冲击能力及疲劳强度。

4) 具有释放残余应力的能力

由于在微机械加工中的氧化、键合、减薄等工艺会引入较大的残余应力，这就要求弹性梁结构具有良好的释放残余应力的能力，防止应力造成的结构精度损

失甚至结构失效。

5) 具有解耦的能力

模态耦合是影响微机械陀螺性能的关键因素，而消除模态耦合需要利用弹性梁轴向刚度远大于径向刚度的特点。因此，在弹性梁结构设计中必须满足轴向刚度远大于径向刚度，以此实现微机械陀螺的模态解耦。

6) 具有良好的可加工性

由于微机械加工工艺的限制，弹性梁的结构不能过于复杂，必须满足工艺的最小线宽，并考虑工艺误差对弹性梁性能的影响。

4.2.2　常见的弹性梁结构

常见的弹性梁结构如图 4-3 所示，其中图 4-3(a)为直弹性梁，图 4-3(b)为折叠形弹性梁，图 4-3(c)为 L 形弹性梁，图 4-3(d)为鱼钩形弹性梁，图 4-3(e)为蛇形弹性梁，图 4-3(f)为 N 形弹性梁[10]。

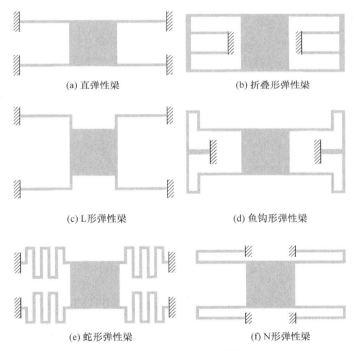

(a) 直弹性梁　　　　　　　　(b) 折叠形弹性梁

(c) L形弹性梁　　　　　　　　(d) 鱼钩形弹性梁

(e) 蛇形弹性梁　　　　　　　　(f) N形弹性梁

图 4-3　常见的弹性梁结构

比较上述六种弹性梁结构可以发现，六种梁均可以通过合理的参数设计满足微机械陀螺对弹性系数及线性度的需求，抗冲击效果均可通过增加刚度来实现；折叠形弹性梁、鱼钩形弹性梁、蛇形弹性梁、N 形弹性梁具有较好的释放残余应力的效果；直弹性梁、折叠形弹性梁、N 形弹性梁具有较好的解耦效果；L 形弹性梁与蛇形弹性梁结构的方向弹性系数相差不大，不利于实现解耦。

因此，在本章设计的微机械陀螺结构中将折叠形弹性梁作为弹性结构，其详细的设计过程见第 5 章。

4.2.3　弹性梁弹性系数计算

弹性梁的弹性系数是求解微机械陀螺谐振频率的关键参数，采用的折叠形弹性梁可以等效为四根直弹性梁两两并联后再串联的结果。根据弹簧串并联时的弹性系数关系有：

串联时：

$$K = \cfrac{1}{\cfrac{1}{k_1} + \cfrac{1}{k_2} + \cdots + \cfrac{1}{k_n}} \tag{4-14}$$

并联时：

$$K = k_1 + k_2 + \cdots + k_n \tag{4-15}$$

因此，只需求出直弹性梁的弹性系数即可推导出折叠形弹性梁的弹性系数。

利用单位载荷(unit load)法求解弹性梁的弹性系数[10]。如图 4-4 所示，梁的弯矩 $M = M_0 - F_x \xi$ ，因此，梁的应变能表达为

$$U = \int_0^L \frac{M^2}{2EI_z} \mathrm{d}\xi \tag{4-16}$$

式中，E 为材料的杨氏模量；I_z 为梁关于 Z 轴的惯性矩，其表达式为

$$I_z = \int_{-t/2}^{t/2} \int_{-w/2}^{w/2} x^2 \mathrm{d}x \mathrm{d}z = \frac{tw^3}{12} \tag{4-17}$$

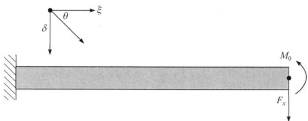

图 4-4　单端固支直弹性梁模型

根据卡斯蒂利亚诺定理(Castigliano's theorem)及梁的转角约束条件 $\theta = 0$ ，约束与外力矩的关系表达式为

$$\theta = \frac{\partial U}{\partial M_0} = \int_0^L \frac{M}{EI_z} \frac{\partial M}{\partial M_0} d\xi = \frac{1}{EI_z} \int_0^L (M_0 - F_x \xi) d\xi = 0 \qquad (4-18)$$

求解方程(4-18)，得到 $M_0 = F_x L / 2$，$M = F_x(L/2 - \xi)$。

同样，弹性梁在力 F_x 作用下的位移也可用上述方法表示：

$$\delta_x = \frac{\partial U}{\partial F_x} = \int_0^L \frac{M}{EI_z} \frac{\partial M}{\partial F_x} d\xi = \frac{F_x}{EI_z} \int_0^L \left(\frac{L}{2} - \xi\right)^2 d\xi = \frac{F_x L^3}{12EI_z} \qquad (4-19)$$

因此，单端固支直弹性梁 X 方向的弹性系数为

$$k_x = \frac{F_x}{\delta_x} = \frac{12EI_z}{L^3} = \frac{Etw^3}{L^3} \qquad (4-20)$$

单端固支直弹性梁模型如图 4-4 所示，该梁 Y 方向的弹性系数可直接由胡克定律(Hooke's law)得出：

$$k_y = \frac{Etw}{L} \qquad (4-21)$$

由于在弹性梁设计中要求梁具有一定的解耦能力，即要求 K_y/K_x 尽可能大。图 4-5 为直弹性梁梁宽为 6～10μm，梁长在 200～600μm 变化时，梁在径向的弹性系数及梁轴向弹性系数与径向弹性系数的比值。

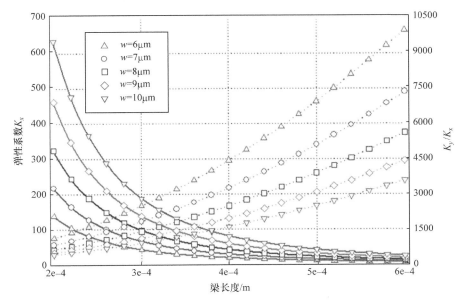

图 4-5 直弹性梁的弹性系数与长宽的关系

由图 4-5 可以看出，直弹性梁的弹性系数随梁长度的增加而减小，随梁宽度

的增加而增大(左侧 Y 坐标)。当直弹性梁宽度减小或梁长度增加时，其轴向弹性系数与径向弹性系数的比值明显增大(右侧 Y 坐标)，即解耦效果趋于明显。

本章设计了两种折叠形弹性梁结构，如图 4-6 所示，其中图 4-6(a)为典型的折叠形弹性梁结构，本章将其定义为 1#折叠梁，图 4-6(b)为简化的折叠形弹性梁结构，本章将其定义为 2#折叠梁。在弹性梁的设计中定义内梁的长度为 L_1，外梁的长度为 L_2，梁的宽度均为 w，梁之间的间隙均为 d_b，内梁与外梁通过宽度为 W 的刚性梁连接，如图 4-6 所示，刚性梁的总长度为 $3L_3+w$。

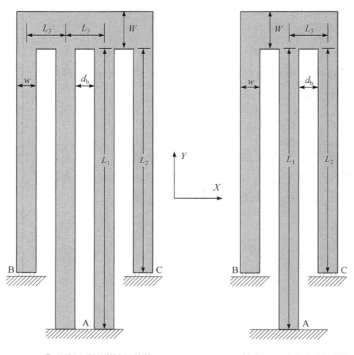

(a) 典型的折叠形弹性梁结构　　　　　　(b) 简化的折叠形弹性梁结构

图 4-6　本章设计的两种折叠形弹性梁结构

本章设计的弹性梁在工作时 B 端及 C 端固定在同一结构上，故图 4-6(a)所示的折叠形弹性梁在计算 X 方向的弹性系数时等效弹簧模型如图 4-7 所示。

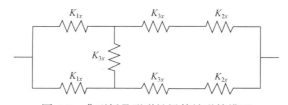

图 4-7　典型折叠形弹性梁等效弹簧模型

为分析各个弹性梁的串并联关系,可将弹簧等效为电阻,等效图如图 4-8 所示。

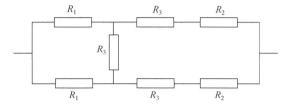

图 4-8　典型折叠形弹性梁等效电阻模型

根据基尔霍夫电流及电压定律,可推导出图 4-8 所示结构的总阻尼 $R = \dfrac{R_1 + R_2 + R_3}{2}$,即图 4-8 中垂直排布的 R_3 没有电流通过,可将其省略,则整个电路总的电阻可等效为两组电阻串联的结果再并联,即 $R = (R_1 + R_2 + R_3) \| (R_1 + R_2 + R_3)$。典型折叠形弹性梁简化的等效弹簧模型如图 4-9 所示。

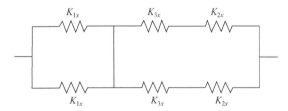

图 4-9　典型折叠形弹性梁简化的等效弹簧模型

同理,图 4-6(b)所示的折叠形弹性梁在计算 X 方向的弹性系数时等效弹簧模型如图 4-10 所示。

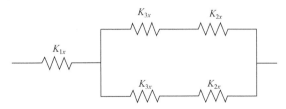

图 4-10　简化折叠形弹性梁的等效弹簧模型

根据式(4-14)和式(4-15),得到图 4-6 中两种折叠形弹性梁 X 方向的弹性系数分别为

$$K_{ax} = \cfrac{1}{\cfrac{1}{2k_{1x}} + \cfrac{2}{\cfrac{1}{k_{2x}} + \cfrac{1}{k_{3x}}}} = \cfrac{1}{\cfrac{1}{2k_{1x}} + \cfrac{1}{2k_{2x}} + \cfrac{1}{2k_{3x}}} = \frac{2k_{1x}k_{2x}k_{3x}}{k_{1x}k_{2x} + k_{1x}k_{3x} + k_{3x}k_{2x}} \tag{4-22}$$

$$K_{bx} = \cfrac{1}{\cfrac{1}{k_{1x}} + \cfrac{1}{\cfrac{1}{\cfrac{1}{k_{2x}} + \cfrac{1}{k_{3x}}}}} = \cfrac{1}{\cfrac{1}{k_{1x}} + \cfrac{1}{2k_{2x}} + \cfrac{1}{2k_{3x}}} = \cfrac{2k_{1x}k_{2x}k_{3x}}{k_{1x}k_{2x} + k_{1x}k_{3x} + 2k_{3x}k_{2x}} \tag{4-23}$$

根据式(4-20)，有：

$$k_{1x} = \frac{Etw^3}{L_1^3}, \quad k_{2x} = \frac{Etw^3}{L_2^3}, \quad k_{3x} = \frac{EtW}{L_3}$$

因此，两种折叠形弹性梁 X 方向的弹性系数简化为

$$K_{ax} = \frac{2Etw^3 W}{L_3 w^3 + \left(L_1^3 + L_2^3\right)W} \tag{4-24}$$

$$K_{bx} = \frac{2Etw^3 W}{L_3 w^3 + \left(2L_1^3 + L_2^3\right)W} \tag{4-25}$$

同理，两种折叠形弹性梁 Y 方向的弹性系数为

$$K_{ay} = \frac{2EtwW^3}{L_3^3 w + \left(L_1 + L_2\right)W^3} \tag{4-26}$$

$$K_{by} = \frac{2EtwW^3}{L_3^3 w + \left(2L_1 + L_2\right)W^3} \tag{4-27}$$

当折叠形弹性梁尺寸参数满足表 4-1 中的数值时，图 4-6 中的两种折叠形弹性梁的弹性系数与梁宽的关系如图 4-11 所示。

表 4-1 折叠形弹性梁尺寸参数

参数	L_1	L_2	L_3	W	w
数值/μm	410	360	40	20	4～24

图 4-11 中 k_{1x}、k_{2x}、k_{3x} 分别为内梁、外梁及刚性梁在 X 方向的刚度，K 为典型折叠形弹性梁在 X 方向的总刚度，K_s 为简化的折叠形弹性梁在 X 方向的总刚度。当保持刚性梁的宽度为 20μm 不变，内外梁的宽度由 4μm 增大到 24μm 时，刚性梁的弹性系数远大于内外梁的弹性系数，根据折叠形弹性梁叠加后的计算公式，则刚性梁弹性系数对折叠形弹性梁弹性系数的影响可忽略不计。

4.2.4 弹性梁线性度分析

由于微机械陀螺结构复杂，其驱动力与位移的非线性关系将对陀螺的设计及

测试带来很多困难，因此，在微机械陀螺结构设计中应尽量提高其线性运动范围，即陀螺在工作时静电力与位移始终成线性关系，这就要求弹性梁具有足够大的线性度范围。

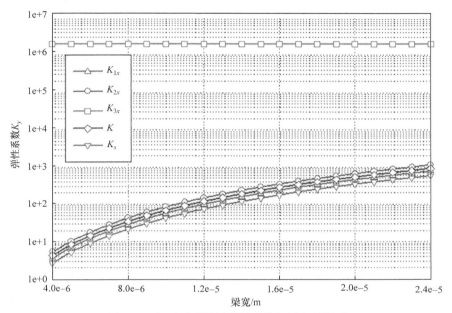

图 4-11　折叠形弹性梁弹性系数与梁宽的关系

微机械陀螺敏感模态位移可表示为

$$A_y = \frac{2F_0\Omega\omega_0 Q_x Q_y}{m_x \omega_x^2 \omega_y^2} \tag{4-28}$$

微机械陀螺总刚度为

$$K = \omega^2 m \tag{4-29}$$

将式(4-29)代入式(4-28)得

$$A_y = \frac{2F_0\Omega\omega_0 Q_x Q_y m_y}{K_x K_y} \tag{4-30}$$

在微机械陀螺工作时静电力基本保持稳定，由式(4-30)可知，当微机械陀螺工作时两个模态的刚度变化越小，则其位移的线性度越好。

利用 ANSYS 中的非线性分析功能对图 4-6(b)中的简化折叠形弹性梁进行分析。两根简化的折叠形弹性梁通过一个刚性质量相连，A、B 两端固定，在刚性质量上施加一个 Y 方向的力，则在其作用下刚性质量将在 Y 方向具有一个位移，图 4-12 为双端简化折叠形弹性梁的网格化模型。

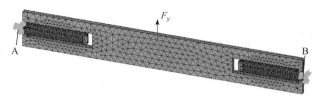

图 4-12 双端简化折叠形弹性梁的网格化模型

图 4-13 为双端简化折叠形弹性梁的位移仿真结果。由图 4-13 可知，刚性质量基本不发生弯曲，整个质量在 Y 方向平动。ANSYS 线性分析与非线性分析结果对比如图 4-14 所示，由图可知，当质量运动位移较小时，非线性分析结果与线性分析结果相对误差较小，可近似认为折叠形弹性梁发生弹性变形。

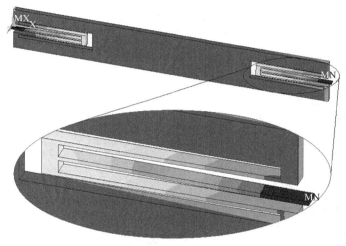

图 4-13 双端简化折叠形弹性梁的位移仿真结果

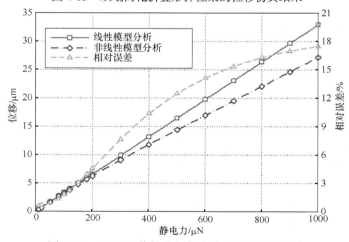

图 4-14 ANSYS 线性分析与非线性分析结果对比

本章设计的微机械陀螺工作位移为 2～3μm，从图 4-14 中可知，此时非线性模型分析与线性模型分析结果的相对误差小于 2%，可近似认为静电力与位移成线性关系。因此，所设计的弹性梁结构满足微机械陀螺的线性运动需求。

4.3　本章小结

本章进行了微机械陀螺的动力学分析与结构设计，首先，通过动力学分析了微机械陀螺模态耦合产生的机理及其抑制措施；其次，分析了微机械陀螺弹性梁的设计需求，简要分析了现有弹性梁结构的优缺点，并确定了本章采用的弹性梁结构，进而采用异构宏建模的方法建立了折叠形弹性梁的宏模型，并采用组件库与异构宏建模相结合的方法对微机械陀螺进行了建模与仿真，结果表明该方法与理论计算方法的结果一致。

参 考 文 献

[1] XIE H. Gyroscope and micromirror design using vertical-axis CMOS-MEMS actuation and sensing[D]. Pittsburgh: Carnegie Mellon University, 2002.

[2] IYER S V. Modeling and simulation of non-idealities in a Z-axis CMOS-MEMS gyroscope[D]. Pittsburgh: Carnegie Mellon University, 2003.

[3] 常洪龙. 微机械陀螺的集成设计方法与关键技术研究[D]. 西安: 西北工业大学,2005.

[4] 裘安萍. 硅微型机械振动陀螺仪结构设计技术研究[D]. 南京: 东南大学, 2001.

[5] 陈永. 基于滑膜阻尼效应的音叉式微机械陀螺研究[D]. 上海: 中国科学院上海微系统与信息技术研究所, 2004.

[6] 张正福. 音叉振动式微机械陀螺结构动态性能解析与健壮性设计[D]. 上海: 上海交通大学, 2007.

[7] 蒋庆华. 单芯片惯性测量组合及其接口电路研究[D]. 西安: 西北工业大学, 2009.

[8] 熊斌. 栅结构微机械振动式陀螺[D]. 上海: 中国科学院上海微系统与信息技术研究所, 2001.

[9] 维基百科[OL]. http://en.wikipedia.org/wiki/Coriolis_effect.

[10] FEDDER G K. Simulation of microelectromechanical systems[D]. Berkeley: University of California Berkeley, 1994.

第5章　微机械陀螺拓扑结构

微机械陀螺是一个多参数的复杂机电耦合系统，其结构参数直接影响了最终微机械陀螺的性能指标。在对微机械陀螺进行结构设计及仿真时，由于其具有机电耦合特性，单一能量域内进行建模仿真的方法已不能满足微机械陀螺设计的要求。因此，通常需采用能够支持多能量域混合建模仿真的设计工具进行微机械陀螺的建模仿真。本章首先通过解析法进行微机械陀螺结构参数的设计，得到微机械陀螺的基本结构参数；其次基于异构宏建模对微机械陀螺结构进行建模仿真；再次基于整体宏模型对微机械陀螺进行建模，并将整体宏模型与接口电路进行混合信号仿真；最后得到微机械陀螺的设计结果及工艺版图。

5.1　微机械陀螺参数设计

5.1.1　驱动及检测结构设计需求

驱动结构是振动式微机械陀螺的动力来源，微机械陀螺在驱动力的作用下在驱动模态振动，从而能够敏感到科氏力的作用。检测结构则是将科氏力的作用转化为检测信号。两者的设计水平将直接影响微机械陀螺的工作状态，因此，在微机械陀螺驱动及检测结构设计时需要满足如下条件。

1) 满足系统对静电力的需求

整个微机械陀螺的振动是通过在驱动结构上施加一定的电压实现的，因此需要保证驱动结构能够产生足够的静电力驱动整个陀螺运动，同时，静电力应满足一定的线性度要求。

2) 满足系统对运动位移的需求

振动式微机械陀螺两个模态的运动位移直接影响陀螺的灵敏度，为提高陀螺灵敏度，要求陀螺具有足够的位移，这就要求陀螺的驱动及检测结构能具有足够大的工作位移。

3) 满足系统对电容变化量的需求

微机械陀螺的检测通常是通过电容检测的方式实现的，敏感模态的电容变化量越大，则接口电路设计越简单，陀螺的灵敏度越高。

4) 满足系统对阻尼的需求

微机械陀螺的驱动及检测结构往往会带来较大的空气阻尼,特别是梳齿结构,为此在保证陀螺灵敏度的前提下应尽量减小陀螺的空气阻尼。

5) 具有良好的可加工性

微机械陀螺的驱动及检测结构通常需要较小的结构间隙，特别是梳齿结构。因此，在结构设计时应满足加工工艺的最小线宽和线宽选择比要求，同时需要保证加工成品率和工艺一致性要求。

5.1.2 梳齿结构选取

微机械陀螺常见的驱动方式包括静电驱动、压电驱动和电磁驱动；检测方式包括电容检测、压阻检测、压电检测和光学检测等。鉴于静电驱动及电容检测方法不受温度、湿度等外界因素的影响，并具有最高的检测灵敏度，因此，本章设计的微机械陀螺采用静电驱动和电容检测搭配的方案。

静电驱动通常利用梳齿结构实现，电容检测通常可利用梳齿电容结构或平板电容结构实现，但由于平板电容会带来较大的压膜阻尼，本章仅采用梳齿电容结构实现。

图 5-1 展示了基于体硅工艺实现的梳齿电容检测结构，其中图 5-1(a)为滑膜式梳齿结构，其可动梳齿初始位于两侧固定梳齿中间位置，两侧梳齿间距均为 d，运动过程中保持间距不变，通过改变重叠长度来改变电容。图 5-1(b)为压膜式梳齿结构，可动梳齿初始位置与两侧固定梳齿的间距不同，分别为 d_1 和 d_2，工作过程中可动梳齿保持重叠长度不变，通过改变与两侧固定梳齿的间距来实现电容变化。

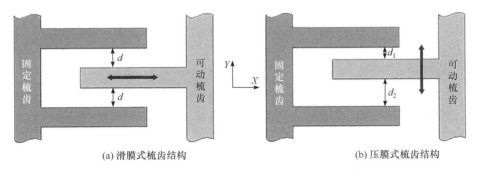

(a) 滑膜式梳齿结构　　　　　(b) 压膜式梳齿结构

图 5-1　基于体硅工艺实现的梳齿电容检测结构

不考虑边缘场效应时梳齿结构单边电容计算公式为

$$C = \frac{\varepsilon l_0 T}{g} \tag{5-1}$$

式中，ε 为介电常数；T 为梳齿厚度；g 为梳齿间隙；l_0 为可动梳齿与固定梳齿的重叠长度。

当可动梳齿位移为Δx时，两种梳齿结构的电容值为

$$C_1 = \frac{2\varepsilon(l_0 + \Delta x)T}{d} \tag{5-2}$$

$$C_2 = \frac{\varepsilon l_0 T}{d_1 - \Delta x} + \frac{\varepsilon l_0 T}{d_2 + \Delta x} \tag{5-3}$$

因此，两种梳齿结构的静态电容值及动态电容值如图 5-2 所示。可以看出，变面积的梳齿结构(结构 1)电容与可动梳齿位移成线性关系，其运动的最大位移不受梳齿间隙的限制，仅与梳齿长度及重叠长度相关。变间距的梳齿结构(结构 2)电容与可动梳齿位移成非线性关系，其运动的最大位移受限于梳齿的最小间隙，但在具有较大位移时其电容变化量远大于变面积的梳齿结构。

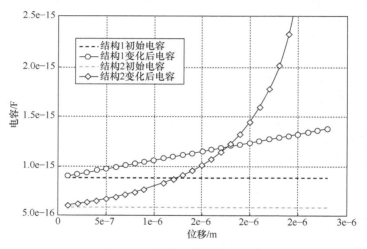

图 5-2　两种梳齿结构的电容值

由此可见，变面积的梳齿结构适用于线性小位移的驱动及检测装置，特别是作为微机械陀螺的驱动电极，但其检测电容变化量较小，对微机械陀螺接口电路具有较高要求；变间距的梳齿结构适用于具有较大位移的结构，特别是作为真空封装的微机械陀螺的检测电极，具有较大的灵敏度，但由于其电容变化的非线性，故不适合作为驱动电极使用。

5.1.3　微机械陀螺拓扑结构设计

根据前文对弹性梁、驱动及检测结构的设计，本小节设计的微机械陀螺拓扑结构方案如图 5-3 所示。该陀螺敏感结构由一个主质量、两个驱动质量和两个敏感质量构成，驱动质量和敏感质量分别对称分布在主质量周围，用于差动驱动和差动检测。主质量的每一个边界通过两根折叠梁与驱动(敏感)质量连接，驱动(敏

感)质量两端通过两根折叠梁与锚点连接,这样整个敏感结构通过十六根折叠梁连接并支撑形成悬浮结构。驱动(敏感)质量的外侧连接一组梳齿结构形成驱动(敏感)电极。该拓扑结构所有运动部分均在 XY 平面内,在结构加工过程中仅需要一层掩膜即可完成整个敏感结构的加工。

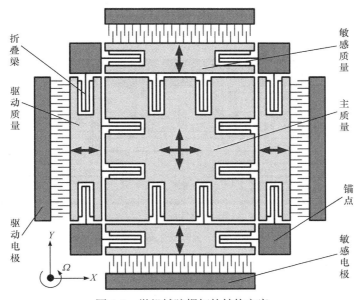

图 5-3　微机械陀螺拓扑结构方案

　　该微机械陀螺工作时,驱动质量在驱动电极的作用下沿 X 方向振动,主质量将跟随驱动质量运动,由于敏感质量上连接的折叠梁在 X 方向具有极大的刚度,故敏感质量保持静止。当外界有 Z 轴方向的角速度 Ω 输入时,驱动质量与主质量将同时受到沿 Y 方向的科氏力作用,但由于驱动质量所连接的折叠梁在 Y 方向具有极大的刚度,故驱动质量保持原有的运动状态,而主质量将沿 Y 方向振动,同时带动敏感质量在 Y 方向振动,通过敏感电极的电容变化即可推导出输入角速度 Ω 的大小。

　　根据上述分析可知,本章设计的微机械陀螺结构能够从结构上避免模态耦合的发生,且结构简单可靠,具有良好的可加工性。

　　另外,考虑到微机械陀螺检测方案中对驱动检测电极和力反馈电极的需求,本小节将电极设计成分离的结构方案,如图 5-4 所示。

　　图 5-4(a)为采用变面积梳齿的分离电极方案,该方案可用于微机械陀螺的驱动电极及敏感电极。图 5-4(b)为采用变间距梳齿的分离电极方案,虽然该方案具有较大的压膜阻尼,但其电容变化量较大,适合作为微机械陀螺的敏感电极。

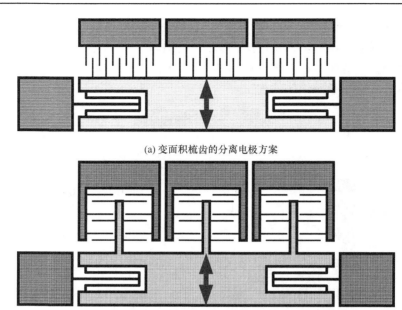

(a) 变面积梳齿的分离电极方案

(b) 变间距梳齿的分离电极方案

图 5-4　分离的电极方案

5.1.4　微机械陀螺的结构参数

根据图 5-3 所示的微机械陀螺拓扑结构方案,本小节对微机械陀螺的折叠梁、梳齿结构及敏感结构进行了详细的参数设计。

为了验证梁参数对于微机械陀螺性能的影响,本章采用了如图 4-6 所示的两种折叠梁结构,并设计了多组梁参数,考虑到刚性梁参数对整个折叠梁影响较小,故仅对其他参数进行详细设计,具体参数如表 5-1 所示。

表 5-1　本章设计的折叠梁参数方案

折叠梁类型	$L_1/\mu m$	$L_2/\mu m$	$w/\mu m$	编号
1#	410	360	6	B1-1
1#	336	286	10	B1-2
1#	336	286	12	B1-3
1#	340	300	15	B1-4
2#	450	400	6	B2-1
2#	350	306	8	B2-2
2#	356	306	6	B2-3
2#	356	306	7	B2-4
2#	355	303	8	B2-5
2#	355	303	10	B2-6

为了得到较小的空气阻尼，本章所设计的微机械陀螺驱动及检测梳齿均采用变面积式梳齿结构方案，考虑到梳齿结构对静电力及阻尼的影响，本章设计了三种梳齿结构参数方案，如表 5-2 所示。

表 5-2　本章设计的梳齿结构参数方案

$L/\mu m$	$l_0/\mu m$	$g/\mu m$	$w/\mu m$	编号
20	5	3	3	C1-1
20	10	3	3	C1-2
50	35	4	3	C1-3

本章设计了三种敏感结构方案，在不考虑释放孔影响时三种敏感结构的等效面积如表 5-3 所示。

表 5-3　本章设计的三种敏感结构等效面积方案

无孔面积/μm^2	编号
3077550	M1-1
3598400	M1-2
4280500	M1-3

最终，通过折叠梁、梳齿结构及敏感结构的交叉组合，本章共设计了 10 种不同参数的微机械陀螺结构，具体结构方案如表 5-4 所示。

表 5-4　本章设计的微机械陀螺结构方案

陀螺编号	折叠梁编号	梳齿结构编号	敏感结构编号
ZG1#	B2-2	C1-3	M1-1
ZG2#	B2-3	C1-2	M1-2
ZG3#	B2-4	C1-2	M1-2
ZG4#	B2-5	C1-2	M1-2
ZG5#	B2-6	C1-2	M1-2
ZG6#	B2-1	C1-1	M1-3
ZG7#	B1-1	C1-1	M1-3
ZG8#	B1-2	C1-1	M1-3
ZG9#	B1-3	C1-1	M1-3
ZG10#	B1-4	C1-1	M1-3

5.1.5　微机械陀螺的性能参数计算

1. 谐振频率

谐振频率是反映振动式微机械陀螺固有频率属性的参数。一般情况下，为使微机械陀螺具有足够大的振动幅值，其外加驱动频率应等于微机械陀螺的谐振频率，因此谐振频率是微机械陀螺设计的一个关键参数。微机械陀螺在振动时具有多个振动模态，通常在结构设计时要保证微机械陀螺的工作模态远小于其他不需要的振动模态，这是为了保证微机械陀螺在加载及工作过程中不易在不需要的模态下振动，减小陀螺的误差。为了保证微机械陀螺的振动稳定性，本章设计的微机械陀螺谐振频率均高于 2kHz。

微机械陀螺各阶模态的谐振频率计算公式为

$$f_i = \frac{1}{2\pi}\sqrt{\frac{k_i}{m_i}} \tag{5-4}$$

式中，f_i 为 i 方向的谐振频率；k_i 为 i 方向的弹性系数；m_i 为 i 方向的等效质量。

下面以 ZG7#微机械陀螺为例计算其谐振频率。由于本章设计的微机械陀螺驱动与敏感模态完全对称，故两个模态的谐振频率完全相等。

根据式(4-24)及式(4-26)，ZG7#微机械陀螺所采用的折叠梁在 X 方向和 Y 方向的弹性系数分别为

$$
\begin{aligned}
K_{x1} &= \frac{2Etw^3W}{L_3w^3 + \left(L_1^3 + L_2^3\right)W} \\
&= \frac{2\times\left(1.3\times10^{11}\right)\times\left(30\times10^{-6}\right)\times\left(6\times10^{-6}\right)^3\times\left(20\times10^{-6}\right)}{40\times10^{-6}\times\left(6\times10^{-6}\right)^3 + \left[\left(410\times10^{-6}\right)^3 + \left(360\times10^{-6}\right)^3\right]\times\left(20\times10^{-6}\right)} \\
&= 14.577(\mathrm{N}/\mathrm{m})
\end{aligned}
$$

$$
\begin{aligned}
K_{y1} &= \frac{2EtwW^3}{L_3^3w + \left(L_1 + L_2\right)W^3} \\
&= \frac{2\times\left(1.3\times10^{11}\right)\times\left(30\times10^{-6}\right)\times\left(20\times10^{-6}\right)^3\times\left(6\times10^{-6}\right)}{\left(40\times10^{-6}\right)^3\times\left(6\times10^{-6}\right) + \left(410\times10^{-6} + 360\times10^{-6}\right)\times\left(20\times10^{-6}\right)^3} \\
&= 57212.71(\mathrm{N}/\mathrm{m})
\end{aligned}
$$

根据图 5-3 所示的折叠梁排列方式，整个微机械陀螺的弹性系数可以看作八根并联的垂直折叠梁与八根并联的水平折叠梁相串联，根据第 4 章提到的梁串并联弹性系数计算公式(4-14)及(4-15)可知，微机械陀螺在 X 方向及 Y 方向的弹性系数均为

$$K_{x,y} = \frac{8K_{x1}K_{y1}}{K_{x1} + K_{y1}} \approx 116.59(\mathrm{N}/\mathrm{m})$$

则，根据式(5-4)，ZG7#微机械陀螺的谐振频率为

$$f_{x,y} = \frac{1}{2\pi}\sqrt{\frac{K_{x,y}}{m_{x,y}}} = \frac{1}{2\pi}\sqrt{\frac{116.59}{4.64\times10^{-6}\times0.744\times28\times10^{-6}\times2330}} \approx 3621.2(\text{Hz})$$

为了验证上述通过梁串并联的方法得到的微机械陀螺弹性系数公式的精度，本小节通过有限元方法计算了 ZG7#微机械陀螺的谐振频率，图 5-5 为采用 MEMS Garden V5.0 建立的 ZG7#微机械陀螺三维实体模型，结构厚度为 30μm。

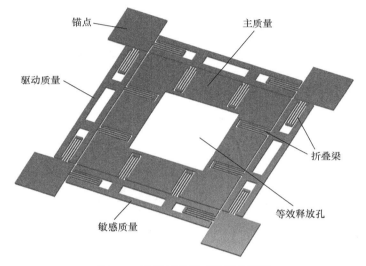

图 5-5　微机械陀螺三维实体模型

本小节在实体建模的过程中考虑到可动梳齿的质量远小于敏感结构的质量，其质量比小于 1%，故将可动梳齿省略以缩短仿真时间。

图 5-6 为利用 ANSYS 进行的微机械陀螺模态分析仿真结果，其中图 5-6(a)和(b)为前两阶平面内振动模态，也是微机械陀螺的驱动与敏感模态。从图中可以看出，前两阶平面内振动模态完全匹配，其谐振频率均为 3568Hz，与前文计算得到的谐振频率结果相对误差仅为 1.29%。图 5-6(c)为平面外振动模态，这一振动模态反映了该陀螺 Z 轴方向的线振动特性。图 5-6(d)为平面内转动模态，反映了该陀螺绕 Z 轴方向的扭转振动特性。图 5-6(c)和(d)所呈现的均为不需要的模态，且两模态的谐振频率均高于前两阶有用模态。

由图 5-6(a)可以看出，当驱动质量与主质量在 X 方向振动时，敏感质量保持静止，可见驱动模态的运动没有传递到敏感模态；同理，由图 5-6(b)可知，当敏感质量与主质量在 Y 方向振动时，驱动质量保持静止，则敏感模态的运动没有传递到驱动模态。可见，本章所设计的微机械陀螺结构从根本上消除了驱动与敏感模

态的相互耦合，达到了模态解耦的目的[1]。

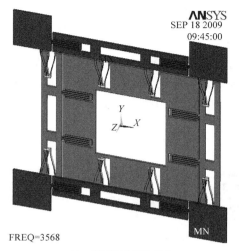

(a) 一阶平面内振动模态

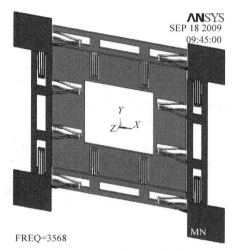

(b) 二阶平面内振动模态

(c) 平面外振动模态

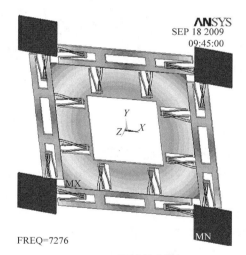

(d) 平面内转动模态

图 5-6　微机械陀螺模态分析仿真结果

　　另外，本小节对不同梁宽的微机械陀螺(ZG7#、ZG8#、ZG9#、ZG10#)谐振频率的理论计算结果与有限元仿真结果进行了比较，如图 5-7 所示。

　　由图 5-7 可见，当折叠梁宽度分别为 6μm(ZG7#)、10μm(ZG8#)、12μm(ZG9#)、15μm(ZG10#)时，理论计算结果与有限元仿真结果基本保持一致，其相对误差能够保证在 3.5%之内。证明了前文通过梁串并联的方法得到的微机械陀螺弹性系数公式具有较高的精度，完全能够满足微机械陀螺的设计需求。

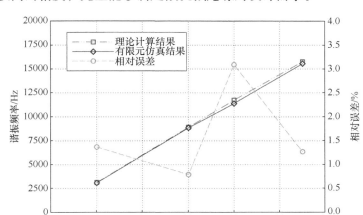

图 5-7 微机械陀螺谐振频率理论计算结果与有限元仿真结果比较

2. 品质因数

在保证微机械陀螺敏感结构不变的情况下可通过提高谐振频率或降低空气阻尼的方式来提高微机械陀螺的品质因数。因此，本章设计了具有相同敏感质量但不同谐振频率的多种微机械陀螺结构(ZG6#、ZG7#、ZG8#、ZG9#、ZG10#)。

以 ZG6#微机械陀螺为例，该陀螺工作时产生的阻尼表现为敏感结构上表面与封装外壳之间的滑膜阻尼 C_1、敏感结构下表面与基底之间的滑膜阻尼 C_2、可动梳齿与固定梳齿之间的滑膜阻尼 C_3 及折叠梁与敏感结构之间的压膜阻尼 C_4。该微机械陀螺谐振频率为 2.476kHz，则其穿透深度 $\delta = 43.5\mu m$，则由前文分析可知：

$$C_1 = \frac{\mu A_{\text{mass}}}{\delta} = 1.92 \times 10^{-6}(\text{N} \cdot \text{s} / \text{m})$$

$$C_2 = \frac{\mu A_{\text{mass}}}{d_0} = 1.67 \times 10^{-5}(\text{N} \cdot \text{s} / \text{m})$$

$$C_3 = \frac{2\mu N l_0 T}{g} = 5.07 \times 10^{-7}(\text{N} \cdot \text{s} / \text{m})$$

$$C_4 = 7.43 \times 10^{-7}(\text{N} \cdot \text{s} / \text{m})$$

$$Q = \frac{m\omega}{C_1 + C_2 + C_3 + C_4} = 175.8$$

同理，可得到不同谐振频率微机械陀螺的品质因数，如图 5-8 所示。

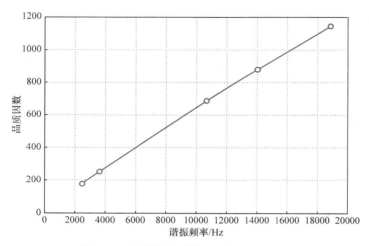

图 5-8　陀螺谐振频率与品质因数的关系

由图 5-8 可知，随着微机械陀螺谐振频率的增大，品质因数增大。当谐振频率值较低时，品质因数与谐振频率基本成线性关系；当谐振频率值较高时，阻尼对品质因数的影响逐渐增大，则品质因数与谐振频率不再表现为线性关系。

3. 灵敏度

对于电容检测的微机械陀螺来说，其灵敏度 S 除了包含机械灵敏度 S_y 外，还包含电容灵敏度 S_c，其关系满足：

$$S = S_y \cdot S_c \tag{5-5}$$

式中，电容灵敏度 S_c 表示单位位移引起的电容变化量，表示为

$$S_c = \frac{\Delta C}{\Delta x} \tag{5-6}$$

因此，本章设计的微机械陀螺的电容灵敏度为

$$S_c = \frac{\Delta C}{\Delta x} = \frac{\dfrac{2\varepsilon NT(l_0 + \Delta x)}{g} - \dfrac{2\varepsilon NTl_0}{g}}{\Delta x} = \frac{2\varepsilon NT}{g} \tag{5-7}$$

式中，ε 为介电常数；N 为微机械陀螺中的可动梳齿个数；T 为可动梳齿厚度；g 为梳齿间隙。

根据式(5-7)，本章设计的微机械陀螺的总灵敏度表示为

$$S = S_y \cdot S_c = \frac{4\varepsilon NTF_0\omega_0}{gm_x\omega_x^2\omega_y^2} \frac{1}{\sqrt{\left(1 - \dfrac{\omega_0^2}{\omega_y^2}\right)^2 + \dfrac{1}{Q_y^2}\left(\dfrac{\omega_0}{\omega_y}\right)^2}} \frac{1}{\sqrt{\left(1 - \dfrac{\omega_0^2}{\omega_x^2}\right)^2 + \dfrac{1}{Q_x^2}\left(\dfrac{\omega_0}{\omega_x}\right)^2}} \tag{5-8}$$

对于本章设计的不同谐振频率的微机械陀螺结构(ZG6#、ZG7#、ZG8#、ZG9#、ZG10#)，其灵敏度如图 5-9 所示。

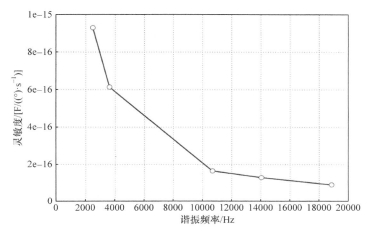

图 5-9 陀螺谐振频率与灵敏度的关系

由图 5-9 可知，随着微机械陀螺谐振频率的增大，其灵敏度反而迅速减小，这主要是由微机械陀螺刚度增大，振动位移减小引起的。可见，为得到高的灵敏度，微机械陀螺的谐振频率应设计得比较低，通常情况下小于 10kHz。但也可通过采用真空封装技术来提高微机械陀螺的灵敏度。

综合本小节的分析计算，本章设计的微机械陀螺的基本性能参数如表 5-5 所示。

表 5-5　本章设计的微机械陀螺的基本性能参数

陀螺编号	谐振频率/Hz	品质因数	灵敏度/[F/((°)·s⁻¹)]
ZG1#	6259.6	366.5	1.0090e−15
ZG2#	3572.0	247.5	3.6355e−16
ZG3#	4101.0	307.6	2.8071e−16
ZG4#	5751.5	371.5	9.9338e−16
ZG5#	8037.7	506.7	6.7764e−16
ZG6#	2476.3	175.8	1.1156e−15
ZG7#	3614.5	251.6	7.3462e−16
ZG8#	10672.0	686.7	2.1261e−16
ZG9#	14026.0	879.2	1.5353e−16
ZG10#	18845.0	1144.5	1.0727e−16

5.2　微机械陀螺工艺版图

随着 MEMS 结构复杂程度的提高，MEMS 产品呈现复杂、多样化、功能结构高度集成的特点，因此专门针对 MEMS 的建模及仿真方法也越来越受到研究者的重视,特别是从整个系统的角度对 MEMS 器件进行建模及仿真的方法。Fedder 等人在 1998 年提出了一种基于节点分析法的 NODAS 方法[2,3]。我国西北工业大学的 MEMS Garden 中提出了一种多端口组件网络(multi-port-element network, MuPEN)方法[4,5]，在二维组件模型的基础上考虑了三维空间的运动行为，开发了相应的模型库，实现了三维 MEMS 器件的系统级建模及仿真。MuPEN 方法的基本思想是把 MEMS 分解为功能结构部件(building blocks)，采用硬件描述语言(MAST)在仿真平台上把这些功能结构部件建立为基于示意图(schematic)形式的参数化组件(component)模型。进而在仿真平台(Saber)上通过模型的相互连接、修改相应的参数实现设计迭代和优化，基于示意图形式使得结构组件可以和系统级电路组件兼容以实现 MEMS 结构与电路的联合仿真。

国际上，美国 Coventor 公司的 CoventorWare 软件采用类似的方法开发了包含机电、电磁、射频、光学、流体等学科的丰富的组件库，为 MEMS 器件的系统级建模及仿真提供了极大的便利；美国加州大学伯克利分校开发的 SUGAR 在 Matlab 平台上建立了 MEMS 模型库，并在此基础上研究了基于组件库的 MEMS 综合与优化方法。

上述方法的共同点在于它们都将复杂的 MEMS 结构分解为多种标准的功能结构部件，如图 5-10 所示。

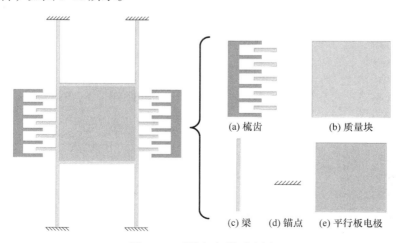

(a) 梳齿　　　(b) 质量块

(c) 梁　(d) 锚点　(e) 平行板电极

图 5-10　系统级组件示意图

　　图 5-10 显示，典型微机械陀螺结构可以分解为梳齿、质量块、梁、锚点、平行板电极等结构。这样，通过建立上述功能结构部件的参数化模型，再将参数化模型组合建模即可得到多种 MEMS 结构的系统级模型。图 5-11 为利用 MEMS Garden 中的三维组件库搭建的典型微机械陀螺结构的系统级模型及其频域仿真结果。

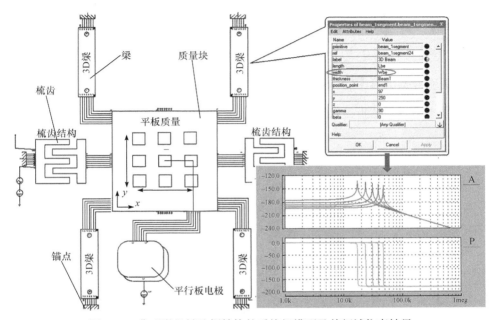

图 5-11　典型微机械陀螺结构的系统级模型及其频域仿真结果

　　从图 5-11 可以看出，所建立的参数化组件(图中右上角为梁组件的详细参数)包含几何参数、位置参数等信息，通过参数的实时修改即可对整个结构进行快速仿真(图中右下角为改变微机械陀螺的梁宽时，其谐振频率随之改变的结果)。

　　这种方法能够实现多种 MEMS 器件的快速建模仿真，极大地提高了 MEMS 器件的设计效率，缩短了设计时间。但该方法仍然有不足之处，由于模型的行为方程一般根据经典物理公式推导得到，因而适合对问题简单、几何形状规则的部件进行建模，如微机械陀螺中的敏感结构及梳齿结构。对于一些异形结构或过于复杂的结构仍无法直接建模。如图 4-6(a)所示的折叠梁，采用参数化组件建模的结果如图 5-12 所示。

　　如图 5-12 所示，该折叠梁可由 9 根参数化的梁组件组合而成，但设计的微机械陀螺结构共采用了 16 根折叠梁结构，则在微机械陀螺建模时需要 144 根参数化梁组件，这就导致器件的系统级模型过于复杂、方程规模过大，从而使求解效率低下，而且仿真时容易出现不收敛的现象。因此，该方法不适用于过于复杂的 MEMS 结构。目前，国内外研究者均通过宏建模的方法解决上述问题。

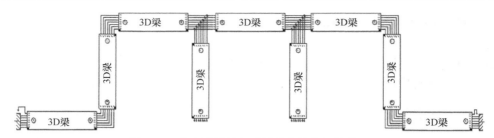

图 5-12   本章设计的折叠梁的参数化组件模型

5.2.1   基于异构宏建模的微机械陀螺建模与仿真

采用本章建立的折叠梁宏模型与 MEMS Garden 中的参数化组件联合搭建的微机械陀螺系统级模型如图 5-13 所示,该模型由 16 根参数化的折叠梁宏模型、12 个梳齿电容器组件、13 个质量组件、16 个锚点组件组成。

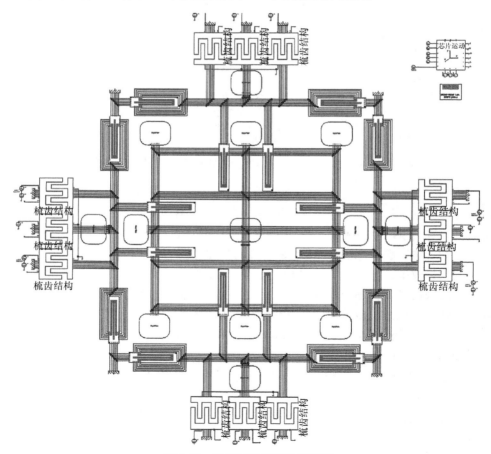

图 5-13   微机械陀螺系统级模型

1. 微机械陀螺频域仿真

微机械陀螺在不同气压下的幅频及相频特性曲线如图 5-14 所示。各个组件的参数按照 ZG6#微机械陀螺的参数进行设置。由幅频特性曲线可知，该结构谐振频率的系统级仿真结果为 2455.4Hz，与有限元仿真结果的误差仅为 0.8%，表明本章设计的包含折叠梁宏模型的微机械陀螺系统级模型具有较高的精度。另外，如图所示，当微机械陀螺工作在常压下(气压为 100000Pa)时其振动幅值较小，曲线平坦。随着气压的降低，其振动幅值逐渐增大，曲线变得尖锐，即 Q 值增大，这与前文对品质因数的分析结果一致。当气压低到一定范围(小于 100Pa)后，振动幅值及 Q 值将不再有明显变化。相频特性曲线显示气压越大其相位变化越缓慢。

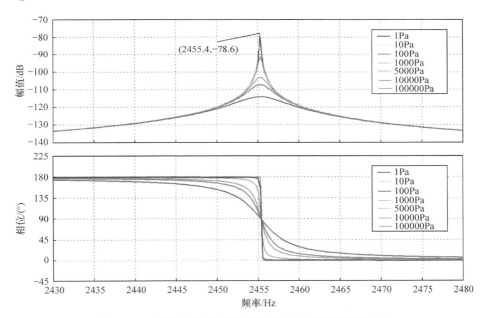

图 5-14　不同气压下的微机械陀螺系统级频域仿真结果

本章设计的微机械陀螺采用基于 SOI 硅片的加工工艺进行加工，故需要在敏感结构上设计一定的释放孔，而释放孔所占的面积大小对微机械陀螺谐振频率会产生明显影响，二者之间的关系如图 5-15 所示。

图 5-15 中 0.60～0.90 表示微机械陀螺中敏感结构的有效面积与总面积的比值，相对应的释放孔面积与总面积的比即为 0.40～0.10。如图所示，释放孔所占面积越小，即有效面积越大，则微机械陀螺谐振频率越低，根据前文的分析，则微机械陀螺的灵敏度越高。因此，在释放孔设计时不仅要满足结构释放的基本条件，还要尽量保留敏感结构的有效面积，以提高微机械陀螺的灵敏度。

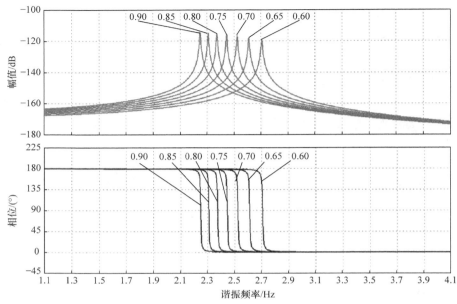

图 5-15　释放孔所占面积与微机械陀螺谐振频率的关系

2. 微机械陀螺时域仿真

在系统级建模仿真中除了针对机械结构进行仿真外，还可以将机械结构及电路进行混合仿真。本章利用简化的微机械陀螺模型搭建的检测电路系统级模型如图 5-16 所示。该电路方案为一种单载波开环驱动、开环检测方案。

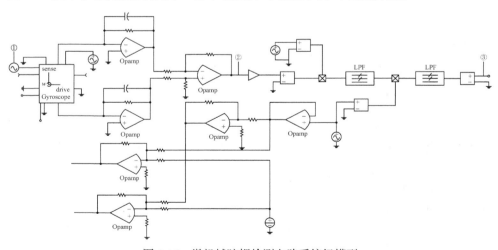

图 5-16　微机械陀螺检测电路系统级模型

图 5-17 为微机械陀螺检测电路系统级模型的仿真结果，三条曲线分别为外界

角速度输入、电路中减法器输出、电路最终陀螺输出，分别对应图 5-16 中的①、②、③点。可见，电路输出信号与微机械陀螺输入信号保持了良好的一致性，输出信号在 0.08s 后保持稳定。

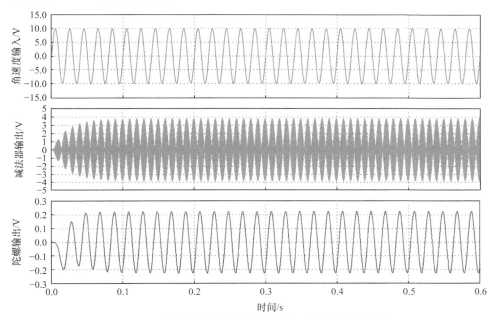

图 5-17 微机械陀螺检测电路系统级模型的仿真结果

图 5-18 为输入角速度从 0(°)/s 增加到 100(°)/s 时微机械陀螺刻度因子的仿真结果，经计算在该电路方案中微机械陀螺的刻度因子为 22.5mV/[(°) · s^{-1}]。

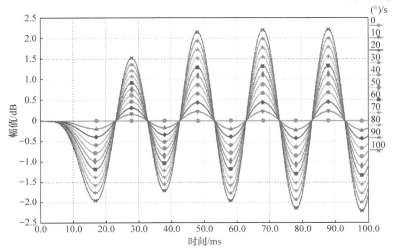

图 5-18 微机械陀螺刻度因子的仿真结果

5.2.2　微机械陀螺工艺版图设计

确定好微机械陀螺的拓扑结构及几何尺寸后即可进行微机械陀螺的工艺版图设计。工艺版图的设计不单单是按照设计好的几何参数绘制版图的过程，还要考虑到版图在加工过程中的工艺约束条件及工艺误差影响等，需要对设计好的尺寸进行补偿并根据工艺约束对版图进行优化。

1. 工艺版图补偿

微机械陀螺在加工过程中的许多步骤都会有工艺约束，如制版时的最小线宽、光刻时的最小线宽、ICP 刻蚀中的深宽比等，同时这些工艺也会带来一定的加工误差。本章设计的基于 SOI 工艺加工的微机械陀螺主要的工艺约束及工艺误差如表 5-6 所示。

表 5-6　微机械陀螺加工过程中的工艺约束及工艺误差

工艺	工艺约束	工艺误差/μm
制版	最小线宽 1.5μm 最大版图面积 10mm×10mm	±0.3
光刻	最小线宽 1μm	±0.5
ICP 刻蚀	深宽比< 25	±1

根据上述工艺约束、工艺误差及前文设计的微机械陀螺结构参数，本章设计的微机械陀螺最终工艺版图(ZG8#)如图 5-19 所示。

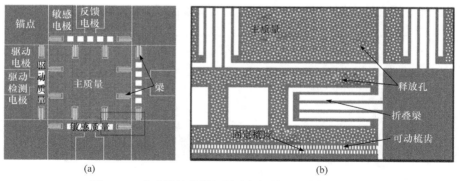

图 5-19　本章设计的微机械陀螺最终工艺版图(ZG8#)

在最终的微机械陀螺工艺版图中，根据工艺约束及工艺误差对陀螺工艺版图进行了如下几点修正。

(1) 最小线宽。工艺版图中的最小线宽出现在梳齿的宽度上及梳齿间隙，为保证结构具有较大的电容变化量，取梳齿间隙尽量小。同时，考虑到工艺误差的影响，需要对梳齿宽度进行适当补偿，因此，最终工艺版图中的梳齿宽度为 4μm，梳齿间隙为 2μm，这样保证加工后的梳齿宽度及梳齿间隙均为 2μm。

(2) 折叠梁补偿。与梳齿宽度的补偿方法相同，在工艺版图设计中所有的折叠梁宽度均应增加 1μm。

2. 工艺版图仿真

工艺版图仿真是通过设计好的工艺版图按照实际加工的工艺流程进行三维仿真的过程。仿真的过程能够验证工艺版图及工艺流程的可行性，同时，仿真得到的三维实体结果还可用于结构的有限元分析，对于优化结构设计、缩短 MEMS 设计时间、提高 MEMS 设计效率均有重要意义。

本小节的工艺版图仿真采用 MEMS Garden V5.0 中的工艺几何仿真模块，其中版图文件采用最终修正后的微机械陀螺工艺版图。为了缩短仿真时间，本小节对工艺版图中的释放孔及梳齿进行了简化。具体工艺文件内容及其工艺含义见表 5-7。

表 5-7　微机械陀螺工艺文件内容及其工艺含义

步骤	工艺文件内容	工艺含义
1	DF, SOI, Si, Gray4, 435	定义硅片
2	GD, SOI, Conformal, Resist, Purple3, 1, Top	涂胶
3	ET, SOI, ByDepth, Resist, Purple3, CPG, True, 90, 1, Top	光刻出结构掩膜
4	ET, SOI, ByDepth, Si, Red, CPG, True, 90, 100, Top	结构刻蚀及干法释放
5	ET, SOI, Resist, Purple3	干法去胶
6	SA, SOI, SiO2, Cyan	SiO_2 湿法释放

利用编写好的工艺文件及最终工艺版图即可进行微机械陀螺的工艺版图仿真，本章设计的微机械陀螺(ZG8#)工艺版图仿真步骤如图 5-20 所示。

由工艺版图仿真结果可以看出，本章设计的微机械陀螺工艺版图及加工工艺能够满足实际的加工需求。考虑释放孔及梳齿结构时微机械陀螺器件层的三维仿真结果如图 5-21 所示。

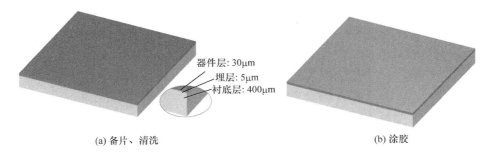

器件层：30μm
埋层：5μm
衬底层：400μm

(a) 备片、清洗　　　　　　　　　　　　　　　　(b) 涂胶

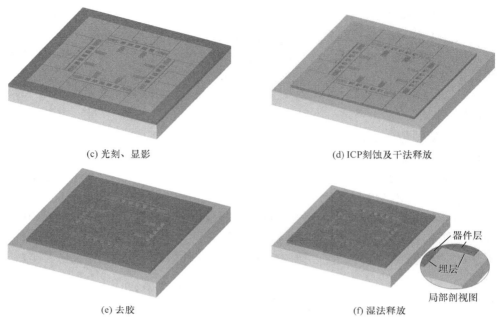

(c) 光刻、显影

(d) ICP刻蚀及干法释放

(e) 去胶

(f) 湿法释放

器件层

埋层

局部剖视图

图 5-20　本章设计的微机械陀螺(ZG8#)工艺版图仿真步骤

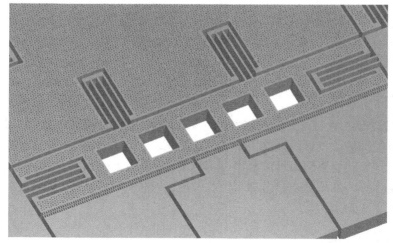

图 5-21　考虑释放孔及梳齿结构时微机械陀螺器件层的三维仿真结果

5.3　本 章 小 结

本章论述了微机械陀螺的参数设计及仿真过程。首先，分析了驱动及检测结构的设计需求，并确定了本章采用的梳齿结构形式；其次，结合设计结果给出了微机械陀螺的整体拓扑结构方案，同时根据本章所述的微机械陀螺不同的拓扑结构设计结果确定了 10 种不同参数的微机械陀螺；再次，推导了微机械陀螺的谐振频率、品质因数、灵敏度等设计参数的理论计算公式，并计算了 10 种微机械陀螺的设计参数；最后，确定了微机械陀螺的最终工艺版图，根据实际加工中的工艺约束及工艺误差制订了相应的工艺版图补偿，并对最终工艺版图进行了仿真。

参 考 文 献

[1] XIE J, SHEN Q, HAO Y, et al. Design, fabrication and characterization of a low-noise Z-axis micromachined gyroscope[J]. Microsystem Technologies, 2015, 21(3): 625-630.

[2] VANDEMEER J E. Nodal design of actuators and sensors[D]. Pittsburgh: Carnegie Mellon University, 1998.

[3] JING Q. Modeling and simulation for design of suspended MEMS[D]. Pittsburgh: Carnegie Mellon University, 2003.

[4] 霍鹏飞. 微机电系统的多端口组件网络方法系统级建模研究[D]. 西安: 西北工业大学, 2004.

[5] 李伟建. 复杂微机电系统的多域耦合分析与设计优化[D]. 西安: 西北工业大学, 2004.

第四篇

工艺误差建模理论与方法

本篇对微机械陀螺制造工艺进行相应研究,针对芯片加工与封装中根切、黏附、划片破损和封装应力等问题引起的制造误差建立了微机械陀螺的影响模型。在此理论基础上,提出了一种基于SOI硅片的选择性释放工艺与 SOI 双面刻蚀的免划片技术,以减小微机械陀螺加工中的误差。同时,提出了一种低应力真空封装技术,减小封装误差,以减小封装工艺对陀螺性能产生的影响。

第 6 章　微机械陀螺的工艺难题及影响

　　微机械陀螺制造包括芯片加工和芯片封装两个阶段。其中，芯片加工是指通过微加工技术将陀螺由版图制作成芯片的过程。根切、黏附和划片破损是微加工技术中的常见现象，极易引起制造误差，导致微机械陀螺的性能退化甚至结构失效，严重影响陀螺的性能和成品率。在芯片封装阶段，微机械陀螺芯片被封入一个密闭空间与外界环境隔离。封装可以为陀螺提供理想的工作环境，但封装工艺将不可避免地产生封装应力，引起封装误差，导致陀螺产生频率漂移和结构形变，对微机械陀螺的性能产生巨大影响。

　　本章分别讨论了根切、黏附、划片破损和封装应力等问题的产生原因及其导致的微机械陀螺的性能退化或结构失效，从而建立了上述制造因素对微机械陀螺的影响模型，为微机械陀螺的加工工艺和封装工艺改进提供理论支撑和指导[1]。

6.1　根切及其对微机械陀螺的影响

6.1.1　根切产生原因

　　深反应离子刻蚀(deep reactive ion etching，DRIE)是微机械加工中最常见的各向异性刻蚀工艺之一，该工艺将处于高频电场作用下的刻蚀气体通过辉光放电产生分子自由基(包括原子、分子或原子团等)，并对被刻蚀材料进行离子轰击和化学反应生成挥发性气体。在 DRIE 工艺中刻蚀和钝化交替进行，最终获得微机械结构。在实际刻蚀中，第一步总是以钝化开始，但此处为了方便说明，第一步以刻蚀开始。

　　(1) 刻蚀。如图 6-1(a)所示，在 DRIE 反应室中通入刻蚀气体 SF_6，在射频源的作用下形成等离子体。未被光刻胶保护的硅材料在氟自由基的化学反应和 SF_x 正电离子的物理轰击下去除，该刻蚀过程具有明显的各向同性。

　　(2) 钝化。如图 6-1(b)所示，在 DRIE 反应室中通入 C_4F_8 气体，在射频源的作用下分裂出 CF_2 活性自由基。CF_2 活性自由基的化学反应结果主要是沉积，可以在被刻蚀的硅表面形成一层聚合物薄膜。

　　(3) 再刻蚀。如图 6-1(c)所示，在 DRIE 反应室中通入刻蚀气体 SF_6，在反应室内电场作用下，刻蚀区域底部受 SF_x 正电离子的物理轰击作用比侧壁强烈，故刻蚀区域底部的聚合物被完全去除时侧壁的聚合物仍然存在。暴露出来的底部刻蚀区域开始与氟自由基接触并发生化学反应,一直持续到侧壁的聚合物也被完全去除。

(4) 再钝化。如图 6-1(d)所示,在第(3)步再刻蚀中侧壁的聚合物被完全去除后,就要切换到钝化过程,在刻蚀区域的底部和侧壁重新形成一层聚合物。

(5) 以此类推,刻蚀和钝化过程不断交替,并在刻蚀区域侧壁上留下锯齿痕迹,最终得到如图 6-1(e)所示的刻蚀结果。

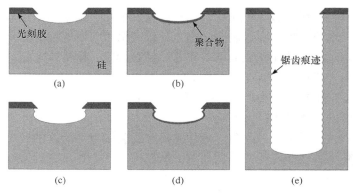

图 6-1　DRIE 工艺原理图

在 DRIE 工艺中,等离子刻蚀的微负载效应将导致开口不同的窗口在相同的刻蚀时间内形成的沟槽深度相差很大,这种现象一般被称为 Lag 效应。如图 6-2 所示,Lag 效应通常表现为刻蚀速率随着刻蚀深宽比的增加而明显下降,即相同的刻蚀时间内,窄槽的刻蚀深度小于宽槽的刻蚀深度。根据前文的分析可知,DRIE 是刻蚀气体电离生成的带电离子及自由基与硅发生化学反应及物理轰击的混合过程,而随着槽结构深宽比的增加,离子及自由基进入槽底部变得越来越困难,这就导致了 Lag 效应的出现。

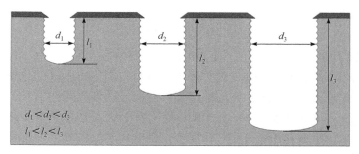

图 6-2　DRIE 工艺过程中的 Lag 效应

在 SOI 硅片刻蚀过程中,Lag 效应将导致宽槽先于窄槽刻蚀至埋层。当宽槽刻穿后,反应离子不会与二氧化硅反应,而且二氧化硅本身不导电,故反应离子将在裸露的二氧化硅表面堆积，这个过程称作"充电效应"。如图 6-3 所示，裸露的二氧化硅表面达到电荷平衡后将无法继续"充电"，后续的反应离子到达二氧化硅表面后由于静电力的作用将向槽底部两侧发生偏转，造成槽底部的横向刻蚀，形成根切，即所谓的 Footing 效应。窄槽容易出现根切效应，而宽槽的根切效应不明显。对于宽槽而言，"充电效应"会在槽的底部积累一定数量的反应离子，由于槽宽比较大，自由运动的电子很容易进入槽的内部与槽底部的反应离子中和，使得"充电"不能达到饱和状态。对于窄槽而言，自由运动的电子不容易进入槽的底部，窄槽底部持续"充电"，直到达到饱和状态，后续的反应离子进入槽的内部受到静电力的影响将向槽的侧壁发生偏转，导致根切。实验发现，当沟槽宽度与沟槽深度的比值大于 0.5 时，根切效应不明显[2,3]。

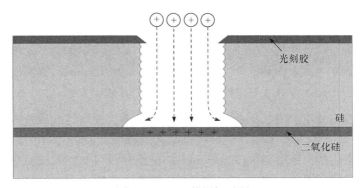

图 6-3　DRIE 的根切过程

6.1.2　根切对微机械陀螺的影响

微机械陀螺的悬浮结构主要由弹性梁、质量块和梳齿三部分组成，其中质量块上设计了大量的释放孔，用于结构释放。根切会使陀螺悬浮结构底部产生侧向刻蚀，造成陀螺性能退化和结构断裂强度降低，进而影响微机械陀螺的可靠性。

根切使弹性梁、质量块和梳齿等结构的厚度降低，并在其底部形成毛刺和微裂纹等缺陷。如图 6-4 所示，对于结构层厚度为 60μm 的 SOI 硅片，当弹性梁与周围结构间距大于 30μm 时，弹性梁的根切现象不明显，但其底部区域将形成微裂纹等表面缺陷；释放孔和梳齿等结构的间距一般为几微米，与刻蚀深度的比值远小于 0.5，因此根切现象明显，结构厚度变化明显，底部毛刺现象严重。

研究表明，用 DRIE 工艺刻蚀的硅微结构的断裂强度通常不低于 1GPa[4-6]，而根切造成的结构底部微裂纹和毛刺等表面缺陷能够使其断裂强度降低至 200MPa 以下[7]，因此弹性梁底部的微裂纹将使其断裂强度降低一个数量级，影响微机械陀螺的结构强度。另外，微裂纹等表面缺陷也是造成微机械陀螺疲劳失效的一个主要原因[8]：在外界载荷作用下，微裂纹不断生长，导致结构疲劳强度降低，严重影响其使用寿命和结构可靠性[9,10]。

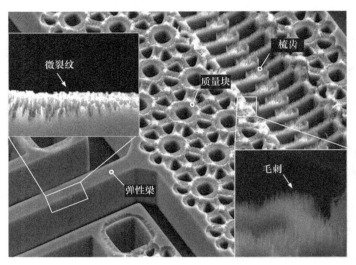

图 6-4　DRIE 时的根切造成的结构缺陷

释放孔根切最主要的后果是陀螺结构厚度减小，进而导致质量损失。根据以往加工经验，对于带有本书设计的释放孔结构的器件，结构层厚度为 60μm 的 SOI 硅片，根切会使结构厚度损失多达 5μm。由前面分析可知，陀螺质量损失一方面引起陀螺谐振频率漂移，另一方面使陀螺机械热噪声增大。

图 6-5 给出了全对称式和音叉式微机械陀螺的谐振频率与结构厚度之间的关系曲线。当结构厚度由 60μm 减小为 55μm 时，全对称式微机械陀螺的谐振频率由 3942Hz 增加至 4117Hz；音叉式微机械陀螺的谐振频率由 9915Hz 增加至 10356Hz，频率漂移严重。图 6-6 给出了全对称式和音叉式微机械陀螺的机械热噪

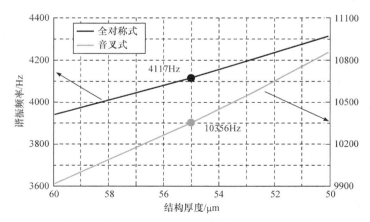

图 6-5　微机械陀螺谐振频率与结构厚度的关系

声与结构厚度之间的关系曲线。当结构厚度减小 5μm 时，全对称式微机械陀螺的机械热噪声由 $4.02\times10^{-5}(°)/(s\cdot Hz^{-0.5})$ 增加至 $4.11\times10^{-5}(°)/(s\cdot Hz^{-0.5})$；音叉式微机械陀螺的机械热噪声由 $1.58\times10^{-4}(°)/(s\cdot Hz^{-0.5})$ 增加至 $1.615\times10^{-4}(°)/(s\cdot Hz^{-0.5})$。

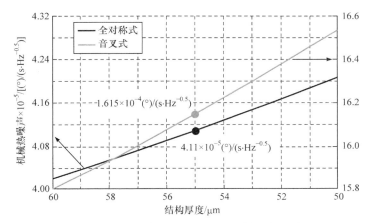

图 6-6　微机械陀螺机械热噪声与结构厚度的关系

另外，在 DRIE 过程中，不同位置的刻蚀速率存在一定差别，因此释放孔底部的根切程度有差异。对单个陀螺而言，根切一方面导致陀螺带宽发生变化，影响陀螺灵敏度，另一方面导致陀螺质心与形心不重叠，振动时产生扭转和正交误差；对整个圆片上的陀螺而言，根切程度的差异导致陀螺芯片的固有频率有差别，影响陀螺芯片间的一致性。

梳齿根切对微机械陀螺的影响主要有三方面：根切将导致驱动梳齿厚度减小，在保证驱动位移不变的条件下，必须增大驱动的电压信号，这将增加电路的噪声；根切导致敏感梳齿厚度减小，使陀螺电容灵敏度降低，进而影响陀螺的灵敏度；根切将导致梳齿底部产生毛刺，增大了敏感模态的输出噪声。

由于本章设计的梳齿间距为 2μm，小于释放孔尺寸，因此相比释放孔结构，梳齿的根切程度更加严重。根据以往加工经验，对于结构层厚度为 60μm 的 SOI 硅片，根切会使梳齿厚度减至 40μm，即梳齿的厚度损失 1/3。由图 6-7 可知，当陀螺梳齿的厚度损失 1/3 时，全对称式微机械陀螺的灵敏度由 $5.81\times10^{-4}\,pF/((°)\cdot s^{-1})$ 降低至 $4.75\times10^{-4}\,pF/((°)\cdot s^{-1})$；音叉式微机械陀螺的灵敏度由 $2.12\times10^{-4}\,pF/((°)\cdot s^{-1})$ 降低至 $1.73\times10^{-4}\,pF/((°)\cdot s^{-1})$，灵敏度变化显著。

由以上分析可知，根切对微机械陀螺的影响有两方面：一方面降低微机械陀螺的断裂强度，影响其使用寿命和结构可靠性；另一方面引起微机械陀螺频率漂移、降低微机械陀螺的灵敏度、增大微机械陀螺机械热噪声，降低微机械陀螺性能。

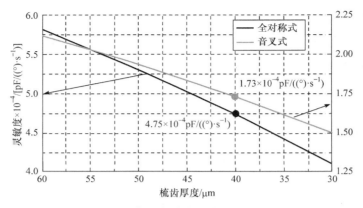

图 6-7　陀螺灵敏度与梳齿厚度的关系

6.2　黏附及其对微机械陀螺的影响

6.2.1　黏附产生原因

由于微结构特征尺度减小，表面间的表面张力、静电力、范德华力和氢键等微观作用力逐渐起主导作用，使相邻表面间相互吸引并接触，从而导致器件黏附失效。黏附是微机电系统中的常见现象，是造成微器件结构失效的一个主要原因[11-13]。

1. 表面张力

液体表面任意两相邻部分之间垂直于它们的单位长度分界线的相互作用力，称为液体表面张力。液体表面张力产生的原因是液体跟气体接触的表面存在一个薄层，称为表面层，表面层里的分子比液体内部稀疏，分子间的距离比液体内部大一些，分子间的相互作用表现为引力。如图 6-8 所示，对于中间有液体的两固体表面，如果液体和固体的接触角满足 $\theta < 90°$，则液体内部的压强低于液体外部的压强，从而在两固体表面间产生吸合力，使两固体表面吸合。对于中间充满液体的两平板，单位面积上的吸合力为

$$F_c = \frac{2\gamma d_0 \cos\theta}{g^2} \tag{6-1}$$

式中，γ 为液体的表面张力；d_0 为 Kelvin 间距；g 为两平板之间间距。

表面张力主要在湿法释放的干燥过程中产生，但对于处于空气中的器件，当黏附发生后，空气中的微液滴产生的表面张力也会在一定程度上阻碍结构的复原。

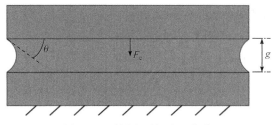

图 6-8　平板表面间表面张力

2. 静电力

静电力是由两极板间的电势差或者静电电荷引起的，是存在于带电分子或粒子之间的作用力。对于如图 6-9 所示的平行板电极间的静电力，可表示为

$$F_e = \frac{\varepsilon_0 \varepsilon_r A}{2d^2} U^2 \tag{6-2}$$

式中，ε_0 为真空介电常数；ε_r 为相对介电常数；A 为平行板电极相对面积；U 为电极间电势差；d 为平行板电极间距。

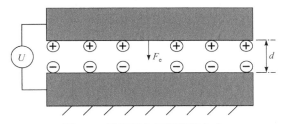

图 6-9　平行板电极间的静电力

静电力会引起带电微结构的相互吸引，当其表面接触后，由于静电放电作用，其表面间的电荷会逐渐平衡，微结构间的静电力消失，因此静电力不可能造成永久性的黏附。

3. 范德华力

范德华力是分子间的一种微观作用力，是一种中性的原子间作用力。由于原子的定态具有确定的宇称，原子的电偶极矩平均值为零。由于涨落原子可以有偏离平均值的自发偶极矩，而这个偶极矩在另一原子处产生的电场使该原子极化，产生电偶极矩，这种偶极-偶极相互作用便是范德华力的来源[14]。

当两平面间的间距较大时，范德华力引起的相互作用能很小，可以忽略；当两平面之间的间距 d 小于一个特征值($z \approx 20\text{nm}$)时，两平面间范德华力可以表示为

$$F_{vdw} = -\frac{H}{6\pi d^3} \quad (d < 20\text{nm}) \tag{6-3}$$

式中，H 为哈马克常数(Hamaker constant)，是表征物质之间范德华吸引能大小的参数，不同物质的哈马克常数不同。对于硅而言，哈马克常数约为 27×10^{-20} J [15]。

当两表面之间的距离大于这个特征值时，范德华力增长缓慢，可以表示为

$$F_{\text{vdw}} = -\frac{H}{6\pi d^3} \frac{z}{d+z} \quad (d > 20\text{nm}) \tag{6-4}$$

4. 氢键

与电负性大的原子 X(氟、氯、氧、氮等)共价结合的氢，如与电负性大的原子 Y(也可与 X 原子相同)接近，在 X 与 Y 之间以氢为媒介，生成 X—H$\cdots$$Y$ 型的化学键称为氢键。图 6-10 为水分子之间的氢、氧原子间形成的氢键示意图。氢键的键强度可以用键能来表示，粗略而言，氢键键能是指每拆开单位物质的量的 H$\cdots$$Y$ 键所需的能量。氢键的键能一般在 42kJ/mol 以下，比共价键键能小得多，比范德华力稍大。

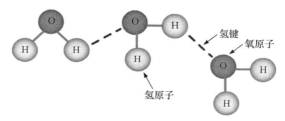

图 6-10　水分子之间形成的氢键

氢键主要是在结构表面间的液体中产生，因此干燥的结构表面间氢键可以忽略。以硅材料为例，在空气中亲水性硅的表面覆盖一层水薄膜。当两个硅表面紧密接触时，表面上水分子的氢原子会与氧原子结合，形成氢键。对于处在湿润环境中的器件而言，氢键相互作用强度大于范德华力相互作用强度，而在干燥环境中，氢键间的作用力远小于范德华力，计算时可以忽略。

6.2.2　黏附对微机械陀螺的影响

对微机械陀螺而言，黏附通常发生在释放工艺的干燥过程中。以 SOI 工艺为例，其湿法释放的黏附过程如图 6-11 所示。

(1) 微机械陀螺结构 DRIE 完成后，需要去除 SOI 中间的二氧化硅以释放陀螺的悬浮结构(图 6-11(a))；

(2) 当氢氟酸溶液将 SOI 中间的二氧化硅去除后，陀螺悬浮结构与基底之间充满氢氟酸溶液(图 6-11(b))；

(3) 将陀螺芯片浸入去离子水中，以去离子水替换陀螺悬浮结构与基底之间的氢氟酸溶液(图 6-11(c))；

(4) 干燥时,在表面张力作用下去离子水在两相邻表面间形成液桥,将陀螺悬浮结构拉向并接触基底表面(图 6-11(d));

(5) 当悬浮结构与基底接触后,如果两接触面间的范德华力和氢键等的合力大于悬浮结构弹性恢复力,悬浮结构将无法复原,陀螺结构将永久地黏附在基底上(图 6-11(e))。

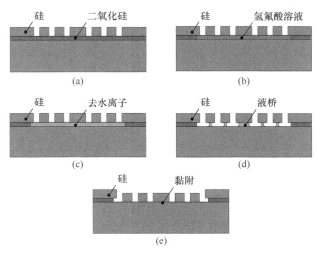

图 6-11　SOI 工艺中湿法释放的黏附过程

根据以上分析可知,微机械陀螺发生黏附分为两个阶段:第一阶段,液体表面张力等将悬浮结构拉向基底,发生临时性黏附;第二阶段,临时性黏附发生后,范德华力等阻碍悬浮结构还原,若悬浮结构的弹性恢复力小于范德华力,陀螺将发生永久性黏附。对于传感器而言,黏附是致命的:结构一旦黏附,传感器将无法正常工作。图 6-12 为全对称式微机械陀螺的扫描电子显微镜图片,该陀螺的悬浮结构在湿法释放过程中与基底黏附,造成可动梳齿与固定梳齿产生明显的高度差。

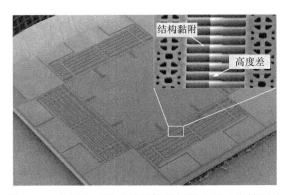

图 6-12　全对称式微机械陀螺的扫描电子显微镜图片

　　现有的防黏附技术手段主要针对黏附的第一阶段，即降低或消除悬浮结构释放过程中的表面张力，如溶液置换法、二氧化碳超临界干燥法和气态氢氟酸释放等。溶液置换法是指湿法释放完成后，用乙醇、异丙醇等表面张力较低的溶液将悬浮结构与基底之间的去离子水置换出来，以此降低表面间的表面张力。该方法仅能将表面间的表面张力降低为原来的三分之一左右，因此适用范围有限。二氧化碳超临界干燥法是指利用二氧化碳在超临界点不存在气液界面的原理来降低二氧化碳液体表面张力系数，从而避免表面张力引起的黏附。该方法可以大幅降低两表面间的表面张力，但需要额外的设备来实现。气态氢氟酸释放是指用氢氟酸气体替代氢氟酸溶液腐蚀埋层二氧化硅。在器件释放过程中，该方法不引入任何液体，因此表面间不存在表面张力，适用范围较广，但该方法依赖复杂且昂贵的气态氢氟酸释放设备。

6.3　划片破损及其对微机械陀螺的影响

6.3.1　划片破损产生原因

　　划片是指对圆片进行切割并将芯片分离的过程。从工作原理上分，划片技术主要有机械划片和激光划片，机械划片是指用砂轮刀片对圆片进行切割的过程。机械划片工艺比较成熟，已广泛用于 MEMS 器件分离。激光划片是利用高能激光束照射工件表面，使被照射区域局部熔化、气化，从而达到芯片切割的目的。激光划片没有机械振动，但切割过程中存在热熔效应，容易引起材料破裂、脆性重铸成形和残渣等一系列问题[16,17]。另外，激光划片也存在使用寿命较短、维护费用相对较高、应用范围有限的问题，鉴于此，本小节主要讨论微机械陀螺在机械划片过程中的结构破损问题。

　　在机械划片过程中，高速旋转的刀片将产生大量的热和硅碎屑。为了延长刀片的使用寿命及防止硅碎屑对芯片造成污染，切割时需要大量的冷却液以带走刀片和硅片接触区域的摩擦热并及时冲走切割粉末。由于微机械陀螺的梳齿、弹性梁等结构细长且深宽比较大，冷却液的冲击会导致上述结构断裂。

6.3.2　划片破损对微机械陀螺的影响

　　微机械陀螺的梳齿和弹性梁等精细结构在冷却液的冲击下极易发生破损。陀螺结构破损程度与划片冷却液流速有关：降低冷却液流速可以减小冷却液的冲击强度，有利于保持陀螺结构的完整性，然而过低流速无法及时冷却刀片和硅片，容易造成热损伤。同时，冷却液流速过低也将导致切割产生的碎屑吸附在芯片表面造成污染，影响后续的工艺。

　　图 6-13 为机械划片过程中冷却液的冲击造成的陀螺梳齿断裂和弹性梁断裂。陀螺梳齿断裂，将对陀螺的谐振频率、灵敏度和噪声等参数都产生影响，其中对陀螺灵敏度的影响最为明显。由于陀螺电容灵敏度与梳齿的数量成正比，因此梳齿断裂将使电容灵敏度降低，即降低陀螺的性能。另外，断裂的梳齿遗留在陀螺结构内部，将产生结构卡死等隐患。对于微机械陀螺等传感器来讲，弹性梁断裂是一个很严重的问题，将使陀螺完全无法工作。

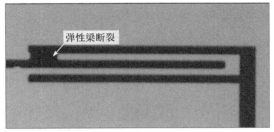

图 6-13　机械划片过程中冷却液的冲击造成的陀螺梳齿断裂和弹性梁断裂

6.4　封装应力及其对微机械陀螺的影响

6.4.1　封装应力产生原因

　　大多数固体材料受热后会膨胀遇冷时会收缩，即热胀冷缩。热胀冷缩是由于物体内的粒子(原子)运动会随温度的改变而改变：当温度上升时，粒子的振动幅度加大使物体膨胀；当温度下降时，粒子的振动幅度便会减少使物体收缩。对于一个物体，当温度变化时，其伸长量为

$$\Delta l = \alpha \ (T_f - T_0) \ l \tag{6-5}$$

式中，Δl 为伸长量；α 为物体的热膨胀系数；T_0 为初始温度；T_f 为最终温度；l 为物体长度。

　　不同材料的热膨胀系数一般不同，当两种具有不同热膨胀系数的物体黏结在

一起时，如果环境温度改变，则两种物体的伸长率产生差异，进而导致两物体间产生相互作用力，即热应力。微机械陀螺封装时，芯片通过黏结剂固定于封装管壳内部。由于芯片和封装材料的热膨胀系数有差别，当温度变化时，芯片与封装材料之间产生热应力，这种热应力通常被称为封装应力。

6.4.2　封装应力对微机械陀螺的影响

封装应力对陀螺的弹性梁有轴向作用力。弹性梁在受到轴向作用力时，谐振频率将发生偏移[18,19]。规定拉力为正，压力为负。由欧拉-伯努利梁理论可以推导出单跨梁的谐振频率 f 与轴向作用力 N_0 的关系为[20]

$$f = f_0 \sqrt{1 + \alpha \frac{N_0 L^2}{EI}} \tag{6-6}$$

式中，$f_0 = \beta^2 \sqrt{EI/\rho A}/(2\pi L^2)$ 为弹性梁的固有频率，ρ 为密度，A 为横截面积；L 为单跨梁的长度；E 为材料的杨氏模量；I 为惯性矩；α 和 β 为与单跨梁约束方式有关的系数，其数值见表 6-1。

表 6-1　单跨梁在不同约束方式下的 α 和 β 系数

约束方式	α	β
固定-自由	0.376	1.875
滑移-铰链	0.405	1.572
铰链-铰链	0.101	3.142
滑移-滑移	0.101	3.142
固定-固定	0.0246	4.730

由式(6-6)可知，当单跨梁受轴向拉力时，谐振频率升高，即刚度硬化；受轴向压力时，谐振频率降低，即刚度软化。为了更直接地说明弹性梁弯曲刚度与所受轴向作用力之间的关系，以长(x 轴方向)、宽(y 轴方向)和高(z 轴方向)分别为 400μm、20μm 和 50μm 的一端固定，另外一端只沿弹性梁切向滑动的弹性梁为例，采用有限元方法计算出弹性梁弯曲刚度与所受轴向应力关系，如图 6-14 所示。当弹性梁轴向不存在应力时，其弯曲刚度为 1056N/m；当弹性梁轴向存在 1GPa 的压应力时，其弯曲刚度减小为 1007N/m；当弹性梁轴向存在 1GPa 的拉应力时，其弯曲刚度增大为 1202N/m。由此可知，弹性梁若受到轴向压应力则弯曲刚度减小，若受到轴向拉应力则弯曲刚度增大。

封装材料的热膨胀系数通常比硅材料的高，因此温度升高时封装应力对陀螺整体的作用为拉应力，温度降低时封装应力对陀螺整体的作用为压应力。由于所

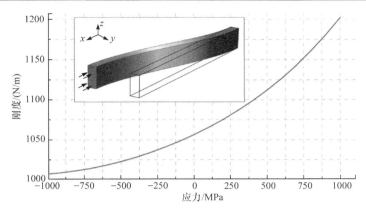

图 6-14　轴向应力对弹性梁弯曲刚度的影响

设计陀螺的弹性梁为组合梁且弹性支撑系统和整体结构复杂，不同位置的弹性梁所受轴向作用力不同，不同弹性梁对陀螺频率的影响也不同，因此分析单根弹性梁在轴向作用力下的刚度硬化或软化意义不大。由于陀螺的封装应力与温度有关系，因此可以通过分析陀螺谐振频率与温度变化的关系来间接分析陀螺封装应力对陀螺谐振频率的影响。基于此，本小节以陀螺整体结构为研究对象，借助多物理场耦合仿真软件 COMSOL Multiphysics，分析了温度变化对所设计两种陀螺谐振频率的影响。

以陀螺封装的初始温度为参考温度，此时陀螺处于无应力状态。图 6-15 为温度变化引起的全对称式微机械陀螺的频率变化曲线。在参考温度处，该陀螺在驱动方向的谐振频率为 3942Hz。当温度变化时，封装应力产生且引起陀螺驱动频率变化。由图 6-15 可知，无论温度上升还是下降，封装应力总使陀螺驱动频率增加。其中，当温度相对参考温度上升 120℃时，陀螺驱动频率升高至 4037Hz；当温度相对参考温度下降 120℃时，陀螺驱动频率升高至 4118Hz，频率变化显著。由于

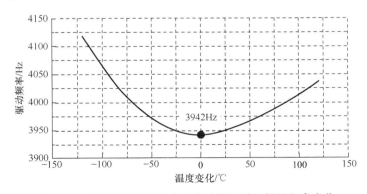

图 6-15　温度变化引起的全对称式微机械陀螺的频率变化

全对称式陀螺的对称性，温度变化对两模态影响完全相同，因此理论上来说，温度变化对陀螺频差的影响很小。然而，在芯片实际黏结过程中，点胶工艺和贴片工艺可能导致芯片应力分布不均匀，使陀螺的驱动模态和敏感模态的封装应力有差别，进而导致陀螺带宽(频差)产生变化。

图 6-16 为温度变化引起的音叉式微机械陀螺的频率偏移曲线。在参考温度处，该陀螺在驱动方向的谐振频率为 9915Hz，且当温度相对参考温度上升时驱动频率降低，当温度下降时驱动频率升高。其中，当温度相对参考温度上升 120℃时，陀螺驱动频率下降至 8672Hz；当温度相对参考温度下降 120℃时，陀螺驱动频率升高至 10200Hz，频率变化十分显著。在参考温度处，该陀螺在敏感方向的谐振频率为 9964Hz，且无论温度上升还是下降，封装应力总使陀螺敏感频率增加。其中，当温度相对参考温度上升 120℃时，陀螺敏感频率升高至 10200Hz；当温度相对参考温度下降 120℃时，陀螺敏感频率升高至 11125Hz，频率变化更加显著。陀螺两模态的频率变化将导致陀螺机械带宽发生变化，且无论温度上升还是下降，陀螺机械带宽总是增大。其中，当温度相对参考温度上升 120℃时，陀螺机械带宽由 49Hz 升高为 1527Hz；当温度相对参考温度下降 120℃时，陀螺机械带宽变为 924Hz。

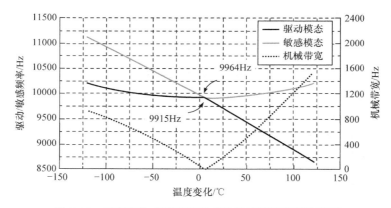

图 6-16 温度变化引起的音叉式微机械陀螺的频率偏移

由于品质因数较高，陀螺的机械灵敏度对其频差的变化极为敏感。图 6-17 为陀螺机械带宽与机械灵敏度的关系，其中，当全对称式陀螺机械带宽为设计值 25Hz 时，陀螺机械灵敏度为 4.73×10^{-10} m/((°)·s^{-1})；当音叉式陀螺机械带宽为设计值 250Hz 时，陀螺机械灵敏度为 2.6×10^{-11} m/((°)·s^{-1})。

封装应力除了引起微机械陀螺谐振频率的漂移，还将导致陀螺结构变形、扭转或芯片翘曲，使陀螺的正交误差增大和线性度降低。如图 6-18 所示，如果封装应力过大，将引起梳齿等结构的相互接触，使陀螺结构失效[20]。

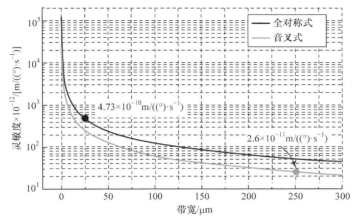

图 6-17　陀螺机械带宽与机械灵敏度的关系

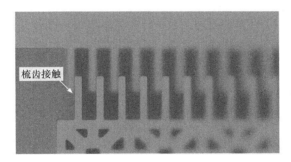

图 6-18　封装应力引起的陀螺梳齿接触

6.5　本 章 小 结

本章以全对称式和音叉式两种典型的微机械陀螺为例，讨论了根切、黏附、划片破损和封装应力等制造问题对陀螺的影响。结果表明：根切可以使两种陀螺的谐振频率漂移接近 5%、灵敏度降低接近 20%、机械热噪声增大约 2%；黏附和划片破损极易造成陀螺结构失效；封装应力使陀螺产生频率漂移，大幅降低陀螺的灵敏度，应力过大时甚至引起结构接触，造成陀螺结构失效。

参 考 文 献

[1] 郝永存. SOI 基微机械陀螺制造关键技术研究[D]. 西安: 西北工业大学, 2017.

[2] YA"AKOBOVITZ A, KRYLOV S. The influence of perforation on electrostatic and damping forces in thick SOI MEMS structures[J]. Micromechanics and Microengineering, 2012, 22(11): 115006-1-115006-10.

[3] MILLER D C, BOYCE B L, DUGGER M T, et al. Characteristics of a commercially available silicon-on-insulator MEMS material[J]. Sensors and Actuators A: Physical, 2007, 138(1): 130-144.

[4] GAITHER M S, GATES R S, KIRKPATRICK R, et al. Etching process effects on surface structure, fracture strength, and reliability of single-crystal silicon theta-like specimens[J]. Journal of Microelectromechanical Systems, 2013, 22(3): 589-602.

[5] YI T, LI L, KIM C J. Microscale material testing of single crystalline silicon: Process effects on surface morphology and tensile strength[J]. Sensors and Actuators A: Physical, 2000, 83(1-3): 172-178.

[6] PORTER D A, BERFIELD T A. Die separation and rupture strength for deep reactive ion etched silicon wafers[J]. Micromechanics and Microengineering, 2013, 23(8): 085020-1-085020-8.

[7] PETERSEN K E. Silicon as a mechanical material[J]. Proceedings of the IEEE, 1982, 70(5): 420-457.

[8] KAHN H, BALLARINI R, HEUER A H. Dynamic fatigue of silicon[J]. Current Opinion in Solid State and Materials Science, 2004, 8(1): 71-76.

[9] BAGDAHN J, SHARPE W N. Fatigue of polycrystalline silicon under long-term cyclic loading[J]. Sensors and Actuators A: Physical, 2003, 103(1-2): 9-15.

[10] LIU D, MARTIN J, BURNHUM N A. Which fractal parameter contributes most to adhesion[J]. Journal of Adhesion Science and Technology, 2010, 24(15-16): 2383-2396.

[11] RAMESHAM R, GHAFFARIAN R. Challenges in interconnection and packaging of microelectromechanical systems (MEMS)[C]. Electronic Components & Technology Conference, Las Vegas, USA, 2000: 666-675.

[12] 马志波. MEMS 微变形镜测试及工艺防粘附技术研究[D]. 西安: 西北工业大学, 2007: 12-13.

[13] HUANG Y, VASAN A, DORAISWAMI R, et al.MEMS reliability review[J]. IEEE Transactions on Device and Materials Reliability, 2012, 12(2): 482-493.

[14] ARDITO R, CORIGLIANO A, FRANGI A. Modelling of spontaneous adhesion phenomena in micro-electro-mechanical systems[J]. European Journal of Mechanics/A Solids, 2013, 39: 144-152.

[15] 王宏智. 微水导激光划片工艺原理及应用[J]. 电子工业专用设备, 2008(03): 27-31.

[16] 韩微微, 张孝其. 半导体封装领域的晶圆激光划片概述[J]. 电子工业专用设备, 2010(12): 39-43.

[17] 谢明媚, 裘安萍, 王寿荣. 加工应力对双线振动式陀螺仪谐振频率的影响[J]. 微纳电子技术, 2003, 40(7): 314-316.

[18] 裘安萍, 庄瑞芬, 施芹. 硅微谐振式加速度计结构设计与仿真[J]. 中国惯性技术学报, 2009, 17(1): 93-97.

[19] COMI C, CORIGLIANO A, LANGFELDER G, et al. A resonant microaccelerometer with high sensitivity operating in an oscillating circuit[J]. Journal of Microelectromechanical Systems, 2010, 19(5): 1140-1152.

[20] HAO Y, YUAN W, XIE J, et al. Design and verification of a structure for isolating packaging stress in SOI MEMS devices[J]. IEEE Sensors Journal, 2017, 17(5): 1246-1254.

第 7 章　基于 SOI 硅片的刻蚀工艺与免划片技术

绝缘体上硅(silicon-on-insulator，SOI)技术是一种随着硅材料与硅集成电路技术发展起来的新型技术，其结构通常是以两层硅及一层绝缘层形成的三明治结构，其中绝缘层为中间层，也称为埋层，传统的 SOI 埋层一般为 SiO_2。SOI 技术具有独特优势，是能突破硅材料与硅集成电路限制的新技术，被国际上公认为是"21 世纪的微电子技术"[1]。随着 SOI 技术的不断发展，特别是 SOI 制备技术的发展，SOI 技术逐渐被用于 MEMS 的制作过程，形成了一种新型的 MEMS 制作工艺。

微机械加工工艺多样，其中基于 SOI 硅片的加工技术具有应力小、成本低和工艺简单等显著优势，已成为制作 MEMS 传感器的理想材料。根切、黏附和划片破损等是 SOI 硅片在加工过程中的常见加工误差，将引起传感器的性能退化甚至结构失效，严重影响陀螺的性能和成品率。针对以上问题，本章提出一种基于 SOI 双面刻蚀的免划片技术，以减小硅微机械陀螺的加工误差，实现微机械陀螺的高质量加工。

7.1　基于 SOI 硅片的干法刻蚀工艺

7.1.1　高深宽比 DRIE 工艺

在 MEMS 加工过程中，刻蚀是将掩膜上的图形转移到衬底上的过程。对于硅材料的刻蚀，包括湿法刻蚀和干法刻蚀，其中干法刻蚀是一种新的刻蚀技术，由于其刻蚀速度快、特征尺寸小等优点被广泛用于 MEMS 的加工中。常用的干法刻蚀包括反应离子刻蚀(reactive ion etching，RIE)和电感耦合等离子体(inductively coupled plasma，ICP)刻蚀，后者也称为深反应离子刻蚀(deep RIE，DRIE)[2,3]。

RIE 工艺是在特定压强下(通常为几十毫托)将刻蚀气体置于高频电场，通过辉光放电使其产生分子自由基(包括原子、分子或原子团等)，以此对被加工材料进行离子轰击和发生化学反应生成挥发性气体的过程。目前，RIE 广泛地用于微电子加工、集成光学加工及 MEMS 加工。RIE 是一种复杂的混合反应过程，包含物理反应及化学反应，因而其刻蚀过程具有一定的各向异性，能够加工具有一定深宽比(< 3 : 1)的器件。随着 MEMS 器件的发展，特别是惯性 MEMS 器件，高深宽比(> 20 : 1)成为提高器件精度的关键措施，此时，DRIE 应运而生。DRIE 是一种针对 MEMS 器件需求开发的具有高各向异性的刻蚀工艺，目前商用的 DRIE 设备深宽比通常能够达到 25∶1，侧壁陡直度接近 90°。目前，最常用的 DRIE 工艺之一是德国 Bosch 公司开发的 Bosch 工艺[4]。在 Bosch 工艺中，加工过程分为刻蚀和钝化(侧壁保护)两个循环的过程，如图 7-1 所示。

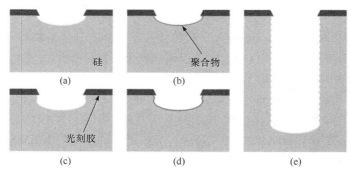

图 7-1　Bosch 工艺原理图

在图 7-1 显示的 Bosch 工艺原理图中，首先是刻蚀过程，与 RIE 类似，刻蚀过程具有明显的各向异性，如图 7-1(a)所示，通常采用的刻蚀气体为 SF_6 及 O_2；其次是钝化过程，该过程在刻蚀后的表面沉积一层聚合物，如图 7-1(b)所示，通常采用的钝化气体为 C_4F_8；再次为刻蚀过程，由于钝化层的保护及反应中的电场作用，槽底部的刻蚀速率明显大于侧壁的刻蚀速率，如图 7-1(c)所示；接下来又是钝化过程，如图 7-1(d)所示；以此类推，最后得到如图 7-1(e)所示的刻蚀结果。图 7-2 为 Bosch 工艺实际加工结果。可以看出，该工艺具有良好的各向异性，能够实现较大的深宽比，侧壁陡直度良好，非常适合于 MEMS 器件的加工。

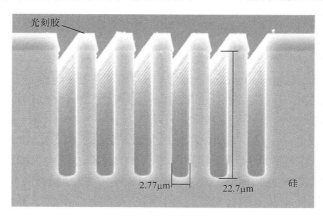

图 7-2　Bosch 工艺实际加工结果

在 Bosch 工艺中，为得到一个好的刻蚀结果必须考虑多方面的因素，通常情况下刻蚀结果与工艺过程中的气体流量、反应压力、刻蚀与钝化时间、功率及设备控制等因素有关。本小节用到的 STS Multiplex ICP ASE 设备原理如图 7-3 所示[5]。

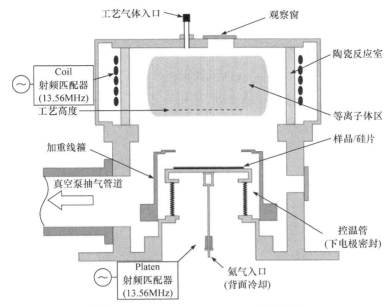

工艺气体入口　　　　　观察窗

Coil
射频匹配器
(13.56MHz)

陶瓷反应室

工艺高度

等离子体区

加重线箍

样品/硅片

真空泵抽气管道

控温管
(下电极密封)

Platen
射频匹配器
(13.56MHz)

氦气入口
(背面冷却)

图 7-3　STS Multiplex ICP ASE 设备原理

如图 7-3 所示，ICP 的核心部件是两个射频匹配器 Coil 和 Platen，Coil 射频匹配器用于将反应气体转化为分子自由基，Platen 射频匹配器用于产生偏压功率，使得自由基中的部分离子具有方向性。工艺开始后，硅片首先被升起到陶瓷反应室中的工艺高度，刻蚀过程中通入的反应气体为 SF_6 及 O_2，式(7-1)及式(7-2)描述了在刻蚀过程中由于离子轰击的作用产生离子及自由基的过程[5]：

$$SF_6 + e^- \longrightarrow S_xF_y^+ + S_xF_y^\cdot + F^\cdot + e^- \tag{7-1}$$

$$O_2 + e^- \longrightarrow O^+ + O^\cdot + e^- \tag{7-2}$$

式中，O_2 的主要作用是与硅表面发生化学反应生成一层氧化膜，用以保护侧壁。反应方程为

$$O^\cdot + Si(s) \longrightarrow SiO_n(sf) \tag{7-3}$$

式中，(s)为表面；(sf)为表面薄膜。

这样，在刻蚀过程时，F 自由基必须先与刻蚀表面的氧化膜反应后才能与 Si 反应，如式(7-4)所示，这样起到了一定的侧壁保护作用。

$$SiO_n(sf) + F^{\cdot} \longrightarrow SiO_n(sf) - nF \longrightarrow 离子能量 \longrightarrow SiF_x(ads) + SiO_xF_y(ads)$$

$$(7-4)$$

式中，(ads)表示表面吸附。进而，$F^{\cdot}$ 与 Si 反应，并最终以气态形式(g)被抽出反应室，完成刻蚀过程。反应过程如式(7-5)描述。

$$Si + F^{\cdot} \longrightarrow Si - nF \longrightarrow 离子能量 \longrightarrow SiF_x(ads) \longrightarrow SiF_x(g) \qquad (7-5)$$

钝化的过程相对简单，主要是将 C_4F_8 气体通过射频匹配器电离成聚合物 (C_xF_y) 并沉积在结构表面的过程。根据吸收的能量不同，其电离过程得到的产物也不同，如式(7-6)所示。

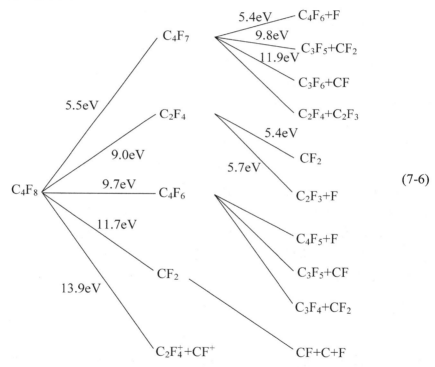

$$(7-6)$$

钝化过程结束后在后续的刻蚀过程中聚合物(C_xF_y)与 F 自由基反应生成气态的 CF_n 并被真空系统抽出，如此刻蚀过程与钝化过程交替，即得到如图 7-4 所示的刻蚀结果。

在 ICP 工艺过程中需要设置多种工艺参数，如线圈功率、下极板偏压功率、气体流量、刻蚀/钝化时间比、反应压力、刻蚀面积等。每种参数的变化都可能对刻蚀结果造成不同的影响，如刻蚀速率、刻蚀过程中的 Lag 效应、刻蚀结果的形貌、侧壁平整度、刻蚀均匀性及对掩膜的选择性等。

本小节分别对气体流量、线圈功率、下极板偏压功率、压力控制阀开合角度(自动控制压力)进行了研究并设计了相关实验，结果如图 7-4 所示。

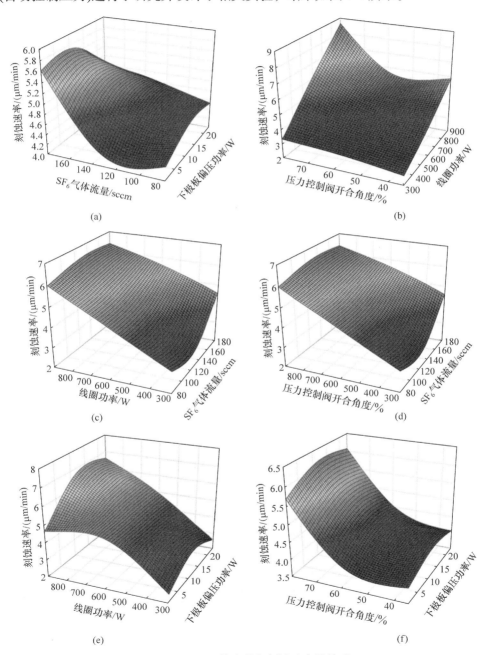

(a)

(b)

(c)

(d)

(e)

(f)

图 7-4　ICP 工艺参数与刻蚀速率的关系

另外，本小节也对 ICP 中其他工艺参数进行了深入分析，并分析总结实验结果，得到了各种工艺参数变化时刻蚀结果的变化趋势，如表 7-1 所示，该表中的信息对于优化 DRIE 工艺参数具有重要的指导意义。

表 7-1　ICP 中工艺参数变化对刻蚀结果的影响趋势

工艺参数变化(↑)	刻蚀速率	Lag 效应	形貌	侧壁平整度	均匀性	选择性
线圈功率	↑	↔	↔	↔	↔	↔
下极板偏压功率	↑	↑	↓	↑	↔	↑
SF_6 流量	↑	↑	↓	↓	↑	↑
C_4F_8 流量	↓	↓	↑	↑	↔	↔
反应压力	↑	↑	↓	↓	↑	↑
刻蚀/钝化时间比	↑	↑	↓	↓	↑	↑
循环时间	↑	↔	↓	↓	↑	↑
刻蚀面积	↓	↔	↑	↔	↓	↓

注：表中↑表示增加；↓表示减小；↔表示不变。

7.1.2　Lag 效应研究

Lag 效应是 DRIE 中的一种典型现象，表示刻蚀速率随着刻蚀深宽比的增加而明显下降，如图 7-5 所示，当刻蚀时间相同，窄槽的刻蚀深度小于宽槽的刻蚀深度。根据前文的分析可知，DRIE 是通过离子及自由基与硅发生化学反应与物理轰击的混合过程，大深宽比的槽结构增加了离子及自由基进入槽底部的难度，引起 Lag 效应[6,7]。

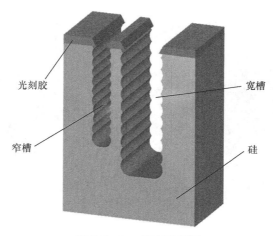

图 7-5　Lag 效应示意图

根据 Lag 效应的表现形式可知，对 MEMS 器件进行刻蚀时，很难保证所有区域刻蚀速率完全相等。例如，本章设计的微机械陀螺结构，梳齿之间的间隙为 3～5μm，而折叠梁之间的间隙约为 20μm，这样就会产生明显的 Lag 效应，即当折叠梁结构刻蚀深度达到要求值时梳齿结构还没有刻蚀完成，而当梳齿结构刻蚀完成时折叠梁结构会出现过刻蚀，在 SOI 硅片的刻蚀中，过刻蚀容易引发 Footing 现象的产生。

根据前文的实验分析可知，为减小 Lag 效应的影响，可以通过减小下极板偏压功率、减小 SF_6 流量、增大 C_4F_8 流量、减小反应压力、减小刻蚀/钝化时间比等方法实现。为此本小节设计了一组工艺实验来优化工艺参数，减小 Lag 效应的影响。

DRIE 中的常规工艺参数如表 7-2 所示，本实验以反应压力、下极板偏压功率及钝化时间为可变参数，保持其他参数不变。其中 APC 为蝶阀(真空泵与反应室之间的阀门)的开合角度，100%时表示关闭。

表 7-2　DRIE 中的常规工艺参数

工艺参数	刻蚀过程	钝化过程
SF_6 流量	130sccm	0sccm
C_4F_8 流量	0sccm	85sccm
O_2 流量	13sccm	0sccm
Coil 功率	600W	600W
Platen 功率	12W	0W
钝化时间	8s	5s
反应压力	35mT(APC 81.8%)	

本小节设计了三组工艺实验：第一组，改变反应压力，压力值选取 15mT、25mT、35mT、45mT；第二组，改变下极板偏压功率，功率值选取 12W、14W、16W、17W；第三组，改变钝化时间，分别选取 5s、7s、9s、10s。其中，每组实验的前三个参数为正交实验的水平，第四个参数为补充实验的水平。最终，设计的实验数据如表 7-3 所示。其中编号为 1～9 的实验为正交实验部分，编号为 10～16 的实验为补充实验部分。

表 7-3　本小节设计的实验数据

实验编号	压力/mT	功率/W	钝化时间/s	实验编号	压力/mT	功率/W	钝化时间/s
1	35	14	7	5	45	16	5
2	45	14	9	6	25	16	7
3	25	14	5	7	35	12	5
4	35	16	9	8	45	12	7

实验编号	压力/mT	功率/W	钝化时间/s	实验编号	压力/mT	功率/W	钝化时间/s
9	25	12	9	13	45	14	5
10	35	14	5	14	15	14	5
11	35	14	9	15	35	16	5
12	35	14	10	16	35	17	5

根据表 7-3 所示的参数，本小节进行了全部实验，最终得到的实验实际加工结果如表 7-4 所示。本小节选取 2.5μm 及 40μm 的槽作为研究对象，表中的差值表示 40μm 槽刻蚀深度与 2.5μm 槽刻蚀深度的差值，相对差值为差值与 40μm 槽刻蚀深度的比值。

表 7-4　本小节设计的实验实际加工结果

实验编号	2.5μm 槽刻蚀深度/μm	40μm 槽刻蚀深度/μm	差值/μm	相对差值/%	实验编号	2.5μm 槽刻蚀深度/μm	40μm 槽刻蚀深度/μm	差值/μm	相对差值/%
1	30	36	6	16.67	9	22	23	1	4.35
2	32	33	1	3.03	10	32	41	9	27.95
3	28	38	10	26.32	11	25	21	−4	−19.05
4	28	29	1	3.45	12	25	20	−5	−25
5	27	52	25	48.08	13	30	47	17	36.17
6	27	34	7	20.59	14	20	27	7	25.93
7	32	38	6	15.79	15	32	47	15	31.91
8	30	35	5	14.29	16	33	50	17	34

通过分析实验结果发现，仅考虑单个工艺参数的影响时，钝化时间对 Lag 效应的影响最为明显。根据编号为 1、10、11、12 的实验结果，钝化时间对 Lag 效应的影响曲线如图 7-6 所示。可见反应压力为 35mT、下极板偏压功率为 14W 时，钝化时间从 5s 增加到 10s 时，Lag 效应从 +27.95% 降到 −30%，即出现窄槽刻蚀深度大于宽槽刻蚀深度的现象，这种现象在 RIE 中比较常见，称为微负载效应 (microloading effect)。

图 7-6 中，当钝化时间为 7.88s 时，Lag 效应接近为 0，即 2.5μm 和 40μm 的槽刻蚀深度完全相同，此时为较为理想的刻蚀结果。

根据编号为 3、10、13、14 的实验结果，反应压力对 Lag 效应的影响曲线如图 7-7 所示。下极板偏压功率为 14W、钝化时间为 5s 时，反应压力越大，则 Lag 效应越明显，其中当反应压力大于 35mT 时，Lag 效应急剧变化。根据表 7-1 中的结果，反应压力增大能够有效提高刻蚀速率，因此本小节在实际工艺参数选取时，反应压力不应过低，通常选取 20~35mT。

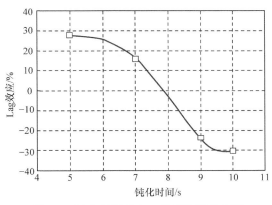

图 7-6　钝化时间对 Lag 效应的影响曲线

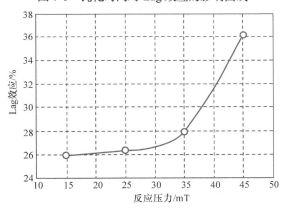

图 7-7　反应压力对 Lag 效应的影响曲线

根据编号为 7、10、15、16 的实验结果，下极板偏压功率对 Lag 效应的影响曲线如图 7-8 所示。可见反应压力为 35mT、钝化时间为 5s 时，下极板偏压功率越大则 Lag 效应越明显，但在下极板偏压功率大于 14W 以后，Lag 效应变化趋势趋于缓和。同样，根据表 7-1 中的结果，下极板偏压功率增大能够有效提高刻蚀速率。因此，在实际工艺中下极板偏压功率通常选取 12～14W。

最终，考虑到各种工艺参数的影响，本小节得到了一组消除 Lag 效应的 DRIE 工艺参数，如表 7-5 所示。

表 7-5　消除 Lag 效应的 DRIE 工艺参数

工艺参数	刻蚀过程		钝化过程	
SF_6 流量	130	sccm	0	sccm
C_4F_8 流量	0	sccm	85	sccm
O_2 流量	13	sccm	0	sccm

续表

工艺参数	刻蚀过程		钝化过程	
Coil 功率	600	W	600	W
Platen 功率	12	W	0	W
钝化时间	8	s	10	s
反应压力	22mT			

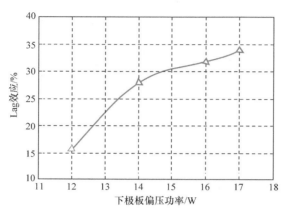

图 7-8　下极板偏压功率对 Lag 效应的影响曲线

图 7-9 为 Lag 效应工艺优化前后的刻蚀结果扫描电子显微镜(scanning electron microscope，SEM)照片，图 7-9(a)为原始工艺刻蚀结果，5μm、15μm 的槽刻蚀深度分别为 20.43μm、23.64μm，Lag 效应为 13.6%。图 7-9(b)为优化后的工艺刻蚀结果，5μm、15μm 的槽刻蚀深度基本一致，且槽底部较之前更为平坦。

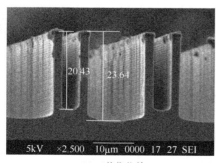
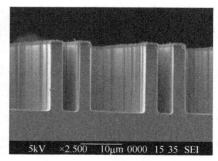

(a) 工艺优化前　　　　　　　　　　　(b) 工艺优化后

图 7-9　Lag 效应工艺优化前后的刻蚀结果扫描电子显微镜照片

由此可见，本小节优化的 DRIE 工艺参数有效地消除了 Lag 效应的影响，最终的工艺适用于加工厚度在 10~40μm、线宽在 2~100μm 的结构，刻蚀速率为

$(1.04\pm0.01)\mu m/min$，片内均匀性小于 5%，侧壁陡直度为 $90°\pm0.2°$，光刻胶选择性大于 50：1，侧壁波纹高度小于 200nm[8]。

7.1.3　Footing 效应研究

Footing 效应(也称 Notching 效应)是在 SOI 硅片加工过程中一种特有的现象[9,10]。其表现为刻蚀到达二氧化硅时将在槽底部出现横向刻蚀，如图 7-10 所示。

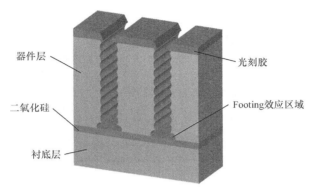

器件层　　　　　　　　　　　　　光刻胶

二氧化硅　　　　　　　　　　　Footing效应区域

衬底层

图 7-10　Footing 效应示意图

Footing 现象的出现是 DRIE 中的反应离子不与二氧化硅反应且二氧化硅本身不导电所造成的。当 SOI 硅片深刻蚀时，在器件层刻穿后，刻蚀到达埋层二氧化硅，反应离子不会与二氧化硅反应，而且二氧化硅本身不导电，故反应离子将在裸露的二氧化硅表面堆积，这个过程称作充电效应(charging effect)[11,12]。裸露的二氧化硅表面达到电平衡后，离子运动停止，反应离子向槽底部两侧偏转，对槽底部造成横向刻蚀，即 Footing 效应，Footing 效应原理图如图 7-11 所示。通常情况下 Footing 现象被认为是一种会对结构造成破坏的不利现象，在 DRIE 中应尽量避免 Footing 现象的发生。在常规的 DRIE 中，由于不同线宽的槽刻蚀速率不同，其刻蚀到达二氧化硅层的时间也不同，先到达二氧化硅层的槽容易出现 Footing 现象。

利用 7.1.2 小节提出的消除 Lag 效应的 DRIE 工艺即可有效避免 Footing 现象的出现，由于该工艺中不同线宽的槽刻蚀速率基本相同，则只需精确控制刻蚀时间即可避免 Footing 现象的出现。

另外，Footing 效应还有一个明显的特征：窄槽容易出现 Footing 现象，而宽槽不容易甚至不会出现 Footing 现象。对于宽槽而言，充电效应会在槽的底部积累一定数量的反应离子，而由于槽宽比较大，自由运动的电子很容易进入槽的内部中和槽底部的反应离子，使得充电效应不能达到饱和状态，导致后续的反应离子将会继续对槽底部充电，整个过程达到一种平衡状态。对于窄槽而言，自由电子不容易进入槽底，使窄槽底部持续充电到饱和，后续的反应离子进入槽内部时向侧壁发生偏转，形成 Footing 现象。

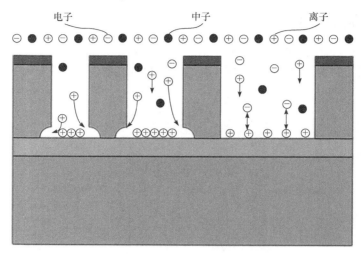

图 7-11　Footing 效应原理图

　　因此，对于相同参数的 SOI 硅片，是否产生 Footing 现象与刻蚀槽的宽度有必然联系，且存在一个临界宽度，在这一临界宽度的槽中，充电效应与自由电子中和维持一种平衡状态。当刻蚀槽的宽度小于临界宽度时即会发生 Footing 现象，而当刻蚀槽的宽度大于临界宽度时不会发生 Footing 现象。

　　为确定这一临界宽度，本小节对实验室采用的 30μm 厚器件层的 SOI 硅片进行了实验验证，实验结果 SEM 照片如图 7-12 所示。

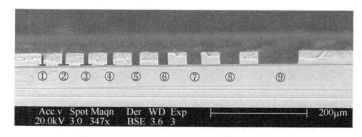

图 7-12　Footing 效应实验结果 SEM 照片

　　根据 SEM 照片发现，对于 30μm 厚器件层的 SOI 硅片，当槽宽大于 14μm 时(⑤号～⑨号槽)不会发生 Footing 现象，而当槽宽小于等于 14μm 时(①号～④号槽)会发生 Footing 现象。新加坡南洋理工大学的 Liu 等在对 50μm 厚器件层的 SOI 硅片研究结果中指出，当刻蚀槽的深宽比(槽的深度与槽的宽度的比值)大于 2 时会发生 Footing 现象，这与本小节的实验结果一致，因此，本小节同样定义发生

Footing 现象的临界深宽比为 2，这一结论将在后续的干法释放工艺中得到应用。

7.2　刻　蚀　技　术

7.2.1　双面刻蚀技术

　　单面刻蚀工艺只需要对 SOI 硅片的结构层进行一步硅刻蚀，即可完成传感器的加工，但这种工艺在刻蚀过程中会造成根切，在后续的释放过程中也存在传感器结构黏附的风险。本小节的双面刻蚀工艺需要对 SOI 硅片的基底层和结构层依次进行刻蚀，以完成芯片加工，其工艺示意图如图 7-13 所示：首先，将 SOI 硅片的基底层图形化，形成腔室(图 7-13(a))；其次，去除腔室底部裸露的二氧化硅(图 7-13(b))；最后，对 SOI 硅片的结构层进行刻蚀，形成传感器悬浮结构(图 7-13(c))。

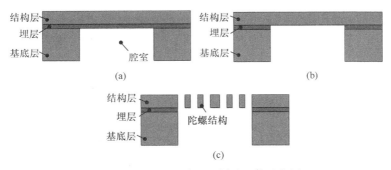

图 7-13　SOI 硅片双面刻蚀工艺示意图

　　由于 SOI 硅片腔室底部的二氧化硅在结构层图形化前被去除，因此，结构层的悬浮结构在刻蚀过程中不存在电荷积累，悬浮结构底部不产生横向刻蚀，即无根切现象。另外，基底层的腔室使传感器处于悬空状态，极大减小了悬浮结构与基底层的相对面积，有效避免了结构黏附。

7.2.2　无压差支撑片设计

　　本小节采用 STS Multiplex ICP ASE 设备进行硅刻蚀工艺，其硅片固定装置的示意图如图 7-14 所示。刻蚀进行时，SOI 硅片放置于样品台上，硅片正面与反应腔室内的等离子体进行反应，背面通入氦气用于 SOI 硅片冷却。由于经过加工的硅片厚度减小，结构强度降低，DRIE 反应腔室和冷却腔室的气压差及线箍的压力容易造成硅片破裂，使工艺无法正常进行。

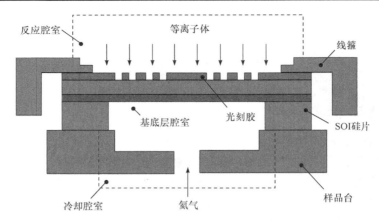

图 7-14　STS Multiplex ICP ASE 硅片固定装置示意图

在双面刻蚀工艺中，在 SOI 硅片背面黏结支撑片是一种常用的方法。该方法可以加强硅片的结构强度，降低硅片破裂和氦气溢出的风险，能够保障刻蚀工艺的顺利进行。若以抛光硅片作为支撑片，在黏结支撑片时会将空气密封在 SOI 硅片基底层的腔室内部，腔室气压为一个大气压。在刻蚀工艺进行时，DRIE 反应腔室的气压一般在 10Pa 以下，因此 SOI 硅片基底层的腔室与 DRIE 反应腔室将产生很大的压力差，导致器件结构破裂，如图 7-15 所示。

图 7-15　DRIE 时压力差造成的陀螺结构破裂

为了解决上述问题，本小节设计了一种具有沟槽结构的无压差支撑片。如图 7-16 所示，SOI 硅片黏结在支撑片上，其基底层的腔室通过支撑片上的沟槽与 ICP 的反应腔室连通，使 SOI 硅片正反两面的气压保持平衡，避免器件结构的破裂。

图 7-17 为支撑片的结构示意图，其上布满相互交错的方形块，方形块之间通过沟槽相互隔离。方形块为支撑片与 SOI 硅片的黏结区域，是两者之间的导热通道。沟槽的作用为将 SOI 基底层腔室与 ICP 的反应腔室连通，保持 SOI 硅片两

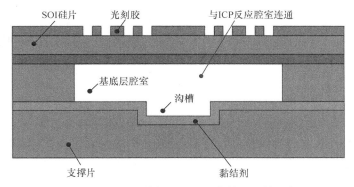

图 7-16　具有沟槽结构的无压差支撑片黏结示意图

面的气压平衡。为保证芯片的成品率和工艺可靠性，支撑片结构设计时应满足如
下规则。

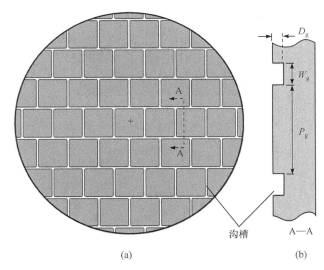

图 7-17　支撑片的结构示意图

(1) 支撑片应具有足够的强度来支撑 SOI 硅片。理论上来说，越厚的支撑片
强度越大，考虑到 DRIE 设备的固定装置的限制，本小节选用厚度为 500μm 的硅
片来制作支撑片。

(2) 沟槽尺寸影响支撑片的强度、导热能力和通气能力。小尺寸的沟槽，在
SOI 硅片和支撑片黏结过程中容易造成黏结剂堵塞沟槽，影响 SOI 基底层腔室与
外部环境的通气能力；大尺寸沟槽避免了沟槽堵塞的问题，但会减小支撑片的黏
结面积和支撑面积，降低了支撑片的导热能力和支撑强度。本书中沟槽深度 D_g 设
计为 20μm，宽度 W_g 设计为 100μm。

（3）沟槽的密度是由 SOI 硅片基底层腔室的密度决定的，支撑片设计时应保证 SOI 基底层腔室能够通过沟槽与外界连通。根据本小节设计的两种陀螺的需要，沟槽间距 P_g 设计为 2mm。

图 7-18 为无压差支撑片制作工艺，包括三个工艺步骤：首先，取厚度为 500μm 的双面抛光的硅片，旋涂光刻胶并图形化（图 7-18(a)）；其次，DRIE 硅片，刻蚀深度为 20μm，以在硅片表面形成用于平衡气压的沟槽（图 7-18(b)）；最后，在硅片表面溅射一层 200nm 保护性的金属铝薄膜，防止支撑片在后续使用过程中被刻蚀，延长支撑片的使用寿命（图 7-18(c)）。图 7-19 为制作的无压差支撑片实体。

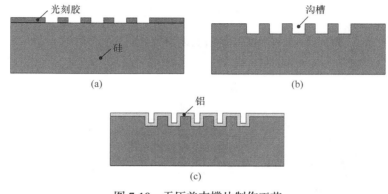

图 7-18　无压差支撑片制作工艺

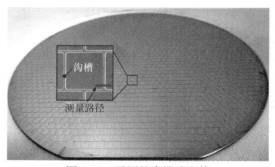

图 7-19　无压差支撑片实体

用于支撑片与 SOI 硅片黏结的黏结剂应满足与 MEMS 工艺兼容、不会对硅片造成污染、容易去除等条件。常见的黏结剂有硅脂、石蜡和光刻胶等。硅脂、石蜡等材料旋涂困难，很难实现支撑片表面结构的共形覆盖，容易造成沟槽堵塞，因此本小节选用易于旋涂的光刻胶作为黏结剂。用于黏结支撑片与 SOI 硅片的光刻胶为 EPI 680，其厚度与转速关系如图 7-20 所示。

图 7-21 为旋涂 EPI 680 光刻胶后的无压差支撑片。旋涂光刻胶时涂胶机的转速为 3500RPM，因此其光刻胶的厚度约为 2.5μm。为了确认光刻胶是否堵塞支撑

片的沟槽及光刻胶在支撑片上的共形覆盖质量，本小节沿如图 7-19 和图 7-21 所示的测量路径，用光学轮廓仪(WYKO NT1100)测量了无压差支撑片在旋涂光刻胶前后的沟槽深度及其周围区域的轮廓形状。如图 7-22 所示，旋涂光刻胶前，支撑

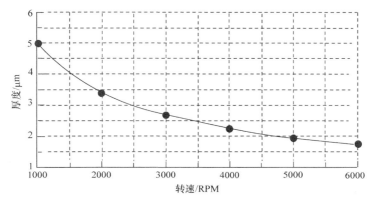

图 7-20　EPI 680 光刻胶厚度与转速关系

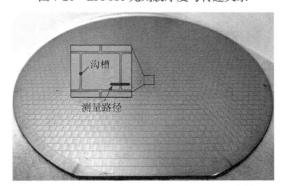

图 7-21　旋涂 EPI 680 光刻胶后的无压差支撑片

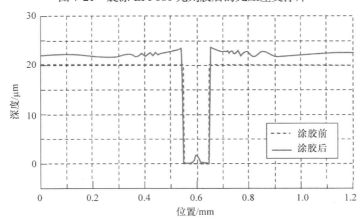

图 7-22　支撑片在旋涂光刻胶前后的沟槽深度对比

片表面及沟槽底面平整，沟槽深度为 20μm；旋涂光刻胶后，沟槽深度变为 23μm 左右，光刻胶在支撑片沟槽边缘及底面出现轻微堆积，未出现沟槽堵塞等情况，即实现了较高质量的共形覆盖，满足支撑片黏结工艺的要求。

　　在黏结工艺中，光刻胶的厚度是一个关键的工艺参数，对 DRIE 工艺的影响有两方面：一方面，DRIE 工艺的图形刻蚀质量与工艺温度关系密切[13]，光刻胶过厚将导致黏结片的热阻增大，使整个黏结片导热性差，影响结构的刻蚀质量；另一方面，当光刻胶过薄时，硅片翘曲等现象将使支撑片与 SOI 硅片的黏结面积小，导致黏结片的热阻增加和黏结强度不足，影响工艺稳定性。经过实验，当光刻胶的旋涂厚度为 2～3μm 时，SOI 硅片与支撑片之间的黏结强度和导热性皆能满足工艺要求。图 7-23 展示了硅片在不同胶厚条件下的刻蚀质量差别。其中，图 7-23(a)中作为黏结剂的光刻胶厚度为 6μm，此时 SOI 硅片导热性差，刻蚀的结构轮廓粗糙，宽度损失严重；图 7-23(b)中的光刻胶厚度为 2.5μm，此时硅片导热性较好，刻蚀的结构轮廓平整，宽度保持较好。

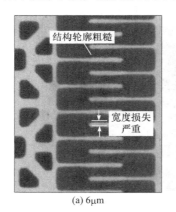
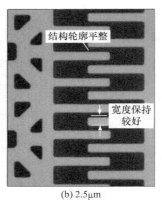

(a) 6μm　　　　　　　　　　　　(b) 2.5μm

图 7-23　硅片在不同胶厚条件下的刻蚀质量差别

7.3　免划片技术

7.3.1　免划片技术的实现原理

　　芯片分离是 MEMS 器件加工中的关键步骤，一般通过机械划片实现，然而机械划片易于产生结构断裂和碎屑污染等问题。为了解决上述问题，本小节根据 SOI 硅片的特点提出了一种免划片技术，即不经过划片工序就可完成芯片分离，其实现原理如图 7-24 所示：首先，在 SOI 硅片基底层进行刻蚀，形成基底层沟槽 (图 7-24(a))，并腐蚀基底层沟槽底部裸露的二氧化硅。其次，对 SOI 硅片的结构层进行刻蚀，形成结构层沟槽。由于基底层沟槽和结构层沟槽位置错开(即形成错位沟槽),两者之间形成一个错位区域,芯片与圆片框架通过错位区域的二氧化硅连接在一起(图 7-24(b))。最后,将错位区域的二氧化硅去除,则芯片与圆片框架失去机械连接,两者实现自动分离(图 7-24(c))。在免划片工艺中,芯片分离是通过干法刻蚀和埋层释放完成的,因此可以避免机械划片过程中的结构断裂和碎屑污染,解决了划片破损的问题。另外,该免划片工艺与双面刻蚀工艺兼容,无需额外的工艺步骤,降低了工艺难度。

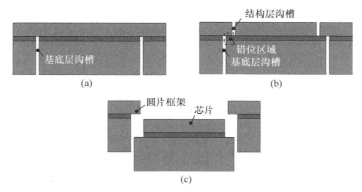

图 7-24 免划片技术的实现原理

7.3.2 免划片技术的版图设计

免划片技术要求绘制双层版图,以形成双面刻蚀工艺所需的两个掩膜版:第一层版图用于形成基底层沟槽等结构;第二层版图用于形成结构层沟槽等结构。以本书设计的音叉式微机械陀螺为例,给出了免划片工艺的版图设计规则。图 7-25 为音叉式微机械陀螺的免划片工艺的版图设计,其中图 7-25(a)为陀螺的结构层结构,包括陀螺结构、圆片框架和结构层沟槽;图 7-25(b)为陀螺的基底层结构,包括腔室、支撑体、圆片框架和基底层沟槽;图 7-25(c)和图 7-25(d)展示了陀螺版图的正反结构位置关系和错位沟槽的相互位置及尺寸关系。由于全对称式微机械陀螺存在内部焊盘和锚点,因此需要在基底层相应的位置设计支撑体来支撑陀螺的焊盘和锚点。错位沟槽设计时应当考虑陀螺的结构尺寸和加工工艺能力,一般需要满足以下设计规则。

(1) 基底层沟槽使陀螺芯片与圆片框架在基底层上实现物理分离。原则上,较小的基底层沟槽宽度有利于提高 SOI 硅片利用率和整体的结构强度,但在 DRIE 时,基底层腔室与基底层沟槽尺寸差别过大,将增强 DRIE 的 Lag 效应,影响 DRIE 的刻蚀速率和刻蚀质量。兼顾上述两个方面,基底层沟槽宽度设计为 50μm。

(2) 结构层沟槽使陀螺芯片与圆片框架在结构层上实现物理分离。与基底层沟槽设计规则类似,结构层沟槽宽度应当兼顾硅片利用率和考虑 DRIE 的 Lag 效

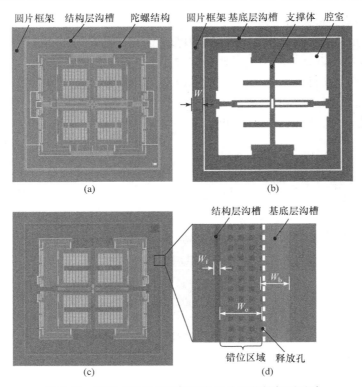

图 7-25　音叉式微机械陀螺的免划片工艺的版图设计

应。由于所设计的陀螺结构间距典型值为 10μm，将结构层沟槽宽度设计为 10μm。

　　(3) 错位区域的宽度和陀螺芯片与圆片框架之间的连接强度及释放难度有直接关系。错位区域太小，芯片与圆片框架之间的连接强度有限。在工艺加工过程中，芯片容易从圆片框架上脱落，无法进行后续加工。错位区域过大，一方面浪费硅片面积，另一方面将加大芯片从圆片框架上脱离的难度。在 DRIE 时，结构侧壁通常存在一定的倾斜角度，这将导致加工后的错位区域宽度与设计值不一致，这一点在错位区域宽度设计时应予以考虑。本小节所使用的 DRIE 设备刻蚀的侧壁倾斜角度一般在 1°左右，即加工后错位区域的宽度最多变化 7μm，基底层沟槽宽度最多变化 14μm，这一点在版图设计时需要做相应的尺寸补偿。兼顾连接强度和工艺难度，本小节将错位区域宽度设计为 80μm。

　　(4) 常用的二氧化硅刻蚀液有质量分数为 49%的氢氟酸溶液(简称氢氟酸溶液或 HF(49%))、水与 HF(49%)的混合溶液及氟化铵与 HF(49%)的混合溶液，其刻蚀速率如表 7-6 所示。其中，HF(49%)的刻蚀速率最高，达到 2.3μm/min。由于错位区域的宽度为 80μm，即使采用刻蚀速率最高的 HF(49%)溶液，错位区域的刻蚀时间将超过 20min，工艺时间过长。另外，长时间浸泡于刻蚀液容易腐蚀陀螺固定锚点底部的二氧化硅，影响锚点的可靠性。为了解决上述问题，在错位区域的结构层上设计一定数量的方形释放孔，以加快错位区域的腐蚀。本章设计的释放孔的边长为 10μm，相邻释放孔间距为 10μm，此时结构释放时需要腐蚀的单边最大距离由 40μm 降低至 7μm。

表 7-6　常用的二氧化硅刻蚀液及其刻蚀速率

溶液名称	混合液种类及比例	刻蚀速率/(nm/min)
HF(49%)	—	2300
10∶1 HF	H_2O∶HF(49%) = 10∶1	23
25∶1 HF	H_2O∶HF(49%) = 25∶1	9.7
5∶1 BHF	NH_4F∶HF(49%) = 5∶1	100
10∶1 BHF	NH_4F∶HF(49%) = 10∶1	50

(5) 在工艺过程中，圆片框架承载陀螺芯片。框架宽度即为相邻两个陀螺芯片之间的间距，框架宽度决定了整个 SOI 硅片在加工过程中的结构强度。过窄的框架宽度使硅片在加工过程中容易碎裂，过宽的框架宽度则造成硅片的浪费。本章的圆片框架宽度取值为 1mm。

7.4　微机械陀螺加工工艺流程

以双面刻蚀技术和免划片技术为基础，本节开发了一个基于 SOI 双面刻蚀的免划片工艺。该工艺通过 SOI 基底层和结构层两步刻蚀即可完成陀螺芯片的加工，可以解决 SOI 基微机械陀螺加工过程中的根切、黏附和划片破损等问题，能够提高微机械陀螺的加工质量和成品率。以音叉式微机械陀螺为例，本节给出详细的加工工艺流程和工艺参数。为叙述方便，本节将加工工艺流程分为两个阶段：第一阶段为 SOI 基底层加工，在该阶段完成陀螺基底层结构和基底层沟槽的加工；第二阶段为 SOI 结构层加工，在该阶段完成陀螺敏感结构和结构层沟槽的加工以及芯片分离过程。

第一阶段微机械陀螺基底层加工工艺流程如图 7-26 所示，其详细步骤如下。

(1) 本节选用的 SOI 硅片的结构层厚度为 60μm，埋层厚度为 4μm，基底层厚度为 400μm(图 7-26(a))。SOI 硅片长期暴露在空气中容易形成原生氧化层，因此需要在后续工艺进行前去除。本节将 SOI 硅片放置在 5∶1 BHF 溶液中浸泡 10s，以去除原生氧化层。氢氟酸具有极强的腐蚀性，在进行下一步工艺前需要用大量

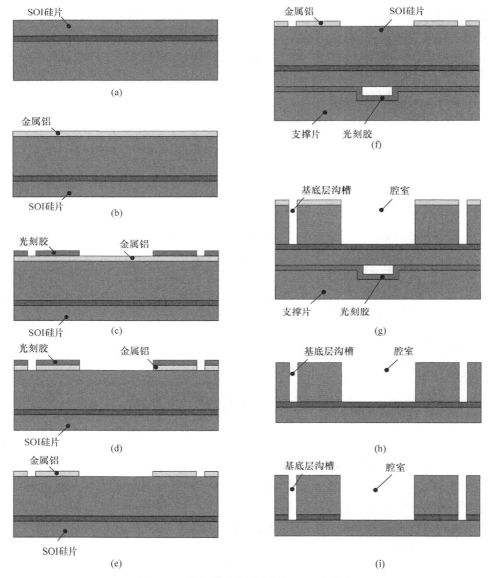

图 7-26　微机械陀螺基底层加工工艺流程

的去离子水对 SOI 硅片进行冲洗，以去除 BHF 溶液的残留物。另外，SOI 硅片表面是否存在原生氧化层可以通过表面的亲疏水状态判别：具有原生氧化层的硅片表面存在一层水膜，呈亲水状态；无原生氧化层的硅片为疏水状态，去离子水在其表面呈液滴状。

(2) 在 SOI 硅片基底层溅射一层金属铝，溅射厚度为 150nm(图 7-26(b))。由于实验室的现有光刻胶无法承受基底层 400μm 的刻蚀深度，本节选取金属铝作为基底层刻蚀的掩膜。

(3) 在溅射的金属铝层上旋涂光刻胶并图形化(图 7-26(c))。本步工艺使用的光刻胶为 EPI 680 光刻胶，该光刻胶为高感光性的 I 线正型光刻胶，其典型的旋涂厚度为 2~5μm，可以实现 2μm 结构的图形化。若未特别说明，本章中的光刻胶均指 EPI 680 光刻胶。

(4) 将 SOI 硅片放入铝刻蚀液中，图形化金属铝(图 7-26(d))。为了保证图形的刻蚀质量，本节采用的铝刻蚀液为磷酸、硝酸、醋酸和水的混合溶液，各溶液的体积比为 80∶5∶5∶10，反应温度为 50℃，刻蚀时间约为 40s。将 SOI 硅片从铝刻蚀液中取出，用大量的去离子水冲洗，去除其表面的刻蚀液残留物。

(5) 将硅片浸入丙酮溶液约 1min，然后依次经过乙醇和去离子水多次漂洗，去除金属铝表面的光刻胶掩膜(图 7-26(e))。图 7-27 为在 SOI 基底层形成的金属铝掩膜，该 SOI 硅片上设计的音叉式陀螺芯片数量为 88 个。

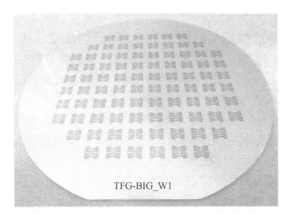

图 7-27　在 SOI 基底层形成的金属铝掩膜

上述第(2)~(5)步工艺(对应图 7-26(b)~(e))的目的是形成一个可以抵抗 400μm 深硅刻蚀的掩膜，如果条件允许可以用厚光刻胶代替金属铝作为刻蚀 SOI 基底层结构的掩膜，以简化工艺步骤。

(6) 在支撑片上旋涂 EPI 680 光刻胶，其厚度可为 2~3μm，接着将 SOI 硅片与支撑片进行黏结(图 7-26(f))。SOI 硅片与支撑片黏结时要注意两点：首先，对两者施加的压力要均匀，以防止 SOI 硅片与支撑片之间出现微小的缝隙，影响整个黏结片的导热能力；其次，要保持两者间的压力并持续一定时间，直至光刻胶干燥，以保证黏结强度。本节以两块直径为 12cm，厚度为 6cm 的圆柱体玻璃作为夹具，将涂胶的 SOI 硅片与支撑片放入两块圆柱体玻璃之间，利用重力使两者紧密接触，然后静置 24h 使光刻胶干燥。

(7) SOI 硅片与支撑片黏结完成后放入 ICP 刻蚀腔室进行刻蚀，刻蚀至 SOI 硅片中间的埋层为止(图 7-26(g))。图 7-28 为基底层沟槽和腔室等结构刻蚀完成后的 SOI 硅片，此时陀螺芯片与圆片框架在基底层上实现物理分离。

图 7-28　基底层刻蚀完成后的 SOI 硅片

(8) SOI 硅片基底层结构刻蚀完成后，首先将黏结片放入丙酮溶液中浸泡 30min 溶解光刻胶，使 SOI 硅片与支撑片分离；其次将分离后的 SOI 硅片放入铝刻蚀液中，并加热至 50℃，去除 SOI 硅片基底层的金属铝；最后用去离子水进行冲洗，去除 SOI 硅片表面残留的铝刻蚀液(图 7-26(h))。

(9) 将 SOI 硅片浸入氢氟酸溶液约 3min，去除基底层沟槽和腔室底部的二氧化硅，至此第一阶段基底层加工完成(图 7-26(i))。本步工艺中，二氧化硅是否去除干净可以通过基底层底部的颜色来判别：若二氧化硅未去除干净，底部呈彩色；若去除干净，则底部为灰色，即硅的颜色。图 7-29 为基底层沟槽和腔室底部的二氧化硅去除后的 SOI 硅片反面结构。

图 7-29　二氧化硅去除后的 SOI 硅片反面结构

第二阶段微机械陀螺结构层的加工工艺流程图如图 7-30 所示，其详细步骤如下。

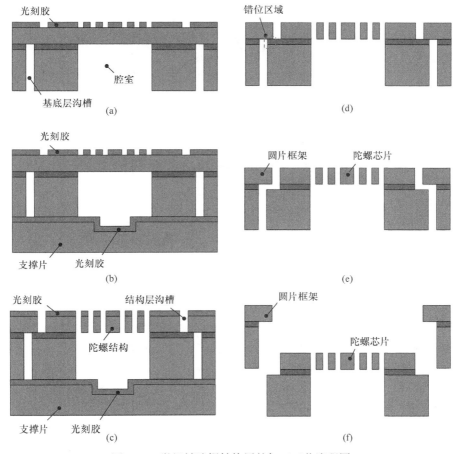

图 7-30　微机械陀螺结构层的加工工艺流程图

(10) 在 SOI 硅片结构层旋涂光刻胶 EPI 680，旋涂厚度为 2.5μm。经过显影，在结构层形成掩膜(图 7-30(a))。

(11) 在支撑片上旋涂光刻胶 EPI 680，使其与 SOI 硅片黏结(图 7-30 (b))。本步骤中光刻胶旋涂厚度约为 2.5μm。光刻胶旋涂完后，将 SOI 硅片与支撑片放入两玻璃圆柱体之间，然后静置 24h 使光刻胶干燥。

(12) SOI 硅片与支撑片黏结完成后放入 ICP 刻蚀腔室进行刻蚀，刻蚀到 SOI 硅片中间的埋层为止(图 7-30(c))。

(13) SOI 硅片结构层刻蚀完成后，将黏结片放入丙酮溶液中浸泡 30min 溶解光刻胶，去除光刻胶掩膜并使 SOI 硅片与支撑片分离，此时陀螺芯片与圆片框架仅通过错位区域的二氧化硅连接(图 7-30(d))。图 7-31 为刻蚀的音叉式微机械陀螺的敏感结构。

图 7-31　刻蚀的音叉式微机械陀螺的敏感结构

(14) 将 SOI 硅片浸入二氧化硅腐蚀液,腐蚀错位区域的二氧化硅(图 7-30 (e))。本步骤需要注意两个问题:首先,二氧化硅的腐蚀速率要均匀,保证陀螺芯片脱落时间相近;其次,二氧化硅腐蚀速率要适当,在芯片取出过程中(大约持续 5min)要减小溶液中待取出芯片的过刻蚀。二氧化硅腐蚀速率的均匀性可以通过搅拌来改善。二氧化硅的腐蚀速率可以通过选用合适的腐蚀溶液来调节。当选用腐蚀速率最快的 HF(49%)时,错位区域的腐蚀时间不超过 4min,但在陀螺芯片取出的 5min 内,其他待取出芯片将产生严重的过刻蚀;当选用腐蚀速率第二的 5:1 BHF 时,错位区域的腐蚀时间至少为 70min,时间过长。为了解决以上问题,本节采用两步释放法来释放和分离陀螺芯片:首先,将 SOI 硅片放入 HF(49%)溶液 3min,将错位区域大部分的二氧化硅去除;然后,将 SOI 硅片放入 5:1 BHF,直至将错位区域二氧化硅腐蚀干净。两步释放法将错位区域二氧化硅腐蚀时间控制在 15min 以内,在保证腐蚀效率的同时也控制了过刻蚀的程度。

(15) 将错位区域的二氧化硅去除后,陀螺芯片从圆片框架上自动脱落,完成芯片的分离工艺(图 7-30(f))。将陀螺芯片从 5:1 BHF 溶液中取出,然后用等离子水冲洗并干燥,获得微机械陀螺芯片,至此完成微机械陀螺芯片的加工。

图 7-32 为采用本章提出的基于 SOI 双面刻蚀的免划片工艺制作的音叉式微机械陀螺芯片,其中图 7-32(a)为陀螺芯片的正面结构,图 7-32(b)为陀螺芯片的反面结构。音叉式微机械陀螺芯片的总体尺寸为 6mm×6mm,其反面结构的基底层腔室的最大尺寸为 2.3mm×2.3mm。图 7-33 为音叉式微机械陀螺芯片取下后的圆片框架。

在 4 英寸的 SOI 硅片上,设计的陀螺芯片数目为 88 个。芯片加工完成后,在显微镜下进行镜检,在不同批次加工的三个 SOI 硅片上,陀螺结构完好的芯片个数分别为 68 个、71 个和 73 个,单个 SOI 硅片的成品率依次为 78%、81%和

82%，总成品率为 80%。

(a) 正面结构　　　　　　　　　　　(b) 反面结构

图 7-32　音叉式微机械陀螺芯片

图 7-33　音叉式微机械陀螺芯片取下后的圆片框架

7.5　加工质量评估

图 7-34 为采用本章提出的基于 SOI 双面刻蚀的免划片工艺加工的音叉式微机械陀螺正面结构的扫描电子显微镜图片。其中，图 7-34(a) 为陀螺的正面整体结构，其结构完整，表面洁净，不存在结构断裂和碎屑污染等问题；图 7-34(b) 为用于陀螺敏感信号检测的压膜梳齿，其宽度为 6μm，长度为 80μm，梳齿间距为 2.5μm；图 7-34(c) 为用于陀螺驱动的滑膜梳齿，其宽度为 5.5μm，长度为 25μm，梳齿间距为 3μm；图 7-34(d) 为陀螺的敏感模态耦合结构，用于实现陀螺两敏感质量块间的能量传递，其上分布有用于结构释放的释放孔；图 7-34(e) 为陀螺弹性梁，其宽度为 10μm，长度为 380μm；图 7-34(f) 为陀螺的侧壁及错位区域的形貌。

图 7-35 为音叉式微机械陀螺反面结构的扫描电子显微镜图片，其中图 7-35(a) 为陀螺反面整体结构，图 7-35(b) 为陀螺的质量块、弹性梁等反面结构形貌及腔室

侧壁的表面形貌；图 7-35(c)为陀螺驱动模态压膜梳齿的底面形貌。由图 7-35(a)～(c)可以看出，本节加工的陀螺结构底面光滑平整，结构保形效果好，不存在根切现象。

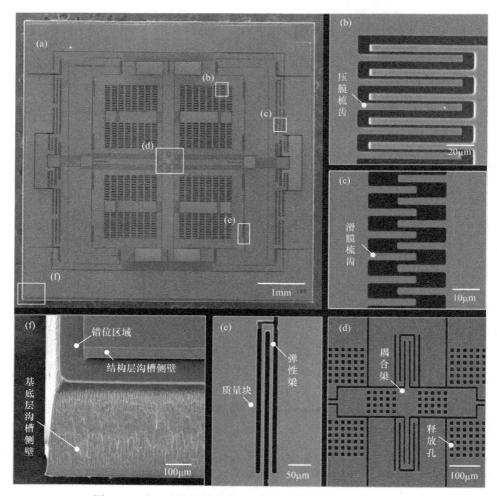

图 7-34　音叉式微机械陀螺正面结构的扫描电子显微镜图片

　　确定错位区域的宽度时要考虑基底层侧壁的倾斜度，也就是说基底层侧壁的倾斜度对工艺稳定性及版图设计都有一定影响。另外，结构层侧壁的倾斜度对陀螺的刚度及谐振特性等也有影响。因此，在 DRIE 工艺中必须对结构的侧壁倾斜度进行控制。图 7-36 为陀螺芯片加工完成后 SOI 结构层及基底层的侧壁形貌，其中基底层的垂直度为 91.2°，倾斜度为 1.2°，与错位区域宽度设计时的补偿角度一致；结构层的垂直度为 90.1°，倾斜度为 0.1°，刻蚀工艺的垂直度控制较好。

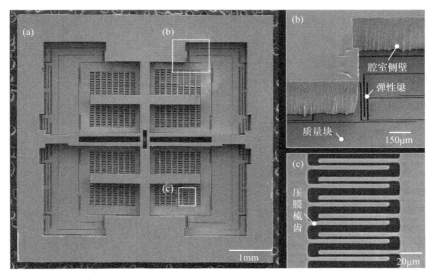

图 7-35　音叉式微机械陀螺反面结构的扫描电子显微镜图片

图 7-36　SOI 结构层及基底层的侧壁形貌

　　为了更直观地评估本书提出的基于 SOI 双面刻蚀的免划片工艺效果，本节对采用基于 SOI 双面刻蚀的免划片工艺与采用常见的单面工艺加工的陀螺结构底部进行了对比，如图 7-37 所示。由图 7-37(a)可知，单面工艺加工的陀螺底部根切现象明显，梳齿和质量块等结构厚度减小且表面异常毛糙；由图 7-37(b)可知，采用本节提出的免划片工艺加工的陀螺结构底部平整，轮廓清晰，不存在根切现象。另外，在免划片工艺中，由于陀螺悬浮结构底部的基底层被刻蚀，因此消除了结构黏附的产生条件，解决了陀螺黏附的问题；错位沟槽设计免去了陀螺的划片工序，解决了划片破损的问题。

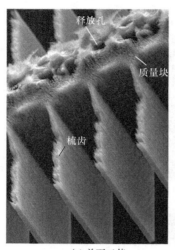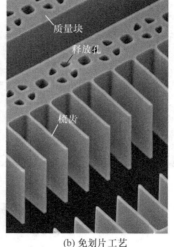

(a) 单面工艺　　　　　　　　　　　　(b) 免划片工艺

图 7-37　单面工艺与免划片工艺加工的陀螺结构底部对比

7.6　本 章 小 结

本章提出了一种基于 SOI 硅片的选择性释放工艺，深入研究了基于 SOI 硅片的干法刻蚀技术，在分析了高深宽比 DRIE 工艺的基础上，通过设计相关实验得到了无 Lag 效应的深刻蚀工艺及 Footing 效应的发生条件。同时还提出了一种基于 SOI 双面刻蚀的免划片技术。首先，采用双面刻蚀技术解决了 SOI 工艺中普遍存在的根切和黏附问题，并设计了一种无压差支撑片来提高双面刻蚀工艺的可靠性；其次，介绍了免划片技术的实现原理和工艺流程，并以音叉式微机械陀螺为例，给出了免划片工艺的版图设计规则；再次，以音叉式微机械陀螺为例，给出了详细的加工工艺流程和工艺参数；最后，将基于 SOI 双面刻蚀的免划片工艺的加工效果与常见单面工艺的加工效果进行了对比，结果表明：采用免划片工艺加工的陀螺结构底部平整，加工质量高。因此，本章提出的基于 SOI 双面刻蚀的免划片技术能够简单、有效地解决 SOI 工艺中的根切、黏附和划片破损等问题。

参 考 文 献

[1] 林成鲁, 张苗. SOI——二十一世纪的微电子技术[J]. 功能材料与器件学报, 1999, 5(1): 1-7.

[2] BERTZ A, KÜCHLER M, KNÖFLER R. A novel high aspect ratio technology for MEMS fabrication using standard silicon wafers [J]. Sensors and Actuators A: Physical, 2002(97): 691-701.

[3] HILLER K, KÜCHLER M, BILLEP D, et al. Bonding and deep RIE—a powerful combination for high aspect ratio sensors and actuators[C]. Proceedings SPIE 5715, Bellingham, USA, 2005: 80-91.

[4] GMBH R B. Method of anisotropically etching silicon: US19940284490[P]. 1996-03-26.

[5] BHARDWAJ J, ASHRAF H, MCQUARRIE A. Dry silicon etching for mems[C]. Presented at the Symp. Microstructures and Microfabricated Systems, Electrochemical Society Annu. Meeting, Montreal, P.Q., Montreal, Canada, 1997.

[6] HEDLUND C, BLOM H, BERG S. Microloading effect in reactive ion etching[J]. Journal of Vacuum Science & Technology A: Vacuum, Surfaces, and Films, 1998, 12(4): 1962-1965.

[7] CHABLOZ M, JIAO J, YOSHIDA Y, et al. Method to evade microloading effect in deep reactive ion etching for anodically bonded glass-silicon structures[C]. Thirteenth International Conference on Micro Electro Mechanical Systems, Miyazaki, Japan, 2000: 283-287.

[8] XIE J, HAO Y, SHEN Q, et al. A dicing-free SOI process for MEMS devices based on the lag effect[J]. Journal of Micromechanics & Microengineering, 2013, 23(12): 125033-1-125033-5.

[9] HWANG G S, GIAPIS K P. On the origin of the notching effect during etching in uniform high density plasmas[J]. Journal of Vacuum Science & Technology B Microelectronics & Nanometer Structures, 1998, 15(1): 70-87.

[10] HWANG G S, GIAPIS K P. The influence of surface currents on pattern-dependent charging and notching[J]. Journal of Applied Physics, 1998, 84(2): 683-689.

[11] GIAPIS K P, HWANG G S. Pattern-dependent charging and the role of electron tunneling[J]. Japanese Journal of Applied Physics, 2014, 37(4B): 2281-2290.

[12] HWANG G S, GIAPIS K P. The influence of electron temperature on pattern-dependent charging during etching in high-density plasmas[J]. Journal of Applied Physics, 1997, 81(8): 3433-3439.

[13] 刘艳, 曹坤, 程凯, 等. 平行缝焊工艺及成品率影响因素[J]. 电子与封装, 2006, 6(3): 15-17.

第五篇

测控电路误差建模理论与方法

本篇将微机械陀螺表头及其测控电路结合构成微机械陀螺系统,并对该系统进行误差分析与系统特性分析,阐述微机械陀螺系统误差源的同时给出相应的优化电路方案,并利用仿真与样机测试等手段验证相关理论分析。

第8章　测控电路误差理论分析

本章以微机械陀螺为研究对象，对陀螺系统的主要性能指标与误差源进行解释与量化分析，为实现相应指标要求与误差抑制功能的测控电路设计提供依据。

8.1　微机械陀螺系统基本组成

微机械陀螺系统包括陀螺表头、驱动电路、敏感电路三部分。微机械陀螺系统原理框图如图 8-1 所示。

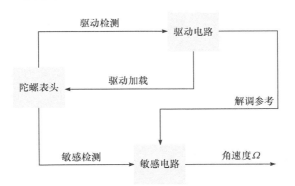

图 8-1　微机械陀螺系统原理框图

陀螺表头驱动模态的检测信号进入驱动电路模块，经过 C/V 转换、滤波、增益控制等环节后，生成驱动激励电压，通过表头驱动激励电极控制驱动模态稳定振动；陀螺表头角速度信号通过敏感检测电极进入敏感电路，经过 C/V 转换、差分放大、滤波后，再与驱动电路生成的解调参考信号相互作用，经过低通滤波后得到角速度信号。

8.1.1　微机械陀螺表头

科氏效应是微机械陀螺工作的基础，当处于谐振的微机械陀螺敏感到与其振动方向垂直的角速度信号时，其检测质量将受到科氏加速度的影响，从而产生敏感方向的输出。理想情况下，微机械陀螺敏感方向的输出信号正比于外界输入角速度信号，因此通过检测微机械陀螺敏感方向的输出并结合微机械陀螺的振荡信号即可求出外界输入角速度的大小[1-6]。

基于科氏效应原理的线振动式微机械陀螺可以简化为一个在平面内沿 X 轴、Y 轴两个方向的线性自由度刚体[7-9]。微机械陀螺工作简化原理图如图 8-2 所示，假设以 X 轴方向作为微机械陀螺驱动模态的振动方向，那么中心质量块将受到 X 轴方向的静电驱动力 $F_\mathrm{d}\sin(\omega_0 t)$ ，其中 $\omega_0 = 2\pi \cdot f_0$ 为静电驱动力的振动频率。当外界旋转角速度 Ω 沿着 Z 轴方向作用于微机械陀螺时，根据科氏效应原理，质量块将受到一个沿 Y 轴方向的科氏力作用，力的大小为 $2m \cdot X\omega_\mathrm{d} \cdot \Omega$ ，其中 X 为质量块在驱动方向的振幅，通过接口电路检测这一振动信号即可得到外界输入角速度 Ω 的大小。

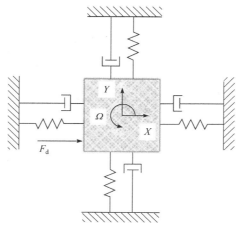

图 8-2　微机械陀螺工作简化原理图

由图 8-2 可知，微机械陀螺等效模型可以看作典型的质量-阻尼-弹簧二阶系统，当 Z 轴方向有角速度 Ω 输入时，一般系统运动方程可描述为

$$\begin{bmatrix} m_\mathrm{d} & 0 \\ 0 & m_\mathrm{s} \end{bmatrix}\begin{bmatrix} x \\ y \end{bmatrix}s^2 + \begin{bmatrix} c_\mathrm{dd} & c_\mathrm{sd} \\ c_\mathrm{ds} & c_\mathrm{ss} \end{bmatrix}\begin{bmatrix} x \\ y \end{bmatrix}s + \begin{bmatrix} k_\mathrm{dd} & k_\mathrm{sd} \\ k_\mathrm{ds} & k_\mathrm{ss} \end{bmatrix}\begin{bmatrix} x \\ y \end{bmatrix} = \begin{bmatrix} 0 & 2\Omega m_\mathrm{d} \\ -2\Omega m_\mathrm{s} & 0 \end{bmatrix}\begin{bmatrix} x \\ y \end{bmatrix}s + \begin{bmatrix} F_\mathrm{d} \\ 0 \end{bmatrix}$$

(8-1)

式中，$s = \mathrm{j}\omega$ 为微分算子；m_d、m_s 分别为驱动模态、敏感模态的等效质量；x、y 分别为驱动模态、敏感模态的位移；c_dd、c_ss 分别为驱动模态、敏感模态的阻尼系数；c_ds、c_sd 分别为驱动模态耦合到敏感模态和敏感模态耦合到驱动模态的阻尼耦合系数；k_dd、k_ss 分别为驱动模态、敏感模态的刚度系数；k_ds、k_sd 分别为驱动模态耦合到敏感模态和敏感模态耦合到驱动模态的刚度系数；F_d 为作用于驱动模态的静电力。

通常，输入角速度频率远小于微机械陀螺两模态固有频率（$\Omega \ll \omega_\mathrm{d},\omega_\mathrm{s}$），且角速度变化量较小，$\ddot{\Omega} \approx 0$。敏感模态耦合到驱动模态的科氏力 $2m_x\Omega\dot{y}$ 相对于驱动力 F_x 很小，可略去不计。在理想情况下，驱动模态与敏感模态的阻尼耦合、刚度耦合为零，同时，式(8-1)可以简化为

$$(m_d x)s^2 + (c_{dd}x)s + k_{dd}x = F_d \tag{8-2}$$

$$(m_s y)s^2 + (c_{ss}y)s + k_{ss}y = -(2m_s\Omega x)s \tag{8-3}$$

当静电驱动力 $F_d\sin(\omega_0 t)$ 作用于驱动模态时，驱动模态、敏感模态动力学方程(8-2)、方程(8-3)可以写成：

$$m_d\ddot{x} + c_{dd}\dot{x} + k_{dd}x = F_d\sin(\omega_0 t) \tag{8-4}$$

$$m_d\ddot{y} + c_{ss}\dot{y} + k_{dd}y = -2m_s\Omega\dot{x} \tag{8-5}$$

式中，ω_0 为驱动频率；$c_{dd} = \dfrac{m_d\omega_d}{Q_d}$，$Q_d$ 为陀螺驱动模态品质因数，ω_d 为陀螺驱动模态固有谐振频率；$k_{dd} = m_d\omega_d^2$。求解方程(8-4)，得到驱动模态位移的稳态解为

$$x = X\sin(\omega_0 t - \varphi_x) \tag{8-6}$$

式中，X 为驱动模态质量块的振动幅度(简称振幅)；φ_x 为驱动模态质量块振动位移的相位。当驱动模态谐振时，$\omega_d = \omega_0$，驱动模态振幅和相位进一步写为

$$X = \frac{F_d Q_d}{m_d\omega_d^2} \tag{8-7}$$

$$\varphi_x = 90° \tag{8-8}$$

敏感模态位移的稳态解为

$$y = Y\cos(\omega_d t - \varphi) \tag{8-9}$$

定义 $\Delta = \dfrac{\omega_s}{\omega_d}$ 为陀螺驱动模态和敏感模态的频差，$Q_{eff} = \dfrac{1}{\sqrt{\left(1 - \dfrac{\omega_s^2}{\omega_d^2}\right)^2 + \dfrac{1}{Q_s^2}\left(\dfrac{\omega_s}{\omega_d}\right)^2}}$

为陀螺敏感模态的有效品质因数，则式(8-9)中的振幅 Y 和相位 φ 可写为

$$Y = \frac{2\Omega X\omega_d Q_{eff}}{\omega_s^2} \tag{8-10}$$

$$\varphi = -\arctan\frac{\Delta}{Q_s(1 - \Delta^2)} \tag{8-11}$$

8.1.2　驱动模态控制电路

由式(8-10)可知，如果要得到稳定的敏感模态振幅，那么驱动模态振幅 X 要求不变，驱动模态电路的目的是确保陀螺质量块振幅稳定。通常，驱动电路包括 C/V 模块、差分放大模块、自动增益控制(automatic gain control，AGC)模块、驱动电压模块。驱动电路原理框图如图 8-3 所示。

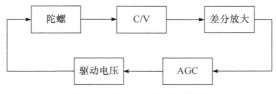

图 8-3　驱动电路原理框图

驱动电压模块作用于陀螺驱动模态梳齿，产生静电驱动力，驱动模态质量块因此往复振动，驱动梳齿电容量因此改变。C/V 模块通常是电荷放大器或者跨阻放大器，作用是将包含驱动位移信息的电容量转化成电压。差分放大模块通过抑制中心电容等共模量，进一步放大有用信号。AGC 模块通常为 PI 控制器或其他单元，根据输入信号控制驱动电压，当陀螺输出信号增大时，AGC 产生控制信号使得驱动电压减小；当陀螺输出信号减小时，AGC 产生控制信号使得驱动电压增大，确保陀螺驱动模态质量块振幅始终保持恒定不变。

8.1.3　敏感模态检测电路

敏感电路用来检测角速度信号，通常包括 C/V 模块、差分放大模块、解调模块、低通滤波模块。敏感电路原理框图如图 8-4 所示。

图 8-4　敏感电路原理框图

陀螺敏感模态质量块在科氏效应作用下往复振动，C/V 模块用来检测质量块振动引起的电容量，将其转换成电压信号。通过差分放大模块抑制敏感模态中心电容等共模信号。解调模块在参考信号作用下，将差分放大模块输出信号中包含的角速度信号解调出来，再通过低通滤波模块滤除高频信号等干扰信号，最终得到角速度信号。根据驱动模态和敏感模态电路，将系统的信号流程图写成传递函数形式，如图 8-5 所示。

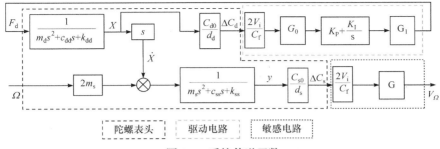

图 8-5 系统传递函数

8.2 热启动时间的惯性响应特性

根据控制系统原理，热启动时间定义为热响应曲线从 25℃首次达到稳态温度值时所需要的时间。根据陀螺管壳形式，热源来自电路芯片产生的热量，通过印刷电路板(printed circuit board，PCB)分别传递给陀螺封装管壳的引脚和管壳基底，使得零位输出产生热漂移。PCB 下面连接着专用集成电路(application specific integrated circuit，ASIC)。当陀螺为高 Q 值时，管壳内气体压强产生变化，影响热传递过程。硅微陀螺及其封装模型如图 8-6 所示。

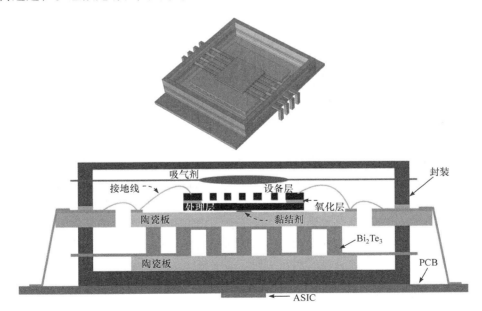

图 8-6 硅微陀螺及其封装模型

图 8-6 中，管壳整体由金属铜制成，在管壳内部，陀螺与陶瓷加热片接触，

陶瓷加热片下方规则排列着柱子(碲化铋)，它的下面黏结着陶瓷制冷片，再与金属管壳内部的基底黏结；接着，将管壳的引脚焊接在 PCB 上，PCB 的另一面黏结着电路芯片。各组件模型的尺寸如表 8-1 所示。

表 8-1　各组件模型的尺寸

组件	尺寸/mm³	组件	尺寸/mm³
陀螺	8×8×0.5	PCB	48×39×0.5
陶瓷板	16×16×0.5	ASIC	9×6×1
柱子(碲化铋)	1.2×1.2×1.7	黏结剂	1×1×1
管壳内腔	23×21×5	管壳外腔	25×23×6.5

8.2.1　高 Q 值下的热启动建模

热启动过程是热量传递的过程，通常热传递有三种形式：热传导、热对流和热辐射。根据陀螺封装原理，忽略热辐射方式，热传导过程存在于管壳固体组件内部，依靠分子、原子和自由电子等微观粒子的热运动而产生热量传递。该过程符合傅里叶导热定律，即在导热过程中，单位面积内通过给定截面的导热量正比于垂直该截面的温度变化率和截面面积，而能量传递的方向与温度升高的方向相反。热对流过程存在于固体组件周围的空气场中，是指由流体的宏观运动引起流体各部分之间发生相对位移，冷、热流体相互掺混而导致的热量传递过程，该过程符合牛顿冷却定律[7]。

陀螺热启动的热量传递过程如图 8-7 所示，当电源通电时，电路芯片作为热源产生的总热量为 Q，根据图 8-6 所示的陀螺及其封装模型，该热量首先通过热传导及热对流分别传递给 PCB 和周围的空气，PCB 吸收的热量为 Q_1，同时也释放一部分热量到空气中；接着，剩余的热量 Q_2 传递给管壳，管壳吸收的热量为 Q_{21}，同时释放部分热量到空气中，其中电源芯片、PCB 和管壳通过热对流传递给管壳外部空气的总热量为 Q_3；剩余的热量 Q_{22} 通过管壳内部的组件半导体制冷器 (thermo electric cooler，TEC)、黏结剂、引线、基底层及氧化层传递给陀螺，其中管壳内部组件吸收的总热量为 Q_{31}，由于管壳内部高真空度，内部空气吸收的热量基本忽略，陀螺吸收的热量为 Q_{32}。下面分别建立热传导和热对流有限元数值仿真模型。

1. 热启动控制方程

首先考虑热传导微分方程，该方程用于描述导热物体内部温度分布规律，以能量守恒定律和傅里叶定律为基本依据，解出温度分布，就可以用傅里叶定律求

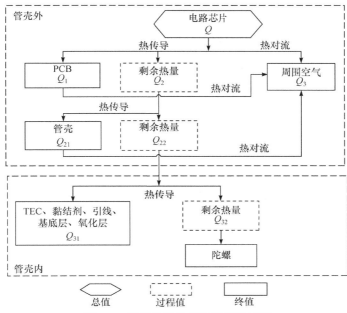

图 8-7　陀螺热启动的热量传递过程

得物体内部或者表面上任一点的热传导速率。在直角坐标系中，固体组件三维温度变量的控制方程可以写为[8,9]

$$\frac{\partial}{\partial x}\left(k_x\frac{\partial T}{\partial x}\right)+\frac{\partial}{\partial y}\left(k_y\frac{\partial T}{\partial y}\right)+\frac{\partial}{\partial z}\left(k_z\frac{\partial T}{\partial z}\right)+Q=\rho C\frac{\partial T}{\partial t} \tag{8-12}$$

式中，t 为时间，单位为 s；ρ 为组件材料密度，单位为 kg/m^3；C 为比热容，单位为 $J/(kg\cdot K)$；Q 为 $Q(x,y,z,t)$ 热源的热密度，单位为 W/m^3；k_x、k_y 和 k_z 分别为固体组件沿着 x 轴、y 轴和 z 轴三个方向的导热系数，单位为 $W/(m\cdot K)$。

根据材料各向同性特性，$k=k_x=k_y=k_z$。材料的比热容、密度和导热系数等组件材料特性如表 8-2 所示。

表 8-2　组件材料特性

组件	材料	比热容 $C/$ [J/(kg·K)]	密度 $\rho/$ (kg/m³)	导热系数 $k/$ [W/(m·K)]
管壳引脚	可伐合金	440	8170	15.5
键合引线	铝	900	2700	160
氧化层	二氧化硅	730	2200	1.4
柱子	碲化铋	500	7700	14.8
管壳侧壁	陶瓷	730	3965	35
陀螺结构	硅	700	2329	130

组件	材料	比热容 C/ [J/(kg·K)]	密度 ρ/ (kg/m³)	导热系数 k/ [W/(m·K)]
黏结剂	银浆	235	2000	10
印刷电路板	环氧玻璃布板	1369	1900	0.3
气体	空气	1006	1.29	0.026

　　热对流过程包括管壳外部热对流和管壳内部热对流，由于管壳内部封装气压极低，约为 0.1Pa，此时品质因数约为 10^4 量级，管壳内部热对流过程可忽略。管壳外部热对流过程的三维温度变量微分方程组由三个微分方程构成。首先，质量守恒方程写为

$$\frac{\partial u}{\partial x} + \frac{\partial v}{\partial y} + \frac{\partial w}{\partial z} = 0 \tag{8-13}$$

式中，u、v、w 分别是空气在 x 轴、y 轴和 z 轴方向上的流速，单位为 m/s。其次，动量守恒方程写为

$$\begin{cases} \rho\left(\dfrac{\partial u}{\partial t} + u\dfrac{\partial u}{\partial x} + v\dfrac{\partial u}{\partial y} + w\dfrac{\partial u}{\partial z}\right) = F_x - \dfrac{\partial p}{\partial x} + \eta\left(\dfrac{\partial^2 u}{\partial x^2} + \dfrac{\partial^2 u}{\partial y^2} + \dfrac{\partial^2 u}{\partial z^2}\right) \\[2mm] \rho\left(\dfrac{\partial v}{\partial t} + u\dfrac{\partial v}{\partial x} + v\dfrac{\partial v}{\partial y} + w\dfrac{\partial v}{\partial z}\right) = F_y - \dfrac{\partial p}{\partial y} + \eta\left(\dfrac{\partial^2 v}{\partial x^2} + \dfrac{\partial^2 v}{\partial y^2} + \dfrac{\partial^2 v}{\partial z^2}\right) \\[2mm] \rho\left(\dfrac{\partial w}{\partial t} + u\dfrac{\partial w}{\partial x} + v\dfrac{\partial w}{\partial y} + w\dfrac{\partial w}{\partial z}\right) = F_z - \dfrac{\partial p}{\partial z} + \eta\left(\dfrac{\partial^2 w}{\partial x^2} + \dfrac{\partial^2 w}{\partial y^2} + \dfrac{\partial^2 w}{\partial z^2}\right) \end{cases} \tag{8-14}$$

式中，F_x、F_y、F_z 分别为体积力在三个坐标轴方向上的分量，单位为 N/m³；p 和 η 分别为气体压强和动力黏度系数，分别为 1.01×10^5Pa、1.79×10^{-5}Pa·s。最后，能量守恒方程可以写为

$$\frac{\partial T}{\partial t} + u\frac{\partial T}{\partial x} + v\frac{\partial T}{\partial y} + w\frac{\partial T}{\partial z} = \frac{k}{\rho C}\left(\frac{\partial^2 T}{\partial x^2} + \frac{\partial^2 T}{\partial y^2} + \frac{\partial^2 T}{\partial z^2}\right) \tag{8-15}$$

2. 边界条件

对于热传导过程，其边界条件可以写为

$$\begin{cases} T = \bar{T} & (\zeta_1) \\[2mm] k_x\dfrac{\partial T}{\partial x}a_x + k_y\dfrac{\partial T}{\partial y}a_y + k_z\dfrac{\partial T}{\partial z}a_z = q & (\zeta_2) \\[2mm] k_x\dfrac{\partial T}{\partial x}a_x + k_y\dfrac{\partial T}{\partial y}a_y + k_z\dfrac{\partial T}{\partial z}a_z = h(T_{\text{ex}} - T) & (\zeta_3) \end{cases} \tag{8-16}$$

式中，热传导过程中三个边界条件需要设置，边界处的温度 T 设置为恒定不变；边界处的热流密度 $q = P/A$ 设置为常数，P 为功率，取值为 200mW，A 为热源的横截面积；a_x、a_y、a_z 均为边界外法线的方向余弦值。边界面处于换热状态，在此，固体组件在边界面上以自然对流方式与周围空气产生热交换，T_{ex} 是环境空气的温度，为 25℃；h 为换热系数，通常设置其范围为 5～20W/(m² · K)。

对于热对流过程，它的边界条件主要取决于换热系数 h，同样地，设置其范围为 5～20W/(m² · K)。

3. 初始条件

热传导的初始温度设置为 25℃，根据封装工艺，管壳内部和外部的气体压强分别设为 0.1Pa 和 1.01×10⁵Pa。

对封装系统进行网格划分，如图 8-8 所示，通过设置边界条件和初始条件，利用 Comsol 求解热启动过程控制方程，得到热启动过程的温度和频率特性。

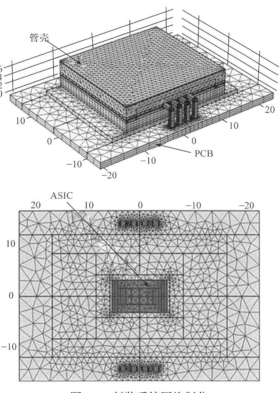

图 8-8　封装系统网格划分

8.2.2　热启动过程的频率特性

1. 杨氏模量变化时频率与温度特性

在热传导过程中，温度变化使得材料杨氏模量 E 和弹性梁应力 σ 变化，从而导致陀螺振动频率变化，得到杨氏模量 E 与温度 T 的表达式[10]为

$$E = E_0 - BTe^{-\frac{T_0}{T}} \tag{8-17}$$

式中，E_0 为绝对温度是 0K 时的杨氏模量；B、T_0 均为常数，分别为 $B = 15.8\text{MPa/K}$、$T_0 = 317\text{K}$，得到杨氏模量的温度特性如图 8-9 所示。

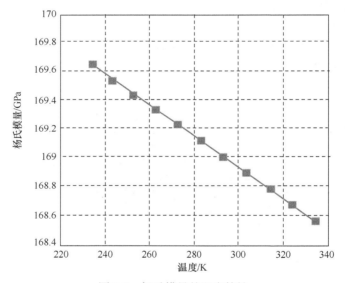

图 8-9　杨氏模量的温度特性

温度从 233.15K 增加到 333.15K，变化量为 100K。从图 8-9 可以看出，杨氏模量随着温度的升高近似呈线性减小，两者的表达式可近似写为

$$E = -0.0109T + 172.1806 \tag{8-18}$$

根据硅微陀螺的弹性梁结构，得到弹性梁刚度 k 与杨氏模量 E 的关系式为

$$k = \frac{2Etw_3^3W_2}{L_4w_3^3 + (2L_1^3 + L_2^3)W_2} \tag{8-19}$$

式中，E 为杨氏模量；t 为梁厚度；w_3 为梁宽度；L_1、L_2、L_4 为梁的长度；W_2 为相互连接的刚性梁宽度。

利用 Comsol 建立单质量的硅微陀螺仿真模型，如图 8-10 所示。

分析陀螺在−40℃到 60℃范围内固有频率的变化，杨氏模量引起的固有频率

与温度的关系如表 8-3 所示。

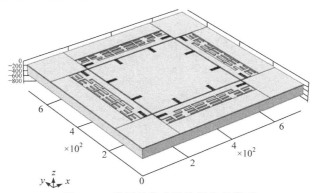

图 8-10　单质量的硅微陀螺仿真模型

表 8-3　杨氏模量引起的固有频率与温度的关系

$T/℃$	-40	-20	0	20	25	25.01
f_d/Hz	4024.59	40214.24	4019.77	4017.17	4016.5021	4016.5007
$T/℃$	25.05	25.1	30	35	40	60
f_d/Hz	4016.495	4016.4887	4015.83	4015.15	4014.47	4011.68

为了更清楚地描述杨氏模量引起的固有频率变化，固有频率与温度的关系曲线如图 8-11 所示。由图可知，随着温度升高，陀螺固有频率近似呈线性减小；当温度升高 100℃时，陀螺驱动模态的固有频率减小了 12.91Hz；当温度从 25℃上升到 34.4℃时，固有频率降低约 1.21Hz。

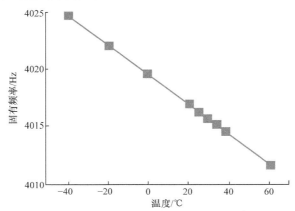

图 8-11　杨氏模量引起的固有频率与温度的关系曲线

2. 应力变化时频率与温度特性

温度变化导致弹性梁材料膨胀或者收缩，而由于弹性梁变形受到锚点约束，

会在材料内部产生应力 σ，从而影响陀螺弹性梁固有频率。根据文献[11]，弹性梁固有频率与应力的关系为

$$f = f_0 \sqrt{1 + \frac{0.295\sigma L^2}{Eh^2}} \qquad (8\text{-}20)$$

其中，

$$f_0 = 1.028 \frac{h}{L^2} \sqrt{\frac{E}{\rho}} \qquad (8\text{-}21)$$

式中，σ 为材料产生的应力；h 为弹性梁的厚度；L 为弹性梁的长度；ρ 为硅材料密度。

根据图 8-10 中的陀螺结构模型，得到应力变化引起的固有频率与温度的关系，如表 8-4 所示。为了清楚地描述应力变化引起的固有频率变化，得到应力变化引起的固有频率与温度的关系曲线，如图 8-12 所示。

表 8-4　应力变化引起的固有频率与温度的关系

$T/℃$	−40	−20	0	20	25	25.01
f_d/Hz	4016.69	4016.82	4016.99	4017.18	4017.2297	4017.2298
$T/℃$	25.05	25.1	30	35	40	60
f_d/Hz	4017.2302	4017.2307	4017.28	4017.34	4017.4	4017.65

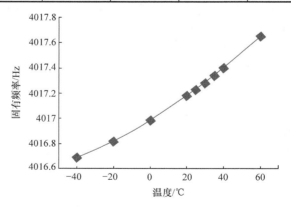

图 8-12　应力变化引起的固有频率与温度的关系曲线

由图 8-12 可知，随着温度升高，应力变化引起的固有频率逐渐增大，但增量较杨氏模量引起的固有频率变化小得多；当温度升高 100℃时，固有频率增加了约 1Hz；当温度从 25℃升高到 34.4℃时，固有频率增加了约 0.1Hz。综合分析杨氏模量和材料应力变化对固有频率的影响，如表 8-5 和图 8-13 所示。

表 8-5　杨氏模量和应力变化引起的固有频率与温度的关系

$T/℃$	−40	−20	0	20	25	25.01
f_d/Hz	4024.1	4021.89	4019.57	4017.17	4016.5544	4016.5531
$T/℃$	25.05	25.1	30	35	40	60
f_d/Hz	4016.5481	4016.542	4015.94	4015.31	4014.69	4012.15

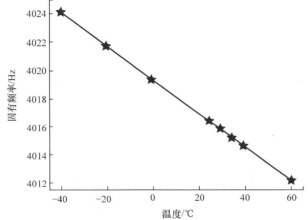

图 8-13　杨氏模量和应力变化引起的固有频率与温度的关系曲线

由图 8-13 看出，杨氏模量和应力共同作用时，陀螺固有频率随着温度升高近似呈线性下降；在 100℃温度变化范围内，陀螺固有频率减小约 12Hz，变化率为 1.2Hz/10℃；当温度从 25℃升高到 34.4℃时，陀螺固有频率减小约 1.12Hz。

为了分别获得通过管壳引脚和基底的热传递过程，图 8-8 中的 PCB 和 ASIC 模块首先被移除，分别放置热源在引脚和基底处获得热启动过程的温度特性[12-14]。

3. 通过管壳引脚的热启动过程

考虑热量通过引脚传递到陀螺结构的过程，首先建立热传递通路及边界条件示意图，如图 8-14 通过引脚热传递通路示意图所示。

热源置于与 PCB 接触的管壳引脚的端点，热源面积与引脚的横截面积相等，热源发热产生的热量通过引脚、侧壁、引线传递到陀螺机械结构，管壳的壁面分割形成外空气场和内空气场。根据封装系统网格模型，仿真得到通过引脚进行热传递的系统温度特性，如图 8-15 通过引脚进行热传递的温度梯度所示。

进一步可得到陀螺机械结构温度变化与时间的关系，如图 8-16 陀螺结构温度变化过程所示。

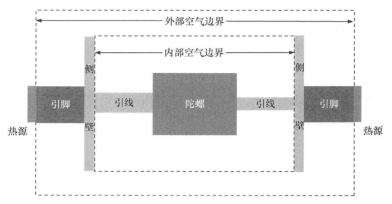

图 8-14　通过引脚热传递通路示意图

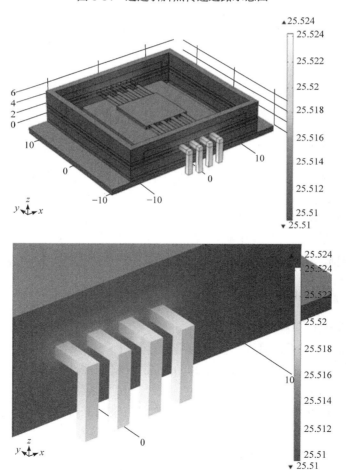

图 8-15　通过引脚进行热传递的温度梯度

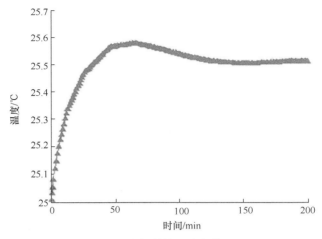

图 8-16　陀螺结构温度变化过程

由图 8-16 可知，当功率为 200mW 时，陀螺表面温度最大上升量不到 0.6℃，这表明通过管壳引脚传递给陀螺的热量很有限。进一步，根据图 8-13 所示的陀螺频率特性，得到陀螺固有频率随时间变化的关系，通过引脚热传递引起的固有频率变化如图 8-17 所示，当功率最大为 200mW 时，陀螺固有频率仅减小约 0.06Hz。

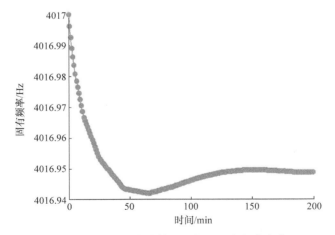

图 8-17　通过引脚热传递引起的固有频率变化

4. 通过管壳基底的热启动过程

类似于管壳引脚传热，根据陀螺封装模型，建立通过基底热传递通路及边界条件示意图，如图 8-18 所示。

根据封装系统网格模型，仿真得到通过管壳基底进行热传递的温度梯度，如图 8-19 所示。

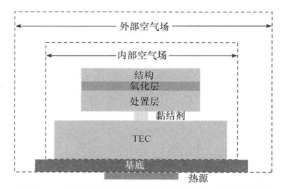

图 8-18 通过基底热传递通路及边界条件示意图

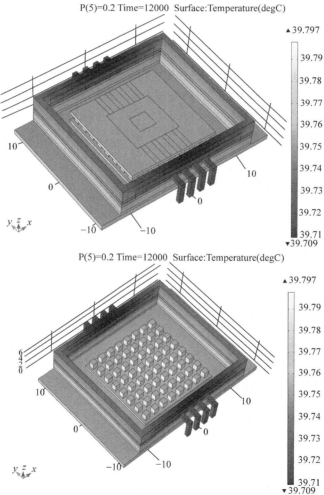

图 8-19 通过管壳基底进行热传递的温度梯度

同理，由仿真得到陀螺表面温度变化与时间关系，如图 8-20 基底热传递陀螺表面温度与时间关系所示，初始温度为 25℃。

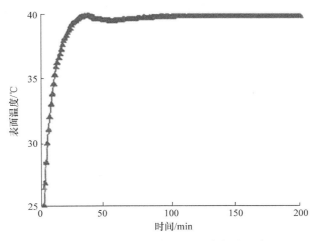

图 8-20　基底热传递陀螺表面温度与时间关系

由图 8-20 可知，通过基底热传递方式，陀螺从初始温度达到热稳定温度的变化量明显大于引脚热传递方式，当功率为 200mW 时，陀螺表面温度从 25℃上升到 39.8℃，温度升高了 14.8℃。因此，通过管壳基底热传递是陀螺温度升高的主要方式。进一步，根据陀螺全温特性，得到陀螺固有频率随时间变化的关系，如图 8-21 所示。

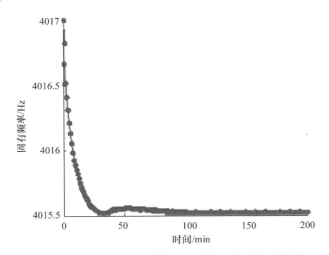

图 8-21　基底热传递陀螺固有频率随时间变化的关系

对比图 8-17，基底热传递引起的频率变化量明显大于引脚热传递导致的频率变化量；当功率为 200mW 时，陀螺固有频率减小了约 1.5Hz。因此，通过管壳引脚热传递对陀螺固有频率的影响基本可以忽略，主要考虑通过管壳基底热传递引入的固有频率变化。基于前面的分析，热启动时间与功率的关系如图 8-22 所示。

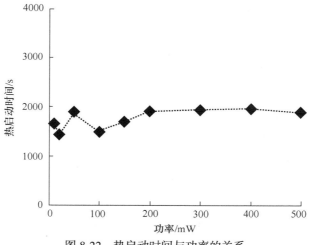

图 8-22　热启动时间与功率的关系

由图 8-22 所示的热启动时间与功率的关系可以看出，当热源的功率从 10mW 增加到 500mW 时，热启动时间基本不变，平均启动时间为 1750s，方差为 185s，这意味着热源功率对热启动时间基本没有影响[15]。

随着时间的不断增加，电路芯片的温度也从室温不断增大，最后在 45℃趋于稳定，如图 8-23 所示的电路芯片温度变化。

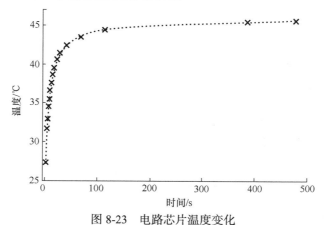

图 8-23　电路芯片温度变化

8.2.3　Q 值作用的热启动温度特性

在仿真的基础上，采用红外热像仪 Flir E6 实际测量电路芯片发热情况，得到电路芯片上电时温度随时间的变化数据，如表 8-6 所示。

表 8-6　电路芯片上电时温度随时间的变化

时间/s	上电前	0	2	4	5	7
温度/℃	25	27.4	31.6	32.8	34.5	35.5
时间/s	8	11	13	16	22	27
温度/℃	36.6	37.6	38.6	39.5	40.6	41.4
时间/s	40	67	112	385	477	—
温度/℃	42.4	43.4	44.4	45.4	45.5	—

由表 8-6 可知，电路芯片温度上升 20.5℃后基本稳定，达到 45.5℃。可以看出，芯片温度在上电之后的 100s 内快速上升，之后的 6min 内温度上升速度明显减慢，最终稳定在 45.5℃，热稳定时间为 477s，采用多项式拟合得到芯片温度随时间变化的表达式：

$$T_A = 43 - \frac{144}{t+8} \quad (t \geqslant 0) \tag{8-22}$$

将式(8-22)代入陀螺封装模型的热源，同时将 PCB 模块置于模型中，再次仿真得到陀螺封装模型温度变化的前视图，如图 8-24 所示。

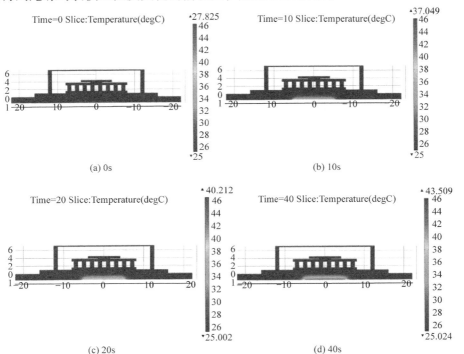

(a) 0s

(b) 10s

(c) 20s

(d) 40s

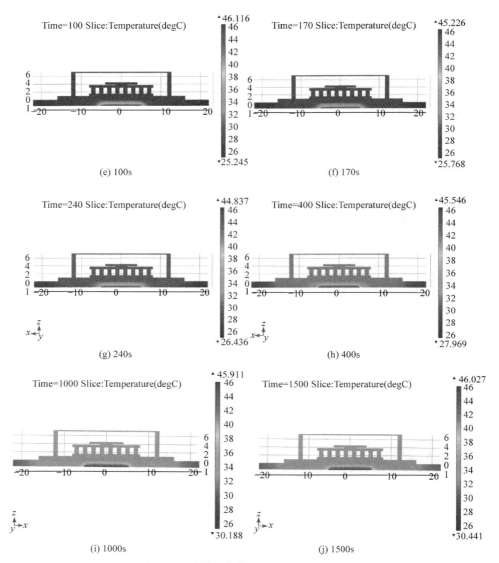

图 8-24　陀螺封装模型温度变化的前视图

　　由图 8-24 可以看出，电路芯片产生的热量逐渐传递到陀螺，陀螺结构温度升高，最终达到稳定状态。通过仿真得到同一时刻电路芯片和陀螺结构的温度，如表 8-7 所示。同理，改变管壳内部热传导初始条件，设压强为 $1.01 \times 10^5 \text{Pa}$，此时品质因数约为 300，重复上述过程，得到常压下陀螺的温度变化。

表 8-7　电路芯片和陀螺结构的温度

时间/s		0	5	10	15	20	30
温度/℃	电路芯片	27.5	34.1	37.1	38.9	39.9	41.4
	陀螺(真空)	25	25	25.05	25.13	25.22	25.46
	陀螺(常压)	25	25	25.05	25.13	25.22	25.46
时间/s		40	50	80	120	200	300
温度/℃	电路芯片	42.3	42.9	43.8	44.3	44.9	45.5
	陀螺(真空)	25.7	25.95	26.72	27.63	29.15	30.78
	陀螺(常压)	25.7	25.96	26.73	27.64	29.08	30.47

由表 8-7 可以看出，当电路芯片的温度基本达到稳定值 45.5℃时，温度上升了 18℃，常压和真空封装下陀螺结构的温度分别为 30.47℃和 30.78℃，且没有达到稳定值。进一步，给出同一时刻电路芯片和陀螺结构的温度变化曲线，如图 8-25 所示。

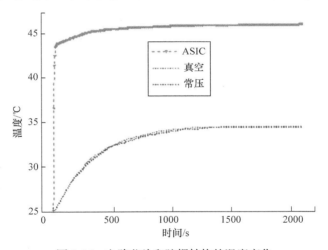

图 8-25　电路芯片和陀螺结构的温度变化

由图 8-25 可知，陀螺结构温度上升过程明显滞后于电路芯片温度上升过程，结构温度与时间具有显著的惯性响应特性，当电路芯片温度稳定时，陀螺温度仍在缓慢上升。经过大约 1880s 后，陀螺温度趋于稳定，常压和真空封装下分别为 34.37℃和 34.4℃，温度分别上升了大约 9.37℃和 9.4℃，两种封装形式下陀螺温度变化差异很小，拟合得到陀螺结构温度与时间的一阶惯性环节响应近似表达式：

$$T_{\mathrm{G}} = 34.7 - 10 \times \mathrm{e}^{-\frac{3t}{1000}} \ (t \geqslant 0) \tag{8-23}$$

根据式(8-23)，由拉普拉斯变换得到温度的传递函数 $\Phi(s)$ 为

$$\Phi(s) = \frac{1}{0.03s+1} \tag{8-24}$$

可以看出，式(8-24)为典型的一阶惯性环节响应，根据惯性环节的响应特性可知：在初始阶段，陀螺结构温度随时间变化；随着时间增长，陀螺结构温度达到稳态，不随时间变化。在上述分析的基础上，得到的各组件热量如表 8-8 所示。

表 8-8　各组件热量

组件位置	组件的热量	占总热量 Q 的百分比(真空/常压)
管壳外	PCB Q_1	7.02%/7.52%
	周围空气 Q_3	83.01%/74.65%
	管壳 Q_{21}	7.92%/15.73%
管壳内	TEC、黏结剂、引线、基底层、氧化层 Q_{31}	1.96%/1.99%
	陀螺 Q_{32}	0.09%/0.11%

从表 8-8 可以看出，无论常压封装($Q \approx 300$)还是真空封装($Q \approx 30000$)，周围空气通过热对流得到的热量都是最多，主要是由 PCB 及管壳的散热面积大所致；在热启动过程中，陀螺自身吸收的热量最小，常压下为 0.11%，真空下为 0.09%，常压下比真空下略微升高的主要原因是随着管壳内的压强增大，陀螺结构与内部空气及管壳之间的热传导减弱，导致周围空气与管壳内部的热交换能力降低，热量能够累积在陀螺结构上，但从整体上看，陀螺吸收热量的比例极低。综合分析，当封装形式不变时，不同功率下的陀螺结构温度稳定时间差别不大；常压封装和真空封装对陀螺结构温度变化基本没有影响，但是周围空气热交换及 PCB、管壳热交换差异较明显；由于热损失主要发生在与周围空气热交换过程中，以及 PCB 和管壳的传热过程中，因此通过减小封装管壳内部空间、进行热隔离和增大热量交换等方式可以缩短陀螺机械结构热稳定时间。

8.3　电路输出零位组成

本节主要考虑高 Q 值在减小陀螺零位方面的作用，通常情况下，随着零位降低，零位漂移量逐渐减小，陀螺精度逐渐提高[16,17]。结合陀螺参数，分析陀螺零位组成分量，进一步获得高 Q 值对降低陀螺阻尼不平衡、静电力不平衡、寄生电容耦合等零位分量的贡献。

零位通常由白噪声和缓慢时变函数组成[18]。陀螺分辨率由白噪声决定，在 Allan 方差定义中通常称之为角度随机游走(angle random walk，ARW)，单位

为(°)/(s·Hz$^{-0.5}$)或者(°)/$\sqrt{h}$。陀螺长时间的漂移由缓慢时变函数决定,理想情况下,静态下长时间稳态输出是一个平稳的随机过程,其统计特性表现为数学期望为常值。然而,在实际情况中,陀螺输出随着外界环境的变化将围绕偏置起伏和波动,也就是通常所说的零漂,经常采用均方差来表示这种起伏和波动,均方差越小,陀螺的漂移越小,稳定性越高。在 Allan 方差定义中称之为速率随机游走(rate random walk, RRW),单位为(°)/h$^{1.5}$。陀螺分辨率和漂移共同决定陀螺的精度。因此,要知道高 Q 值对陀螺零位的影响,必须首先分析陀螺零位的具体分量。

微机械陀螺的零位分量由两部分组成:一部分来源于机械结构误差,如两模态弹性梁的刚度不对称,两模态机械结构阻尼不对称,驱动模态质量和敏感模态质量不相等,作用在驱动梳齿的静电力不平衡,机械结构上的电信号通过寄生电容在敏感检测电路上的输出,敏感模态质量自激振荡产生的输出;另一部分来源于电路误差,如敏感模态机械结构的位移信号到检测电路二次解调器输入产生的相移,二次解调器输入参考信号包含的相位误差等[19-26]。

8.3.1　陀螺敏感模态输出

设陀螺驱动模态加载的静电驱动电压为差分形式 $V_{dc} \pm V_{ac}\sin(\omega_0 t)$($\omega_0$ 为驱动电压频率),即直流电压 V_{dc} 信号的幅值相等,相位相同,交流电压 V_{ac} 信号的幅值相等,相位相反。通常,令驱动电压频率和驱动模态的固有频率相等,即 $\omega_0 = \omega_d$,那么静电驱动电压可以改写为 $V_{dc} \pm V_{ac}\sin(\omega_d t)$。驱动模态产生的位移可以表示为

$$x = X\cos(\omega_d t) \tag{8-25}$$

式中,X 为驱动模态位移的振幅。

当外界角速度 Ω 作用于陀螺时,陀螺敏感模态产生的科氏力 $F_s = 2m_s\Omega X\omega_d\sin(\omega_d t)$,科氏位移表达式为

$$y = \frac{F_s \cdot Q_{eff}}{m_s\omega_s^2}\sin(\omega_d t + \varphi) \tag{8-26}$$

当没有外界角速度作用时,类似于科氏位移,在陀螺敏感模态同样产生机械位移 y_B,这个位移可以看作由等效科氏力(equivalent Coriofis force, ECF)作用产生,敏感模态传递函数框图如图 8-26 所示,y_B 最终被转换成输出电压 V_B。

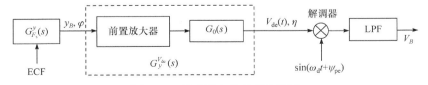

图 8-26　敏感模态传递函数框图

图 8-26 中，$G_{F_s}^y(s)$ 是等效科氏力到 y_B 的传递函数，$G_y^{V_{de}}(s)$ 是从 y_B 到二次解调器输入端的传递函数，y_B 被转换成解调器输入信号 $V_{de}(t)$，$V_{de}(t)$ 的表达式为

$$V_{de}(t) = V_i\sin(\omega_d t + \varphi + \eta) + \cdot V_q\cos(\omega_d + \varphi + \eta) \tag{8-27}$$

由式(8-27)可以看出，$V_{de}(t)$ 由两部分信号组成，一部分是与科氏力同相位的同相信号 V_i，主要由陀螺阻尼不平衡同相分量、静电力不平衡同相分量、寄生电容耦合等零位源引入，提高 Q 值能够减小这些零位源；另一部分是与科氏力呈 90° 的正交信号 V_q，主要由陀螺刚度不平衡、质量不平衡、静电力不平衡正交分量等零位源引入，提高 Q 值能够减小这些零位源的噪声。η 是由 y_B 信号到 $V_{de}(t)$ 信号产生的附加相移。

当采用与科氏力同相位的解调参考信号 $\sin(\omega_d t + \psi_{pe})$ 时，ψ_{pe} 为驱动模态移相器产生的相位误差，陀螺的输出 V_B 即为零偏；当采用与科氏力成 90° 相位的解调参考信号 $\cos(\omega_d t + \psi_{pe})$ 时，陀螺的输出即为正交信号。通过式(8-27)，将 $V_{de}(t)$ 与解调参考信号相乘，陀螺的偏置输出表达式可以写为

$$
\begin{aligned}
V_B &= \sin(\omega_d t + \psi_{pe}) \times V_{de}(t)\\
&= \sin(\omega_d t + \psi_{pe}) \times [V_i\sin(\omega_d t + \varphi + \eta) + V_q\cos(\omega_d t + \varphi + \eta)]\\
&= \frac{1}{2}V_i\cos(\psi_{pe} - \varphi - \eta) + \frac{1}{2}V_q\sin(\psi_{pe} - \varphi - \eta)\\
&\approx \frac{1}{2}V_q\psi_{pe} - \frac{1}{2}V_q(\varphi + \eta) + \frac{1}{2}V_i
\end{aligned} \tag{8-28}
$$

可以看出，陀螺静态输出 V_B 由四个分量 V_q、ψ_{pe}、φ、η 和 V_i 决定。相应地，陀螺偏置的等效角速度可以写为

$$\Omega_{V_B} = \Omega_{q\_pe} - \Omega_{q\_\varphi\eta} + \Omega_i \tag{8-29}$$

式(8-29)等号右边三项中，Ω_{q_pe}、$\Omega_{q\_\varphi\eta}$ 和 Ω_i 分别是输出电压 $1/2V_q\psi_{pe}$、$1/2V_q(\varphi+\eta)$ 和 $1/2V_i$ 的等效角速度。进一步，由敏感模态检测电路可得，偏置电压 $1/2V_q\psi_{pe}$ 的等效科氏力和等效角速度分别为

$$f_{q\_pe} = \frac{V_q\psi_{pe}}{G_{F_s}^y G_y^{V_{de}}} \tag{8-30}$$

$$\Omega_{q\_pe} = \frac{V_q\psi_{pe}}{2m_s X\omega_d G_{F_s}^y G_y^{V_{de}}} \tag{8-31}$$

偏置电压 $1/2V_q(\varphi+\eta)$ 的等效科氏力和等效角速度分别为

$$f_{q\_\varphi\eta} = \frac{V_q(\varphi+\eta)}{G_{F_s}^y G_y^{V_{de}}} \tag{8-32}$$

$$\Omega_{\mathrm{q}\_\varphi\eta} = \frac{V_{\mathrm{q}}(\varphi + \eta)}{2m_{\mathrm{s}} X \omega_{\mathrm{d}} G_{F_{\mathrm{s}}}^{y} G_{y}^{V_{\mathrm{de}}}} \tag{8-33}$$

偏置电压 $1/2V_i$ 的等效科氏力和等效角速度分别为

$$f_i = \frac{V_i}{G_{F_{\mathrm{s}}}^{y} G_{y}^{V_{\mathrm{de}}}} \tag{8-34}$$

$$\Omega_i = \frac{V_i}{2m_{\mathrm{s}} X \omega_{\mathrm{d}} G_{F_{\mathrm{s}}}^{y} G_{y}^{V_{\mathrm{de}}}} \tag{8-35}$$

以实验室研发的单质量全对称硅微机械陀螺为基础，首先分析由陀螺阻尼不平衡、静电力不平衡、寄生电容耦合等因素引入的零位分量表达式，进一步分析高 Q 值对这些零位分量的影响。

考虑机械结构误差，可以将陀螺两模态运动方程改写成如下形式：

$$\begin{bmatrix} m_{\mathrm{d}} & 0 \\ 0 & m_{\mathrm{s}} \end{bmatrix} \begin{bmatrix} x \\ y \end{bmatrix} S^2 + \begin{bmatrix} c_{\mathrm{dd}} & c_{\mathrm{sd}} \\ c_{\mathrm{ds}} & c_{\mathrm{ss}} \end{bmatrix} \begin{bmatrix} x \\ y \end{bmatrix} S + \begin{bmatrix} k_{\mathrm{dd}} & k_{\mathrm{sd}} \\ k_{\mathrm{ds}} & k_{\mathrm{ss}} \end{bmatrix} \begin{bmatrix} x \\ y \end{bmatrix}$$
$$= \begin{bmatrix} 0 & 2\Omega m_{\mathrm{d}} \\ -2\Omega m_{\mathrm{s}} & 0 \end{bmatrix} \begin{bmatrix} x \\ y \end{bmatrix} S + \begin{bmatrix} F_{\mathrm{d}} \\ m_{\mathrm{s}} \ddot{\theta}_Z L_{\mathrm{d}} \end{bmatrix} \tag{8-36}$$

式中，θ_Z 为陀螺两模态质量不平衡引起的中心质量沿 Z 轴的扭转角；L_{d} 为质心因与形心不重合在驱动方向上产生的偏移量。

8.3.2　阻尼不平衡零位分量

加工工艺不完美，如陀螺两模态弹性梁侧向刻蚀光洁度不一致，使得弹性梁上的应力分布不均匀而产生弹性形变，这将使得陀螺结构阻尼轴和支撑轴不重合，不重合的角度称为旋转角 α，如图 8-27 阻尼不平衡原理所示。当外界角速度为零时，由阻尼不平衡引起的等效科氏力使得陀螺在驱动模态的振动在敏感模态存在一个速度分量，由于陀螺被看作质量-阻尼-刚度二阶振荡系统，因此，必然存在一个等效阻尼与这个速度分量共同作用形成一个等效科氏力。通常，这个等效阻尼称为耦合阻尼，写为 c_{ds}。

1) 计算耦合阻尼

根据矩阵旋转理论，阻尼系数矩阵中含有旋转角 α，可以得出等效阻尼 c_{ds} 的表达式，阻尼系数矩阵表达式为

$$c = \begin{bmatrix} \cos\alpha & -\sin\alpha \\ \sin\alpha & \cos\alpha \end{bmatrix} \begin{bmatrix} c_{\mathrm{dd}} & 0 \\ 0 & c_{\mathrm{ss}} \end{bmatrix} \begin{bmatrix} \cos\alpha & \sin\alpha \\ -\sin\alpha & \cos\alpha \end{bmatrix}$$

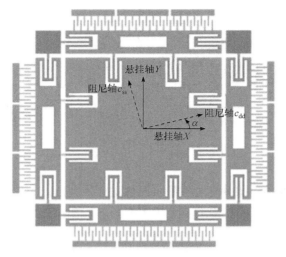

图 8-27　阻尼不平衡原理

$$=\begin{bmatrix} c_{dd}\cos^2\alpha + c_{ss}\sin^2\alpha & \dfrac{\sin(2\alpha)}{2}(c_{dd}-c_{ss}) \\[3mm] \dfrac{\sin(2\alpha)}{2}(c_{dd}-c_{ss}) & c_{ss}\cos^2\alpha + c_{dd}\sin^2\alpha \end{bmatrix} \tag{8-37}$$

式中，矩阵第一行第二列和第二行第一列上的元素分别代表驱动模态耦合到敏感模态、敏感模态耦合到驱动模态的耦合阻尼 c_{ds}、c_{sd}，且 $c_{ds}=c_{sd}$。耦合阻尼 c_{ds} 的表达式为

$$\begin{aligned} c_{ds} &= \frac{\sin(2\alpha)}{2}(c_{dd}-c_{ss}) \\[2mm] &= \frac{\sin(2\alpha)}{2}\left(\frac{m_d\omega_d}{Q_d} - \frac{m_s\omega_s}{Q_s}\right) \\[2mm] &\approx \alpha\left(\frac{\omega_d}{Q_d} - \frac{\omega_s}{Q_s}\right) \end{aligned} \tag{8-38}$$

2) 计算等效角速度

由于阻尼不平衡引起的等效科氏力与驱动位移的速度项成比例，因此等效科氏力的相位与科氏力的相位同相，其表达式如下：

$$f_{di} = c_{ds}x\omega_d = X\omega_d\frac{\sin(2\alpha)}{2}\left(\frac{m_d\omega_d}{Q_d} - \frac{m_s\omega_s}{Q_s}\right)\sin(\omega_d t) \tag{8-39}$$

进一步，得到阻尼不平衡引起的等效角速度，如式(8-40)所示，同时可以得到如图 8-28 所示的品质因数与零位等效角速度关系。

$$\Omega_{\mathrm{d}i} = \frac{f_{\mathrm{d}i}}{2m_{\mathrm{s}}X\omega_{\mathrm{d}}} = \frac{\sin(2\alpha)}{4}\left(\frac{m_{\mathrm{d}}\omega_{\mathrm{d}}}{m_{\mathrm{s}}}\frac{1}{Q_{\mathrm{d}}} - \omega_{\mathrm{s}}\frac{1}{Q_{\mathrm{s}}}\right)\sin(\omega_{\mathrm{d}}t)$$

$$\approx \frac{\alpha}{2}\left(\frac{\omega_{\mathrm{d}}}{Q_{\mathrm{d}}} - \frac{\omega_{\mathrm{s}}}{Q_{\mathrm{s}}}\right)\sin(\omega_{\mathrm{d}}t) \tag{8-40}$$

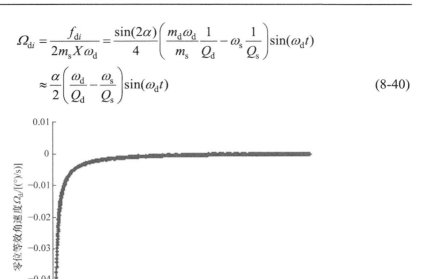

图 8-28　品质因数与零位等效角速度关系

8.3.3　静电力不平衡零位分量

1) 计算梳齿间距的变化量

ICP-ASE 本身固有的双离子源配置导致晶体圆片径向上等离子密度不一致[27]，使得静电驱动梳齿的间距沿着圆片的径向方向不断变化。通常，梳齿间距从圆片的中心向圆片边沿不断增加，为了获得梳齿间距变化量，从圆片中心到边沿选取六个陀螺作为测试点，如图 8-29 所示，测试结果如表 8-9 所示[28]。

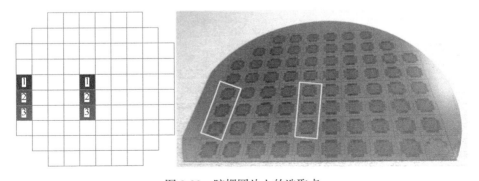

图 8-29　陀螺圆片上的选取点

表 8-9　选取点的陀螺梳齿间距

编号		1	2	3
梳齿间距/μm	中心	2.54	2.54	2.57
	边沿	2.62	2.69	2.67

梳齿间距增量的表达式写为

$$\Delta d_i = d_j + \delta_d \times i_d \quad \left(i \in [1,107], j \in [1,4] \right) \tag{8-41}$$

式中，d_j 为圆片沿径向方向上第 j 个选取点的陀螺梳齿初始间距变化量；δ_d 为每对驱动梳齿间距变化量的平均增量；i_d 为选取点处陀螺的第 i 个驱动梳齿。

驱动梳齿间距变化量将导致梳齿对(定梳齿和动梳齿)电容量不相等，当驱动电压加载到定梳齿时，驱动力在敏感模态方向产生静电力分量，进而导致可动结构在 y 轴方向产生位移。

由表 8-9 可知，在圆片中心位置的陀螺梳齿间距的平均值为 2.55μm，边沿位置的陀螺梳齿间距的平均值为 2.66μm，陀螺梳齿间距的理论设计值为 2μm。因此，陀螺梳齿间距的变化量从中心的 0.55μm 增加到边沿的 0.66μm，根据式(8-41)，梳齿间距的平均增量为 6.4pm。

2) 计算等效角速度

由静电力不平衡引起的等效科氏力可以写为

$$f_{fi} = \kappa V_{dc} V_{ac} \sin(\omega_d t) \tag{8-42}$$

第 i 对梳齿在 y 轴方向产生的耦合力为

$$
\begin{aligned}
F_{fii} &= \frac{\varepsilon(l_d + x)h\left[V_{dc} + V_{ac}\sin(\omega_d t)\right]^2}{2(d + \Delta d_{2i-1})^2} - \frac{\varepsilon(l_d + x)h\left[V_{dc} + V_{ac}\sin(\omega_d t)\right]^2}{2(d + \Delta d_{2i})^2} \\
&\approx \frac{\varepsilon(l_d + x)h\left[V_{dc} + V_{ac}\sin(\omega_d t)\right]^2}{(d + \Delta d_{2i-1})^3}(\Delta d_{2i} - \Delta d_{2i-1}) \\
&\approx \frac{\varepsilon(l_d + x)h\left[V_{dc} + V_{ac}\sin(\omega_d t)\right]^2}{(d + d_j)^3}(\Delta d_{2i} - \Delta d_{2i-1})
\end{aligned}
\tag{8-43}
$$

式中，ε 为真空环境下的介电常数；l_d 为梳齿对的重叠长度；d 为驱动模态梳齿对间距的设计值；h 为梳齿厚度。

当陀螺以频率 ω_d 振动时，耦合力的幅值可以表示为

$$F_{fii} \approx \frac{2\varepsilon l_d h V_{dc} V_{ac}}{(d + d_j)^3}(\Delta d_{2i} - \Delta d_{2i-1}) + \frac{\varepsilon x h V_{dc}^2}{(d + d_j)^3}(\Delta d_{2i} - \Delta d_{2i-1}) \tag{8-44}$$

式中，右边第一项与驱动交流电压有关，并且与科氏力的相位相同；第二项与驱动位移有关，且与科氏力的相位成 90°。根据式(8-30)~式(8-33)，可以得到静电力不平衡引起的等效科氏力和等效角速度：

$$f_{\text{fii}} \approx \frac{2\varepsilon l_{\text{d}} h V_{\text{dc}} V_{\text{ac}}}{\left(d+d_j\right)^3}\left(\Delta d_{2i} - \Delta d_{2i-1}\right) + \frac{\varepsilon x h V_{\text{dc}}^2 (\varphi+\eta)}{\left(d+d_j\right)^3}\left(\Delta d_{2i} - \Delta d_{2i-1}\right)$$
$$= f_{\text{fiii}} + f_{\text{fiiq}} \tag{8-45}$$

$$\Omega_{\text{fii}} = \frac{\varepsilon l_{\text{d}} h V_{\text{dc}} V_{\text{ac}}}{m_{\text{s}} X \omega_{\text{d}} \left(d+d_j\right)^3}\left(\Delta d_{2i} - \Delta d_{2i-1}\right) + \frac{\varepsilon h V_{\text{dc}}^2 (\varphi+\eta)}{2 m_{\text{s}} \omega_{\text{d}} \left(d+d_j\right)^3}\left(\Delta d_{2i} - \Delta d_{2i-1}\right)$$
$$= \Omega_{\text{fiii}} + \Omega_{\text{fiiq}} \tag{8-46}$$

式中，f_{fiii}、Ω_{fiii} 分别为静电力不平衡在 y 轴上产生的耦合力在第 i 对梳齿上产生的同相分量及其等效角速度；f_{fiiq}、Ω_{fiiq} 分别为静电力不平衡在 y 轴上产生的耦合力在第 i 对梳齿上产生的正交分量及其等效角速度。

对于单个陀螺，设有 N 个梳齿电极，那么同相分量等效角速度和正交分量等效角速度分别为

$$\Omega_{\text{fiNi}} = \sqrt{\sum_{i=1}^{N}\left(\Omega_{\text{fiii}}\right)^2} = \frac{\varepsilon l_{\text{d}} h V_{\text{dc}} V_{\text{ac}}}{m_{\text{s}} X \omega_{\text{d}} \left(d+d_j\right)^3} \sqrt{\sum_{i=1}^{N}\left(\Delta d_{2i} - \Delta d_{2i-1}\right)^2} \tag{8-47}$$

$$\Omega_{\text{fiNq}} = \sqrt{\sum_{i=1}^{N}\left(\Omega_{\text{fiiq}}\right)^2} = \frac{\varepsilon h V_{\text{dc}}^2 (\varphi+\eta)}{2 m_{\text{s}} \omega_{\text{d}} \left(d+d_j\right)^3} \sqrt{\sum_{i=1}^{N}\left(\Delta d_{2i} - \Delta d_{2i-1}\right)^2} \tag{8-48}$$

根据式(8-48)，可以得到间距初始变化量 d_j 与等效角速度的关系，间距初始变化量与同相分量等效角速度关系如图 8-30 所示，间距初始变化量与正交分量等效角速度关系如图 8-31 所示。

随着间距初始变化量增大，静电力不平衡引起的耦合力的同相等效角速度减小，这意味着在圆片中心位置的陀螺同相等效角速度较大，在边沿位置的陀螺同相等效角速度较小。当间距初始变化量增加 0.01μm，即间距初始变化量为 0.57μm 时，同相等效角速度为 4.7×10^{-5}(°)/s。

随着间距初始变化量增大，静电力不平衡引起的耦合力的正交等效角速度减小，这意味着在圆片中心位置的陀螺正交等效角速度较大，在边沿位置的陀螺正交等效角速度较小。当间距初始变化量增加 0.01μm，即间距初始变化量为 0.57μm 时，正交等效角速度为 9.8×10^{-7}(°)/s。结合同相等效角速度，正交等效角速度小于同相等效角速度约 2 个数量级。然而，从整体上看，静电力不平衡引起的零位偏置比其他误差引入的零位偏置小得多。因此，静电力不平衡对零位的影响可以忽略。

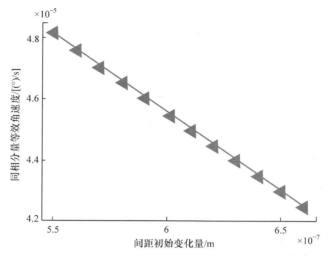

图 8-30　间距初始变化量与同相分量等效角速度关系

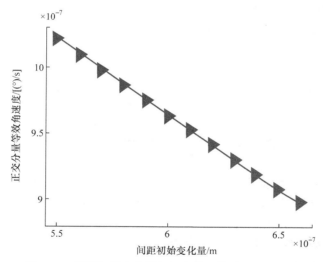

图 8-31　间距初始变化量与正交分量等效角速度关系

8.3.4　寄生电容耦合零位分量

由于硅材料良好的半导体特性，驱动梳齿与敏感检测梳齿之间形成电容 $C_{\text{cmb\_par}}$；陀螺敏感检测电路引出端的引线与基底之间形成电容 $C_{\text{bond\_par}}$；接口电路输入端通道存在杂散电容 $C_{\text{wire\_par}}$，这些电容统称为寄生电容，它们能够耦合驱动模态的电信号到敏感模态并最终输出电压，成为零位的组成部分。

根据式(8-32)和式(8-33)，由寄生电容引起的等效科氏力和等效角速度可以写成：

$$f_{cp} = \frac{\lambda V_{ac} G_0}{G_{F_s}^y C_f G_{CMR} G_y^{V_{de}}} \sin(\omega_d t) \tag{8-49}$$

$$\Omega_{cp} = \frac{\lambda V_{ac} G_0}{2 m_s X \omega_d G_{F_s}^y C_f G_{CMR} G_y^{V_{de}}} \tag{8-50}$$

式中，λ 为寄生电容总和，$\lambda = C_{cmb\_par} + C_{bond\_par} + C_{wire\_par}$；$G_0$ 为从电荷放大器到解调器输入端的增益；G_{CMR} 为仪表放大器在频率 ω_d 处的共模抑制比。

图 8-32 为寄生电容与等效角速度关系。

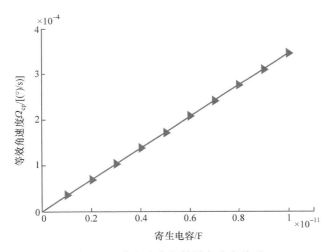

图 8-32 寄生电容与等效角速度关系

由图 8-32 可以看出，随着寄生电容增加，等效角速度也增加，然而，由于敏感检测电路采用高抑制比的仪表放大器实现电容变化量检测，因此寄生电容引起的等效角速度被很好地抑制，测试得到寄生电容约为 4pF，等效角速度约为 1.4×10^{-4}°/s。

8.4 本 章 小 结

本章主要以高 Q 值微机械陀螺为对象分析了微机械陀螺系统特性及输出零位，研究表明：

高 Q 值硅微陀螺机械结构吸收的热量占系统总耗散热量的比例最低；热启动时间并不依赖吸收的热量比例，而是由电路热传导特性决定；通过管壳与电路热隔离、减小管壳内部空间、提高热量交换效率等方式可以缩短陀螺机械结构的热启动时间。

　　高 Q 值极大降低阻尼不平衡引入的零位分量，这是陀螺零位漂移显著减小的关键因素。由于驱动电路确保驱动位移恒定，与位移有关的三个较大的零位分量(由刚度不平衡、相位误差、质量不平衡等引入)的漂移可以忽略。因此，陀螺零位漂移随阻尼不平衡零位漂移的降低而显著降低，使得零位漂移对陀螺精度的影响小于系统噪声对陀螺精度的影响。

参 考 文 献

[1] 常洪龙. 微机械陀螺的集成设计方法与关键技术研究[D]. 西安: 西北工业大学, 2005

[2] 裘安萍. 硅微型机械振动陀螺仪结构设计技术研究[D]. 南京: 东南大学, 2001.

[3] 陈永. 基于滑膜阻尼效应的音叉式微机械陀螺研究[D]. 上海: 中国科学院上海微系统与信息技术研究所, 2004.

[4] 张正福. 音叉振动式微机械陀螺结构动态性能解析与健壮性设计[D]. 上海: 上海交通大学, 2007.

[5] 蒋庆华. 单芯片惯性测量组合及其接口电路研究[D]. 西安: 西北工业大学, 2009.

[6] 熊斌. 栅结构微机械振动式陀螺[D]. 上海: 中国科学院上海微系统与信息技术研究所, 2001.

[7] YAMH G, HOPCROFT M H, KENNY T W, et al. Temperature dependence of quality factor in MEMS resonators[J]. Journal of Microelectromechanical System, 2008, 17(3): 755-766.

[8] BAO M. Analysis and Design Principles of MEMS Devices[M]. London: Elsevier Science, 2005: 115-135.

[9] BACHELOR G K. An Introduction to Fliud Dynamics[M]. Cambridge: Cambridge University Press, 1994.

[10] WACHTMAN J B, TEFFT W E, LAM D G. Exponential temperature dependence of Young's modulus for several oxides[J]. Physical review, 1961, 122(6): 1754-1759.

[11] ZHANG L M, UTTAMCHANDANI D, CULSHAW B, et al. Measurement of Young's modulus and internal stress in silicon microresonators using a resonant frequency technique[J]. Measurement Science and Technology, 1990, 1(12): 1343-1346.

[12] 杨宏源. 光纤陀螺温度场有限元分析[D]. 长沙: 国防科技大学, 2010.

[13] BEHERA P. Analysis of transient heat conduction in different geometries[D]. Odisha: Department of Mechanical Engineering, National Institute of Technology, 2009.

[14] 圆山重直. 传热学[M]. 王世学, 张信荣, 等, 译. 北京: 北京大学出版社, 2011.

[15] SHEN Q, CHANG H, WU Y, et al. Turn-on bias behavior prediction for micromachined Coriolis vibratory gyroscopes[J]. Measurement, 2019, 131: 380-393.

[16] SHARMA A, ZAMAN M F, AYAZI F. A sub-0.2deg/hr bias drift micromechanical silicon gyroscope with automatic CMOS mode matching[J]. IEEE Journal of Solid-State Circuits, 2009, 44(5): 1593-1608.

[17] ZOTOV S A, SIMON B R, SHARMA G. Utilization of mechanical quadrature in silicon MEMS vibratory gyroscope to imcrease and expand the long term in-run bias stability[C]. International Symposium on Inertial Sensors and Systems, Laguna Beach, USA, 2014.

[18] IEEE STANDARD ASSOCIATION. IEEE standard 528-2001, IEEE standard for inevtial senson terminology[S]. New York: The Institute of Electrical and Electronics Engineers, Inc., 2001.

[19] WEINBERG M S, KOUREPENIS A. Error sources in in-plane silicon tuning-fork MEMS gyroscope[J]. Journal of Microelectromechanical Systems, 2006, 15(3): 479-491.

[20] IYER S, MUKHERJEE T. Simulation of manufacturing variations in a Z-axis CMOS-MEMS gyroscope[C]. Fifth International Conference on Model. Simul. Microsyst., San Juan, Puerto Rico, 2002: 22-25.

[21] SAUKOSKI M, AALTONEN L, HALONEN K. Zero-rate output and quadrature compensation in vibratory MEMS gyroscopes[J]. IEEE Sensors Journal, 2007, 7(12): 1639-1652.

[22] WALTHER A, BLANC C L, DELORME N, et al. Bias contributions in a MEMS tuning fork gyroscope[J]. Journal of Microelectromechanical Systems, 2013, 22(2): 303-308.

[23] IYER S, YONG Z, MUKHERJEE T. Analytical modeling of cross-axis coupling in micromechanical springs[C]. Technical Proceedings of the 1999 International Conference on Modeling and Simulation of Microsystems, Pittsburgh, USA, 1999: 632-635.

[24] KARTTUNEN J, KIIHAMÄKI J, FRANSSILA S. Loading effects in deep silicon etching[C]. Micromachining and Microfabrication Process Technology VI, Santa Clara, USA, 2000, 4174: 90-97.

[25] GEEN J. A path to low cost gyroscope[C]. 1998 Solid-State, Actuators, and Microsystems Workshop, HiHon Head Island, USA, 1998: 51-54.

[26] TATAR E, ALPER S E, AKIN T. Effect of quadrature error on the performance of a fully-decoupled MEMS gyroscope[C]. IEEE International Conference on Micro Electro Mechanical Systems, Cancun, Mexico, 2011: 569-572.

[27] KIRKKO-JAAKKOLA M. Bias prediction for MEMS gyroscopes[J]. IEEE Sensors Journal, 2012, 12(6): 2157-2163.

[28] SHEN Q, LI H, HAO Y, et al. Bias contribution modeling for a symmetrical micromachined Coriolis vibratory gyroscope[J]. IEEE Sensors Journal, 2016, 16(3): 723-733.

第9章 测控电路设计方法

基于对微机械陀螺系统中的主要误差分析，给出了面向精度的测控电路设计方案，主要功能包括增大输出信号信噪比、提升陀螺灵敏度，以及温度补偿等。

9.1 硅微机械陀螺接口电路设计

9.1.1 接口电路总体方案

硅微机械陀螺由驱动模态和敏感模态组成[1]，因此，陀螺接口电路也由两部分构成：驱动电路和敏感检测电路，如图9-1所示。

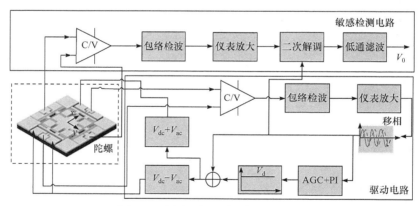

图9-1 陀螺测控电路整体设计方案

驱动电路确保陀螺驱动模态恒幅振动，采用自激振荡保持陀螺驱动电路处于等幅振荡状态。图9-1中，陀螺驱动电路通常由陀螺模块、C/V模块、差分模块(由包络检波单元和仪表放大单元构成)、移相单元、自动增益控制(AGC)模块及驱动电压加载模块构成。驱动电路的工作过程：当陀螺工作的环境变化时，陀螺谐振频率、品质因数随着环境而变化，那么陀螺驱动模态的振动幅值将产生变化，通常振幅将变小，这是因为陀螺振荡频率偏离谐振频率从而增益下降，那么C/V转换电路的输出电压减小，同时差分放大电路的输出电压随之减小，通过移相器将该信号转换成振幅的速度量后，再作为AGC的输入信号被AGC模块设定的参考电压减掉，得到 AGC 输出电压，可以看出，该输出电压增大，从而使得驱动电压加载模块的输出增大，该输出加载到陀螺驱动激励电极上，那么驱动力增大，陀螺驱动模态振幅增大。从整体上看，陀螺驱动振幅保持恒定，不受外界环境的影响。敏感模态检测由外界角速度引起的输出电压变化决定，类似地，敏感检测电路通常包括 C/V 模块、差分模块、二次解调模块、低通滤波模块等。陀螺性能取决于 C/V 转换电路的幅频、噪声性能，该参数是分析、设计陀螺的关键参数，因此需要重点分析接口电路的 C/V 转换模块。

9.1.2　接口电路模块设计

1. 陀螺表头模块

陀螺表头通常看作质量-阻尼-弹簧的二阶系统，输入-输出关系写成传递函数形式为

$$\frac{x(s)}{F_{\mathrm{d}}(s)} = \frac{1}{ms^2 + c_{\mathrm{dd}}s + k_{\mathrm{dd}}} \tag{9-1}$$

式中，$s = j\omega_{\mathrm{d}}$ 为微分算子；$c_{\mathrm{dd}} = m\omega_{\mathrm{d}} / Q_{\mathrm{d}}$ 为陀螺表头的阻尼系数。

由于 Q_{d} 在 10^4 数量级，因此阻尼系数非常小。当驱动模态谐振时，陀螺表头的增益 G_{g} 和相位 φ_{d} 分别写为

$$G_{\mathrm{g}} = \frac{X}{F_{\mathrm{d}}} = \frac{Q_{\mathrm{d}}}{m_{\mathrm{d}}\omega_{\mathrm{d}}^2} \tag{9-2}$$

$$\varphi_{\mathrm{d}} = 90° \tag{9-3}$$

2. C/V 模块

C/V 模块又称为接口电路，它的功能是将陀螺表头产生的电容变化量转换成易于直接测量的电压信号。

目前，接口电路有电荷放大器方案、跨阻放大器方案及相应的改进方案，如 T 型电荷放大器、T 型跨阻放大器。通常，陀螺表头的电容变化量很微小，有必要对陀螺输出信号进行高频调制，提高接口电路的信噪比，因此，主要采用电荷放大器方案。表 9-1 为高频调制电荷放大器特性，对接口电路类型进行幅频特性和噪声特性分析。

表 9-1　高频调制电荷放大器特性

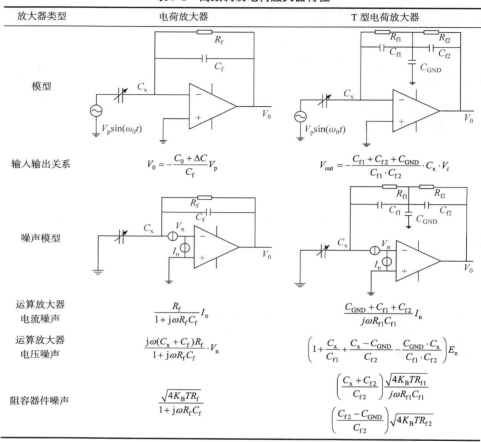

放大器类型	电荷放大器	T 型电荷放大器
模型		
输入输出关系	$V_0 = -\dfrac{C_0 + \Delta C}{C_f} V_p$	$V_{out} = -\dfrac{C_{f1} + C_{f2} + C_{GND}}{C_{f1} \cdot C_{f2}} \cdot C_x \cdot V_i$
噪声模型		
运算放大器电流噪声	$\dfrac{R_f}{1 + j\omega R_f C_f} I_n$	$\dfrac{C_{GND} + C_{f1} + C_{f2}}{j\omega R_{f1} C_{f1}} I_n$
运算放大器电压噪声	$\dfrac{j\omega (C_x + C_f) R_f}{1 + j\omega R_f C_f} \cdot V_n$	$\left(1 + \dfrac{C_x}{C_{f1}} + \dfrac{C_x - C_{GND}}{C_{f2}} - \dfrac{C_{GND} \cdot C_x}{C_{f1} \cdot C_{f2}}\right) E_n$
阻容器件噪声	$\dfrac{\sqrt{4K_B T R_f}}{1 + j\omega R_f C_f}$	$\left(\dfrac{C_x + C_{f2}}{C_{f2}}\right) \dfrac{\sqrt{4K_B T R_{f1}}}{j\omega R_{f1} C_{f1}}$ $\left(\dfrac{C_{f2} - C_{GND}}{C_{f2}}\right) \sqrt{4K_B T R_{f2}}$

　　根据输入-输出关系，电容变化量与驱动位移成比例关系，那么电荷放大器输出陀螺的位移信号，通过不同的反馈电阻、反馈电容取值，得到高频调制电荷放大器的幅频特性，其中，$I_n = 0.6\text{fA}/\sqrt{\text{Hz}}$，$V_n = 1.1\text{nV}/\sqrt{\text{Hz}}$，如表 9-2 高频调制普通电荷放大器幅频及噪声特性所示。

表 9-2　高频调制普通电荷放大器幅频及噪声特性

$C_x = 0.53\text{pF}$，$C_f = 1\text{pF}$		反馈电阻 R_f		
		1MΩ	10MΩ	100MΩ
300kHz	幅值增益	0.47	0.53	0.53
	底噪/(nV/$\sqrt{\text{Hz}}$)	60	22	7
	对 4kHz 分量的抑制比/dB	31	12	0.64

续表

$C_x = 0.53\text{pF}$, $C_f = 1\text{pF}$		反馈电阻 R_f		
		1MΩ	10MΩ	100MΩ
1.22MHz	幅值增益	0.99	0.99	1
	底噪/(nV/$\sqrt{\text{Hz}}$)	17	5.6	2.4
	对 4kHz 分量的抑制比/dB	32	12.3	0.64

由表 9-2 看出，当高频调制波的频率增大时，电荷放大器的幅值增益增大，同时，接口电路的底噪明显降低，当频率为 1.22MHz 时，接口电路输出电压与输入电压幅值增益相等；当反馈电阻增大时，电荷放大器的幅值增益增大，底噪减小，当反馈电阻达到 100MΩ 时，底噪达到最小；同时，反馈电阻增大导致接口电路对 4kHz 耦合信号的抑制比降低。图 9-2 为调制频率为 1.22MHz，反馈电阻为 100MΩ 时，普通电荷放大器的频率响应 Bode 图。

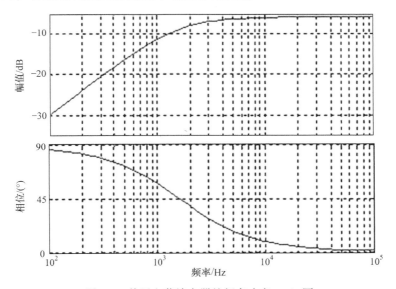

图 9-2　普通电荷放大器的频率响应 Bode 图

由表 9-3 所示的高频调制 T 型电荷放大器幅频及噪声特性可知，高频调制 T 型电荷放大器的幅值增益整体上随着接地电容增大而增大，底噪逐渐增大，调制频率越高幅值增益越大。随着接地电容增大，接口电路对 4kHz 耦合信号的抑制比先增大后减小。根据接口电路要求，反馈电容和接地电容最佳取值分别是 68pF、4.7nF，图 9-3 是在 1.22MHz 调制频率下的 T 型电荷放大器的频率响应 Bode 图。通过前面的分析，可以得到：电荷放大器噪声特性优于 T 型电荷放大器的噪声特性，不过 T 型电荷放大器的器件阻容值要求不高，便于找到精密型阻容器件，同时，电荷放大器对 4kHz 耦合信号的抑制能力差于 T 型电荷放大器。

表 9-3 高频调制 T 型电荷放大器幅频及噪声特性

反馈电阻 $R_{f1} = R_{f2}$	反馈电容/pF $C_{f1} = C_{f2}$	接地电容 C_{GND}	1.22MHz			300kHz		
			幅值增益	底噪/($\mu V/\sqrt{Hz}$)	4kHz 抑制比/dB	幅值增益	底噪/($\mu V/\sqrt{Hz}$)	4kHz 抑制比/dB
5.1kΩ	10	100pF	0.17	0.087	57	0.022	0.13	39
	47	14.2nF	0.8	0.42	70	0.17	0.42	57
	68	4.7nF	1.04	0.63	71	0.31	0.63	61
	470	220nF	0.9972	4.3	49	0.95	4.3	48

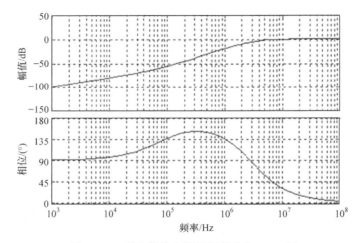

图 9-3 T 型电荷放大器的频率响应 Bode 图

3. 差分模块

由前文可知，两路接口电路各输出含有电容变化量信息的电压信号，分别是 $(C_{d0} + \Delta C)V_p/C_f$、$(C_{d0} - \Delta C)V_p/C_f$。为了获得电容变化量 ΔC，需要使用差分电路实现，差分电路的本质是让两路信号相减，最终得到 $2\Delta CV_p/C_f$。为了更好地抑制耦合分量，需要使用高共模抑制比的差分电路实现。不过，在进行差分检测之前，需要将高频分量 V_p 滤除，这样才能获得陀螺谐振信号。采用包络检波方法滤除高频分量，再通过仪表放大器进行差分检测输出。图 9-4 是两路包络检波单元和仪表放大单元。

接口电路输出为调幅波形式，即包络检波的输入信号 V_{i1}、V_{i2}，其表达式为

$$V_{i1,i2} = V_p \left[1 \pm M \cos(\omega_d t) \right] \cos(\omega_0 t) \tag{9-4}$$

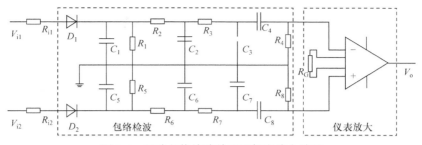

图9-4 两路包络检波单元和仪表放大单元

式中，M 是调幅波的调制度，在 V_{i1} 正半周的时间里，二极管 D_1 导通，对 C_1 充电，$\tau_{充} = R_{D1}C_1$，因为 R_{D1} 很小，所以充电时间很短，此时 R_1 两端的电压 $V_{R1} \approx V_{i1}$；在 V_{i1} 其余时间里，二极管 D_1 截止，C_1 经 R_1 放电，$\tau_{放} = R_1C_1$，因为 R_1 很大，所以放电时间很长，电容 C_1 上的电压下降不多，$V_{R1} \approx V_{i1}$。

另一路接口电路包络检波的过程和上面的类似，在通过滤波器等单元后，最终包络检波的输出信号，即 R_4、R_8 两端的电压为

$$V_{o1,o2} = V_p[1 \pm M\cos(\omega_d t)] \cdot K_d = V_p K_d \pm MV_p K_d \cos(\omega_d t)$$
$$= V_{dc1} \pm V_{ac1}\cos(\omega_d t) \tag{9-5}$$

式中，K_d 是电压传输系数，根据比值 R_{D1}/R_1，查电压传输系数表可知 K_d；包络检波输出的直流量幅值 $V_{dc1} = V_p K_d$，交流量幅值 $V_{ac1} = MV_p K_d$，调制度 $M = V_{ac1}/V_{dc1}$，通过测量包络检波输出的直流电压和交流电压，即可求出调制度。利用 Multsim 仿真，得两路输入调制波 V_{i1}、V_{i2} 两端输出波形及滤波后 R_4、R_8 两端的波形，其中调制频率为 1.22MHz，驱动谐振频率为 4kHz，波形如图9-5 和图9-6 所示。

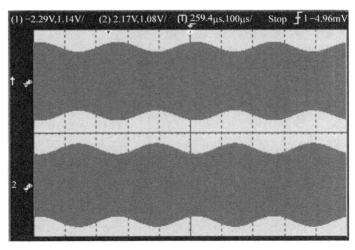

图9-5 两路输入调制波 V_{i1}、V_{i2}

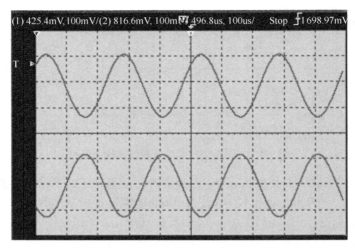

图 9-6　包络检波最终输出的两路波形

由此得到了高频解调后的两路差分信号，该信号进入仪表放大器的两个输入端，选用 AD8221 作为差分放大器，它是一款电阻可编程的仪表放大器，最大增益为 1000，−3dB 带宽为 825kHz，有用信号的频率为 4kHz，因此共模抑制比大于100dB，设置仪表放大器的增益后，得到输出信号波形，该信号波形含有陀螺驱动模态振动幅值信息，控制这个信号波形的幅值使得陀螺驱动模态稳定地振动，控制功能由 AGC 完成。

4. AGC 模块

AGC 是使放大电路的增益自动地随输入信号强度大小而调整的自动控制方法，目的是实现信号稳定输出。利用基于二极管的整流滤波方法实现 AGC 功能。整体方案如图 9-7 基于整流滤波的 AGC 单元所示。

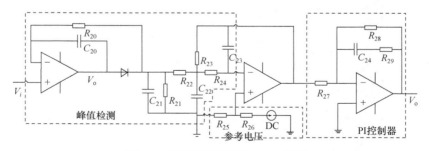

图 9-7　基于整流滤波的 AGC 单元

采用二极管、充放电电路及滤波器实现整流滤波功能，得到含有驱动幅值信息的直流电压，再利用运算放大器正向输入端的参考电压减去进入负向输入端的直流电压，得到受控后的直流电压，该电压振幅变化与驱动模态振幅变化趋势相反，从而整体上保持振幅不变。为了减小 Q 值热漂移对驱动电路起振的影响，提高驱动控制系统的响应特性，适当地调整 R_{25}、R_{26} 的比值，并且引入 PI 控制器。整流电路的仿真结果如图 9-8 所示，图 9-9 是 PI 控制器输出波形。

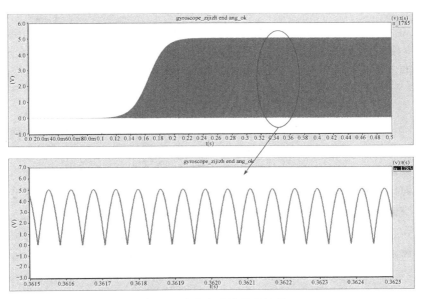

图 9-8　整流电路的仿真结果

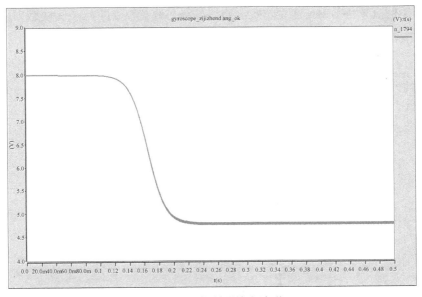

图 9-9　PI 控制器输出波形

由图 9-8 和图 9-9 可以看出，通过整流滤波电路和 PI 控制器后，输出信号为直流电压，如果直流电压上叠加少量的交流分量，该分量称为纹波，它是无益于驱动电路的，因此，需要调整前级器件的参数，使得纹波最小。

5. 驱动电压加载模块

AGC 单元输出的直流电压进入驱动电压加载模块，作为产生静电力的直流分量，再将仪表放大电路的输出交流信号引入该模块，作为产生静电力的交流分量，最终，两路电压信号 $V_{dc} \pm V_{ac}$ 均加载到陀螺驱动模态激励电极上。

6. 二次解调及低通滤波模块

敏感检测电路需要低噪声的接口放大电路，根据驱动电路中 C/V 模块的分析，可以得到敏感检测电路的接口电路。同样，敏感检测电路的差分模块包括高频解调模块和仪表放大模块两部分，它们的组成和驱动电路类似。二次解调和低通滤波模块是敏感检测电路特有的部分，二次解调电路的作用是将角速度频率信息从陀螺谐振频率信号中解调出来，参考信号通常从陀螺驱动电路端引入，利用开关相敏解调电路进行角速度信号解调。低通滤波器用来滤除前级解调电路中的倍频分量，得到角速度频率分量信息，为了确保陀螺输出角速度具有较好的带内平坦度，选择 Butter Worth 滤波器进行低通滤波，最终得到角速度信号。

9.1.3　电路整体仿真

利用仿真软件 Saber 建立陀螺电路器件级仿真模型，陀螺表头模型采用 mask 语言编写搭建，仿真原理如图 9-10 所示。

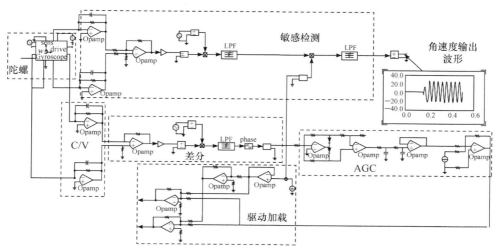

图 9-10　陀螺电路器件级 Saber 仿真原理图

图 9-11 是陀螺电路仿真结果，为驱动电路的差分输出电压，可以看出，驱动表头自激振荡输出稳定的电压信号，经过敏感检测电路后，得到角速度信号，频率为 30Hz。

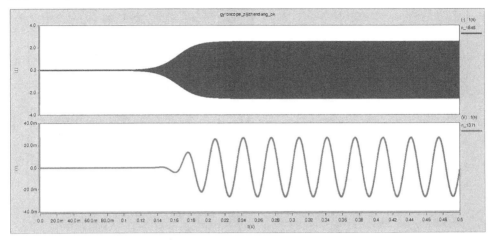

图 9-11 陀螺电路仿真结果

9.2 振荡抑制及温度补偿电路设计

根据高 Q 值硅微陀螺"交流"零位模型，针对陀螺零位低频分量，设计敏感模态振荡抑制电路消除低频振动，并设计基于自检测的零位温度补偿电路减小零位热漂移。

9.2.1 敏感模态振荡抑制电路设计

当陀螺敏感模态品质因数处于 10^4 数量级时，陀螺敏感模态质量块很容易受到外界振动的干扰，产生振荡现象，该振荡信号经过解调、滤波后，作为低频交流信号输出，这个信号也是陀螺零位分量的一部分，严重影响零位稳定性[2]。因此，必须对陀螺敏感模态振荡进行抑制，本小节主要设计、分析敏感模态振荡抑制电路。敏感模态振荡抑制电路原理图如图 9-12 所示。

当外界有干扰时，敏感模态质量块产生振荡，振荡频率为敏感模态谐振频率 f_s，敏感模态电荷放大器输入端接到陀螺敏感模态检测电极，接口电路需要改用普通电荷放大器降低接口电路噪声，反馈电阻为 200MΩ，由于敏感模态中心电容提高近 1 个数量级，因此电荷放大器的反馈电容增大到 5pF，同时检测电路增益降

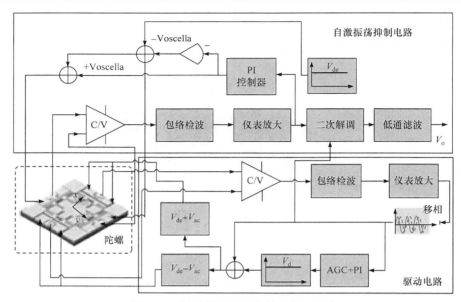

图 9-12　敏感模态振荡抑制电路原理图

低，噪声减小；再经过高频解调、仪表放大等模块，得到振荡信号，将该信号引入敏感闭环电路的反馈端，经过 PI 控制器、敏感反馈电压加载模块后，以 $V_{dc} \pm V_{ac}$ 的形式加载到陀螺敏感振荡抑制梳齿电极上，振荡信号被抑制，并最终得到角速度信号。根据上面的分析，得到振荡抑制电路的控制系统，如图 9-13 所示。

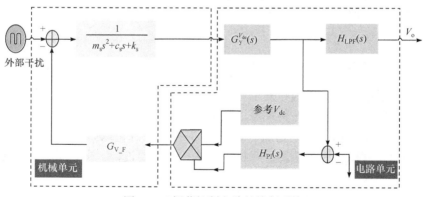

图 9-13　振荡抑制电路的控制系统

根据控制系统图得其传递函数，见式(9-6)：

$$G(s) = \frac{V_\Omega(s)}{f_{ed}(s)} = \frac{\frac{1}{2} H_{gy}(s) \cdot G_0 \cdot H_{LPF}(s)}{1 + \frac{1}{2} H_{gy}(s) \cdot G_0 \cdot H_{PI}(s) \cdot G_{V\_F}} \tag{9-6}$$

式中，$H_{gy}(s)$是陀螺机械敏感单元的传递函数；G_0 和 $H_{LPF}(s)$分别是前向通路中的敏感位移到二次解调输入端的传递函数和后级低通滤波器传递函数；$H_{PI}(s)$和 G_{V_F} 分别是反馈通路比例积分控制器传递函数和敏感加载电压到敏感抑制力的传递函数，具体的传递函数分别为

$$H_{PI}(s) = K_P + \frac{K_I}{s} \tag{9-7}$$

$$G_{V\_F} = \frac{2N_{so}\varepsilon h}{l_{so}} \tag{9-8}$$

式中，K_P 为比例系数；K_I 为积分系数；N_{so} 为敏感抑制电容齿数。

采用 Matlab 仿真振荡抑制电路，当外部干扰作用于陀螺时，仿真观察敏感模态开环检测电路输出，如图 9-14 所示。由图看出，开环输出的调节时间很长，大约为 9.2s，严重影响陀螺的零位稳定性。

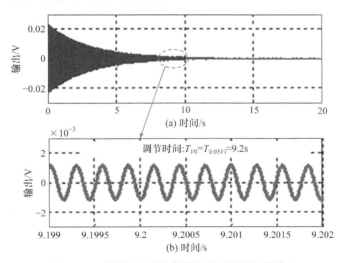

图 9-14　干扰作用时敏感模态开环检测电路输出

接着，仿真敏感闭环抑制电路，干扰作用时敏感闭环时域输出如图 9-15 所示，干扰作用时敏感闭环频域输出如图 9-16 所示。由图看出，干扰作用时，系统的闭环输出调节时间减小到 0.15ms，比开环小了 4 个数量级，同时，敏感闭环系统的相角裕度达到 51.3°，具有较好的稳定裕度。该敏感闭环控制电路方案能够很好地抑制敏感模态振荡，陀螺零位输出稳定性大大提高。

9.2.2　自检测温度补偿电路设计

温度对陀螺材料的杨氏模量、热应力有明显影响，导致机械结构谐振频率发

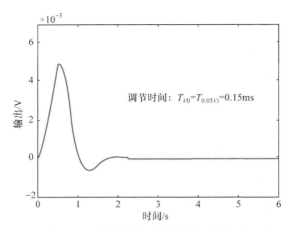

图 9-15　干扰作用时敏感闭环时域输出

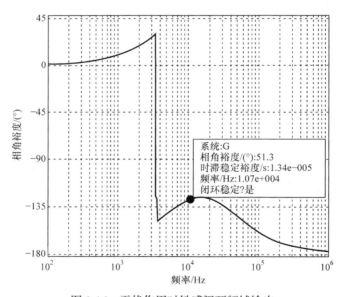

图 9-16　干扰作用时敏感闭环频域输出

生变化, 驱动控制系统能够自动调整驱动电压使得驱动位移不变, 而频率变化导致敏感模态正交分量变化, 从而引起零位输出变化。通过陀螺谐振频率和输出零位的关系, 基于单片机 STM32F103 完成陀螺温度补偿。由于利用单片机完成的算法只需要检测陀螺谐振频率完成零位的温度漂移补偿, 因此称为自检测温度补偿算法, 算法流程如图 9-17 所示。

　　首先进行陀螺零位输出的高低温实验, 得到温度作用下的陀螺驱动模态谐振频率与输出电压的关系; 其次进行测试数据处理, 得到输入输出关系式系数, 通

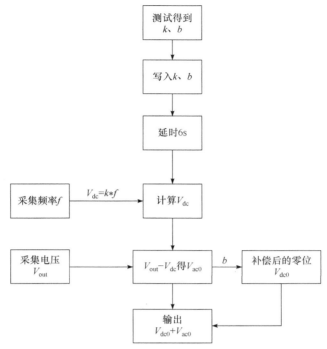

图 9-17 自检测温度补偿算法流程

过测试，发现驱动模态谐振频率与输出电压线性度关系较显著，因此通过线性拟合得到表达式的斜率 k、截距 b；再次利用单片机进行数字温度补偿，将 k、b 写入单片机后，陀螺系统上电，延迟 6s 后开始采集陀螺系统数据，延迟的目的是避除陀螺起振过程的不稳定，该延迟时间可以根据应用需求进行调整；从次根据表达式 $V_{dc} = k \times f + b$，将采集到的驱动模态谐振频率 f_d 代入，得到对应的 V_{dc}，利用采集到的 V_{out} 减去 V_{dc} 得到陀螺输出，同时根据实际应用对陀螺零位的要求，通过控制写入的 b 值来调整陀螺零位输出；最后得到补偿后的零位输出。陀螺温度补偿电路原理如图 9-18 所示。

温度补偿处理器单元以 STM32F103RET6 为核心，通过配置外围器件，完成时钟信号、与上位机通信和数据 I/O 等操作。陀螺驱动模态谐振频率读取主要由时基芯片 LM555 完成，根据芯片测试结果，频率控制精度达到 1‰Hz。

通信单元主要完成程序从 PC 端向单片机单元下载及数据上传至 PC 端的功能，主要器件是 USB 转 RS232 以便控制芯片 CP2102。电源管理单元主要完成提供外接电源转换成时基芯片所需的直流电压及稳压功能，主要由稳压芯片 AMS1117 完成。

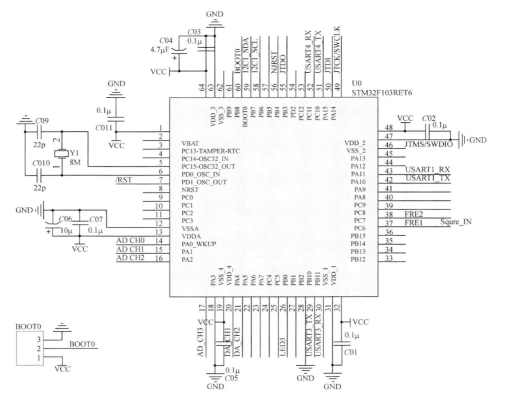

(a) 温度补偿处理器单元

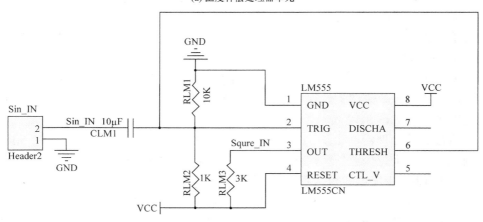

(b) 谐振频率读取单元

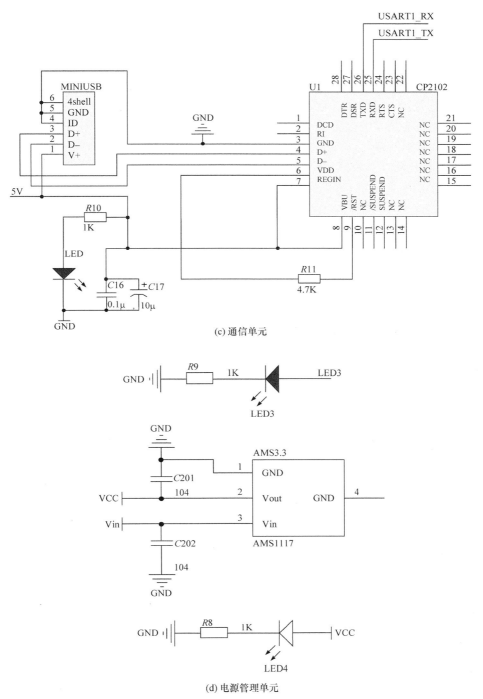

(c) 通信单元

(d) 电源管理单元

图 9-18　陀螺温度补偿电路原理图

9.3　本　章　小　结

本章介绍了面向精度的设计方法等问题，主要内容：

(1) 通过 PI 控制器增加敏感模态阻尼的方式能够很好地抑制陀螺零位的低频振荡，提高陀螺零位输出稳定性。相比传统的力平衡电路，敏感模态振荡抑制电路没有调制解调单元，避免了复杂的相位选取，降低了闭环电路的复杂度。

(2) 自检测技术较好地补偿了温度变化引入的零位漂移。该方法简单、有效，避免了温度的迟滞特性对补偿精度的影响。

参 考 文 献

[1] 申强. 高 Q 值硅微机械陀螺系统特性分析与面向精度的设计方法研究[D]. 西安: 西北工业大学, 2016.

[2] SHEN Q, WANG X, WU Y, et al. Oscillation suppression in the sense mode of a high-Q MEMS gyroscope using a simplified closed-loop control method[J]. Sensors, 2018, 18(8): 2443.